知られざる皇室

伝統行事から
宮内庁の仕事まで

久能靖 著

河出書房新社

知られざる皇室——目　次

第三部　皇居と御用地　193

知られざる皇室

——伝統行事から宮内庁の仕事まで

はじめに

二〇一九年五月一日、お祭り騒ぎのような明るさのなかで、「令和」という新しい時代が幕を開けた。これまでは「天皇が崩じたときは、皇嗣が、直ちに即位する」と定めた皇室典範によって、天皇の退位が認められていなかったため、次の元号を論じることさえできなかったのである。

しかし今回、憲政史上初めて天皇がお元気なうちの退位が実現したために多くの国民の祝賀のうちに新しい時代を迎えることができた。しかし、そこに至るまでには天皇の長い間の苦悩があった。天皇（現上皇）が一番苦慮されたのは象徴天皇のありようであった。

日本国憲法はその第一条で天皇を規定し、「天皇は、日本国の象徴であり日本国民統合の象徴」であると明記しているが、そのあり方については何ひとつ具体的には示されていない。

神格化された天皇と象徴としての天皇の双方を体験された昭和天皇と違って、即位された時から日本国民統合の象徴であった天皇が、そのことで苦慮され続けていたことは、ご退位の意向をにじませた平成二十八年（二〇一六）八月八日のビデオメッセージのお言葉からもうかがえる。

即位以来、私は国事行為を行うと共に、日本国憲法下で象徴と位置づけられた天皇の望ましい在り方を、日々模索しつつ過ごして来ました。

私はこれまで天皇の務めとして、何よりもまず国民の安寧と幸せを祈ることを大切に考えて来ましたが、同時に事にあたっては、時として人々の傍らに立ち、その声に耳を傾け、思いに寄り添うことも大切なことと考えて来ました。

私も八十を越え、次第に進む身体の衰えを考慮する時、これまでのように、全身全霊をもって象徴の務めを果たしていくことが、難しくなるのではないかと案じています。

象徴天皇とは単なるシンボルとして存在するのではなく、つねに国民の安寧と幸せを祈りつつ、時として人々の傍らに立ってその声に耳を傾け、思いに寄り添うことがその務めであると思い立たれたのである。

ご在位の三十年間、つねに皇后さまとご一緒に多くの被災地をいち早く訪問され、床に膝をついて被災者と同じ目線で話をされるお姿は、まさに有言実行そのものであり、皇室と国民の距離を縮めたことは間違いない。しかし近年、二度の大きな手術を乗り越えられたものの、齢を重ねられる中で、それまでのように重い務めを果たすことが困難になるのを案じ、その場合の身の処し方をお考えになった結果が、退位という結論だったのである。

平成二十八年八月のビデオメッセージに天皇のご意向のすべてが込められていたが、明治以降、お代替わりは天皇が崩御された時のみとしてきただけに、国民に与えた衝撃は大きかった。しかしむしろ、全身全霊で国民のことを考え続けてこられた天皇への感謝の気持ちとともに、あとはゆっくりお休みくださいという声がついに政治を動かし、ご退位が実現した。

もちろん、江戸時代の光格天皇以来ほぼ二百年ぶりのご譲位とあって、退位式の前例はない。平成三十一年（二〇一九）四月三十日に、正殿「松の間」の天皇の前に三種の神器のうち剣（天叢雲剣《あめのむらくものつるぎ》）と勾玉（八尺瓊勾玉《やさかにのまがたま》）、それに天皇の印である御璽《ぎょじ》、国の印である国璽《こくじ》が置かれた。翌五月一日、同じものが新天皇の前に置かれる《剣璽等承継の儀《けんじとうしょうけいのぎ》》によって、正式に天皇の位が引き継がれた。

また五月一日から新元号「令和」もスタートした。元号はそれまですべて中国の古典から採られていたが、初めて我が国の『万葉集』から採用されたことも、新しい時代を告げるものとして人々に好感をもって受け入れられた。ちなみに、昭和までの元号はすべて天皇によって決められてきたが、昭和五十四年（一九七九）の元号法で「政令で定める」とされて以降、政府が決めている。

我が国の二百四十八番目の元号となった令和の初日、五月一日をもって、天皇・皇后は上皇・上皇后となり、皇太子が新天皇に、皇太子妃雅子さまが新皇后になられ、新しい御代《みよ》が始まった。

しかし上皇・上皇后両陛下が懸命になって象徴たらんとして努力されてきた皇室は、その一方で皇族方の急速な減少に悩まされることとなっている。天皇は男系男子に限るとする現在の皇室典範では、皇位の安定的な継承が難しくなる懼《おそ》れが出てきた。ご即位二十年にあたっての記者会見（平成二十一年十一月）で上皇は、「皇室の現状については、質問のとおりだと思います」と答えられ、この問題についてご憂慮されていることをうかがわせた。

皇室典範の改正については、小泉内閣の時に女性天皇容認の方向でまとまりかけていたが、悠仁《ひさひと》親王のご誕生とともにその改正論議は急速に沈静化してしまった。しかし女性皇族が次々と結婚適齢期を迎えようとしている今、この改正の是非について喫緊の問題として論議しなければならないことは誰の目にも明らかである。

しかし改正論議そのものがきわめて政治色の濃い問題だけに、上皇陛下も同じ会見で、「皇位継承の制度に関わることについては、国会の論議に委ねるべきであると思います」としかお答えにならなかった。だが同時に、「将来の皇室のあり方については、皇太子とそれを支える秋篠宮の考えが尊重されることが重要と思います」とつけ加えられている。たしかに皇室の将来は国会の審議に委ねられるものだとしても、これは国民一人一人が考えなければならない問題でもある。このような時機だからこそ、皇室そのものをもっと知るべきではないか、それが本書をまとめようとした動機である。

かつて上皇后さまは、「皇室は祈りでありたい」と仰ったことがある。上皇上皇后両陛下がもっとも大切にし、心を込めておられたのが祭祀《さいし》である。しかし、年間三十回にも及ぶ宮中祭祀でつねに国民の安寧を祈っておられるにもかかわらず、残念ながら戦後に宮中祭祀が天皇家の私的な行事になってしまってからは、どのような祭祀があり、それがどのように行われるのかさえ、ほとんど国民には報じられなくなってしまった。

そのこともあって、菊のカーテンとまでいわれるように皇室がわかりにくい存在になってしまったのも事実である。

また祭祀以外にも、和歌にしろ、雅楽にしろ、古式馬術にしろ、多くの日本の伝統文化は皇室によってもっとももよく守られているといっても過言ではないのだが、そのことさえ一般にはほとんど知られていないということもある。

上皇陛下は、やはり記者会見（平成二十一年四月）で、皇室の守っている伝統についてこう述べられている。「新嘗祭《にいなめさい》のように古い伝統のあるものは、そのままの形を残していくことが大切と考えますが、田植えのように新しく始められた行事は、形よりはそれを行う意義を重視していくことが望ましいと考えます」。

また上皇后さまも、「伝統には表《おもて》に現れる型と、内《うち》に秘められた心の部分とがあり、その二つがともに継承されていることも、片方だけで伝わってきていることもあると思います」と指摘され、「伝統とともに生きるということは時に大変なことでもありますが、伝統があるために、国や社会や家がどれだけ力強く、豊かになれているかということに気づかされることがあります」と述べられている。

皇室は知れば知るほど奥が深く、到底すべてをお伝えすることはできないが、今後の皇室のあり方について考える際、少しでも理解を深めていただくために、本書がお役に立てれば幸いである。

取材にあたって宮内庁の各部署の方々や専門家、また伊勢神宮をはじめ多くの神社関係者などのご協力を得て本書が出来上がったことに、この場を借りて心から御礼を申し上げたいと思う。

なお、本書は二〇一〇年一月に刊行され、二〇一九年五月の改元を機に増補改訂したものである。よって、平成在位の現上皇・上皇后陛下を中心に記されていることをあらかじめお断りしておきたい。また上皇・上皇后両陛下をはじめ、皇族の方々の敬称についてはテレビ放送などに使われる基準を準用している。

第一部　祭祀と神宮

宮中祭祀——祈りと年中行事

元旦の午前四時半。全国各地の神社仏閣が、初詣での客でにぎわっている。ちょうどその頃、天皇陛下（現上皇）は新年最初の祭祀《さいし》のために、御所《ごしょ》をあとにされる。もちろん、外はまだ暗い。

陛下が向かわれているのは、綾綺殿《りょうきでん》と呼ばれるところである。綾綺殿は、天皇皇后両陛下が祭典に出御される際に、お召し替えをし、御服装を整えられるための御殿である。かつて平安京の内裏《だいり》にあった御殿が名前の由来で、名のみ踏襲したものである。ちなみに、この綾綺殿を使われるのは両陛下だけで、皇太子同妃両殿下（現天皇皇后）は、綾綺殿の西北西にある東宮便殿《とうぐうびんでん》でお召し替えされることになっている。

午前五時三十分、綾綺殿で黄櫨染《こうろぜん》の御袍《ごほう》を召された天皇陛下は、侍従が脂燭《ししょく》でお足許を照らすなか、宮中三殿と棟続きの神嘉殿《しんかでん》の前庭に降り立たれる。そして、四方拝《しほうはい》という儀式に臨まれるのである。

あらかじめ神嘉殿の前庭に敷かれた荒薦《あらごも》の上に白布、真薦《まごも》、蘭薦《らんごも》を重ね、さらにその上に二双の屏風《びょうぶ》で囲まれた御座《ぎょざ》が設けられている。

前方には二基の燭台《しょくだい》が置かれていて、天皇が玉座に着かれると、屏風は南西の方向だけ開けて、ほかは閉められる。屏風の中に入ることができるのは、天皇と、裾がからまないように手伝う掌典《しょうてん》だけである。

天皇はまず、わずかに屏風の開いている方向に向かって遥拝《ようはい》する。その方向に皇祖神である天照大神《あまてらすおおみかみ》を祀る伊勢神宮があるからだ。

しかし天皇の遥拝は、二礼二拍子一礼という一般の拝礼の仕方とはまったく違う。玉座に正座されたあと、何にもつかまらずに二度立ち上がり座る所作をされる。そして二度目に正座したあとに今度は平伏し、国家国民の安寧を祈られる。その後また二度立ち上がっては座る所作を繰り返される。この作法を両段再拝という。

そのあと、東、南、西、北の順で向きを変え、そのたびに両段再拝を繰り返して遥拝されるのである。これが《四方拝の儀》といわれる一年最初の宮中祭祀で、いわば天照大神と四方の神々への初詣《はつもうで》ともいえるものだ。この儀式は、天皇しかできない。四方拝は平安初期に始まったと見られているが、明治以前と以後とでは遥拝の対象が大きく変わった。現代のように伊勢神宮と四方の神々を遥拝されるようになったのは、明治も中頃であった。しかし、年頭にあたって黄櫨染の御袍を召された陛下が、屏風で囲まれた御座から遥拝される所作は、昔のまま続いている。

四方拝の儀のあと、天皇陛下は掌典長《しょうてん》の御先導で、神嘉殿から宮中三殿に入られ、賢所《かしこどころ》、皇霊殿《こうれいでん》、神殿《しんでん》の順で、《歳旦祭《さいたんさい》》を執り行われる。陛下はまず賢所の内陣の御座に着座され、掌典長のすすめる玉串を持って拝礼されたあと、内掌典《ないしょうてん》（一般の神社で巫女《みこ》に相当する女性）が御鈴を鳴らす。

この鈴は、ご神体の鏡を納めた唐櫃《からびつ》につながる太い綱に十六個下がっており、内掌典が引くと一斉に鳴るように作られている。全部で九十一回鳴らす間、およそ十分、天皇は平伏したまま、やはり国家国民の安寧を祈り続ける。これを《御鈴の儀》というが、賢所で天皇が祈られる時だけ行われる儀式で、このあと引き続いて参拝される皇慶殿と神殿では行われない。陛下が神殿の内陣《ないじん》にお入りになる頃には、ようやく東の空が白みはじめる。宮中三殿には冷暖房がないので、しんしんとした寒さがお足許から忍び寄ってくる。

天皇陛下の三殿への御拝礼が終わると、今度は黄丹袍《おうにのほう》を召された皇太子殿下が、やはり掌典長の御先導で賢所、皇霊殿、神殿と廻られ、天皇陛下とまったく同じ所作で拝礼される。

宮中祭祀は大祭、小祭、その他と大きく三つに分かれるが、歳旦祭は小祭に含まれ、天皇陛下と皇太子殿下のほかには各皇族方の参拝はない。四方拝のあと宮中三殿に拝礼されるようになったのは明治六年（一八七三）一月一日からで、《三箇日賢所皇霊殿神殿御祭典》が正式な名称である。

宮中祭祀が行われる宮中三殿とは、前述したように、賢所、皇霊殿、神殿の総称で、二重橋の後方、皇居のほぼ中央に鎮座している。時折り風に乗って三宅坂の車の音が聞こえてくるだけの、静寂で鬱蒼《うっそう》とした森の中にある。

賢所は南に向かって建てられており、その西側に皇霊殿、東側に神殿が回廊によってつながっているが、賢所だけは一段高く、三殿の中でもっとも大きい。正面の庭には、神楽《かぐら》を奉納する神楽舎《かぐらしゃ》が配されている。賢所には皇室の祖先である天照大神《あまてらすおおみかみ》が祀《まつ》られており、ご神体は崇神《すじん》天皇の命によって創られた御鏡である。ちなみに天照大神が降臨される瓊瓊杵尊《ににぎのみこと》に授けられた八咫鏡《やたのかがみ》は、伊勢神宮に祀られている。

当然、朝廷が京都にあった時にも温明殿《うんめいでん》、春興殿《しゅんこうでん》と移り変わったものの、賢所に相当する場所は京都御所の中に設けられていた。しかし明治二年（一八六九）三月、東京遷都とともに皇居の内庭に遷座された。だが明治六年（一八七三）五月五日の夜、皇居が炎上してしまったため、翌日から赤坂御苑に移され、明治二十二年（一八八九）一月九日、新設された現在の場所にふたたび遷座されたのである。

賢所の屋根は、当初は檜皮葺《ひわだぶき》だったが、のちの改修工事の際に銅版葺に改められている。内部は内々陣《ないないじん》、内陣《ないじん》、外陣《げじん》に分かれており、すべて板敷きで半蔀《はじとみ》、障子《しょうじ》が用いられ、周囲は簀《す》の子《こ》がめぐらされている。正面には木の階段があり、内陣の二基の常夜灯は絶やされたことはない。御鏡は一番奥の内々陣に奉安されているが、そこに入ることができるのは供物を供えたりする内掌典《ないしょうてん》だけで、天皇皇后両陛下と皇太子同妃両殿下は内陣まで、その他の皇族は外陣までしか入ることはできない。したがって、皇太子殿下の御成婚の儀は内陣で行われたが、秋篠宮をはじめとするほかの皇族の御成婚の儀は外陣で行われた。

西側の皇霊殿は、歴代の天皇・皇后・皇族方の御霊を祀《まつ》ってある建物で、御殿は明治四年（一八七一）に遷座されてから皇霊とだけ呼ばれていたが、明治三十三年（一九〇〇）に公布された「皇室婚嫁令」に皇霊殿と記されてからは、そう呼ばれるようになった。

歴代天皇の御尊牌（御位牌）は、中世以降には京都御所の中に安置され、女官らが仏式で奉仕していた。

しかし、明治政府が仏式に関わるのは避けるべきだとしたことから、現在は仏像などとともに京都東山の泉涌寺《せんにゅうじ》に遷された。両陛下が京都に行幸啓《ぎょうこうけい》される折りには、参拝されるのが恒例となっている。

賢所の東側に建つ神殿は、天神地祇《ちぎ》、八百万神《やおよろずのかみ》を祀ってある建物で、大きさは皇霊殿と同じである。宮中に神祇を祀ることは古くから行われていたらしく、「延喜式《えんぎしき》」にも記されているが、現在、祭祀はすべて賢所、皇霊殿、神殿の順で行われることになっている。

宮中三殿の西方に位置して南向きに建てられているのが神嘉殿で、ここでは十一月二十三日に新嘗祭《にいなめさい》が行われる。三殿とは渡り廊下でつながっているが、賢所とは別に正門が設けられており、建物中央の正殿の東西に隔殿がある。祭祀の際には母屋に神座と天皇の御座が、壁ひとつ隔てた西隔殿には天皇御座と皇太子座が設けられ、掌典長はじめ掌典、采女《うねめ》は東隔殿に控える。

戦前は一月一日の四方拝から歳旦祭に至る《元旦の儀》、二月十一日の《紀元節》、四月二十九日の《天長節》（昭和天皇の誕生日）、十一月三日の《明治節》（明治天皇の誕生日）が四大節と呼ばれ、大祭として祭祀が執り行われていた。しかし現在は、一月三日の《元始《げんし》祭《さい》》、一月七日の《昭和天皇祭の儀》、三月春分の日の《春季皇霊祭と神殿祭の儀》、四月三日の《神武天皇祭の儀》、九月秋分の日の《秋季皇霊祭と神殿祭の儀》、十月十七日の《神嘗祭《かんなめさい》賢所《かしこどころ》の儀》、十一月二十三日の《新嘗祭《にいなめさい》神嘉《しんか》殿《でん》の儀》が大祭として執り行われ、新嘗祭神嘉殿の儀を除くすべての大祭には、天皇皇后両陛下が参拝される。

これら大祭を順にご紹介しよう。

一月三日の《元始《げんし》祭《さい》》は年始にあたって、皇位の大本《おおもと》と由来を祝し、合わせて国家国民の繁栄を宮中

宮中三殿（宮内庁提供）

三殿で祈念される祭祀である。歳旦祭と同じように綾綺殿で黄櫨染の御袍を召された天皇陛下が賢所内陣の御座にお着きになり、拝礼のあとお告文《つげぶみ》を奏上される。そのあと内掌典の鳴らす御鈴の儀が行われる。ただし、この御鈴の儀は賢所で天皇陛下の時だけである。ついで陛下は皇霊殿、神殿でも、拝礼のあとにお告文を奏上される。このあと御五衣《おんいつつぎぬ》、御小袿《おんこうちぎ》、御長袴《おんながばかま》を召された皇后陛下が賢所の内陣の御座に着かれて拝礼され、続いて皇霊殿、神殿に進まれる。

そして今度は東宮便殿で、束帯と黄丹袍を召された皇太子殿下と、五衣、小袿、長袴を召された皇太子妃殿下が、おそろいで内陣に入られて拝礼され、皇霊殿と神殿に進まれる。続いて、外の幄《あく》舎《しゃ》に参列されていた皇族方がお一方ずつ、三殿正面の木の階段の下で拝礼される。その際、男子皇族はモーニングコート、女子皇族はロングドレス

（ローブモンタント）をお召しになるが、未成年の皇族は参列されない。最後に、宮内庁長官ら参列者が拝礼して元始祭は終わる。

また翌四日には祭祀ではないが、年始にあたって掌典長が天皇陛下に、伊勢神宮や皇室祭祀が前年滞りなく行われたことを奏上する《奏事始《そうじはじめ》》が宮殿鳳凰《ほうおう》の間《ま》で行われる。これは平安時代の政始の流れを汲《く》むもので、天皇陛下も掌典長もモーニング着用である。

しかし、一月の儀式はこれだけではない。昭和天皇が崩御された一月七日には皇霊殿で《昭和天皇祭》が行われ、陵所のある武蔵野陵でも祭祀が執り行われるが、夜には皇霊殿の前庭にある神楽舎《かぐらしゃ》で神楽が奏される。これは、明治四年（一八七一）に、第一代の《神武天皇祭》と明治天皇の先帝であった《孝明天皇祭》を明治天皇みずからお祀《まつ》りされる御親祭としたのをうけて、「皇室祭祀令」でも神武天皇祭と先帝祭だけは大祭としたのである。

一方、一月三十日に皇霊殿で行われる《孝明天皇例祭》は、先帝以前三代の例祭の一つ、小祭として行われる。孝明天皇は慶応二年（一八六六）十二月二十五日に崩御され、ご葬儀は仏式で執り行われたが、明治三年（一八七〇）のご命日に明治天皇が陵所に勅使を差し遣わされ、御遥拝されたのが、神式での祭祀の始めとなった。崩御された時はまだ旧暦であったが、明治五年（一八七二）から採用された新暦に換算して明治七年（一八七四）をもって一月三十日が崩御に相当する日として、以後、この日に《孝明天皇例祭》が行われるようになったのである。もちろん、ほかの祭祀もすべて旧暦から新暦に換算しなおして行われている。

《孝明天皇例祭》は小祭ではあるが、今でも天皇皇后両陛下をはじめ、皇太子同妃両殿下、各皇族方も、大祭と同じように参拝される。

また二月十七日にも、賢所、皇霊殿、神殿の三殿で行われる小祭がある。その年の穀物の豊穣を祈る《祈年祭《きねんさい》》だ。農耕をおもな生業とするわが国では、古くから春には豊穣祈願、秋には収穫感謝の祭祀が広く行われていたが、宮中では応仁の乱以降に途絶えていたのを、明治二年（一八六九）から再興されることになったのである。

感謝といえば、ご先祖を祀り、神々に感謝するのが、春分の日の《春季皇霊祭》と《春季神殿祭》、秋分の日に行われる《秋季皇霊祭》と《秋季神殿祭》で、この四祭はいずれも明治十一年（一八七八）に、毎年春と秋に皇霊殿と神殿で行うことが正式に決まった。なにしろ、神武天皇以降天皇の位に就かれた方は百二十人を超えているため、すべてのご命日に祭祀を行うと一年の三分の一以上になってしまう。そこで、皇霊殿に祀られているすべての天皇、皇后、皇族方をいっしょにお祀りすることにしたのが春秋の皇霊祭であり、神々の加護に感謝するのが神殿祭なのである。

これら四祭とも大祭で、天皇みずから拝礼され、お告文を奏される御親祭である。しかし、第一代の神武天皇と先々代から四代の天皇（孝明、明治、大正、昭和）と先々代皇后（香淳《こうじゅん》）だけは、皇霊祭とは別に祭祀が行われている。それが一月七日の《昭和天皇祭》、一月三十日の《孝明天皇例祭》、四月三日の《神武天皇祭》、六月十六日の《香淳皇后例祭》、七月三十日の《明治天皇例祭》、十二月二十五日の《大正天皇例祭》で、神武天皇祭と昭和天皇祭だけが大祭として行われ、あとは小祭である。

神武天皇のご命日は旧暦では三月十一日とされてきたが、これも新暦に換算しなおして明治三年（一八七〇）四月三日から大祭として行われるようになった。昭和天皇祭と同じように陵所でも祭祀が行われ、夜は皇霊殿前で御神楽が奉納される。

秋にはいよいよ《神嘗祭《かんなめさい》》と《新嘗祭《にいなめさい》》という、宮中祭祀の中でももっとも重要な祭典が続く。《神嘗祭賢所の儀》は、十月十七日に賢所に新穀を供え、神に感謝する祭祀で、天皇陛下は祭祀に先立って神嘉殿の南庇で、はるか伊勢神宮を遥拝される。というのも、神嘗祭はもともとその年に収穫された新穀をまず伊勢神宮に奉納する祭祀だったからで、明治四年（一八七一）から明治天皇の思し召しによって賢所でも行われるようになったのである。一般に《神嘗祭》と呼ばれているが、正式には《神嘗祭賢所の儀》という。昔は九月十七日に祭祀が行われ、新暦になってもそのままだったが、九月ではまだ稲が十分生育していないため、明治十二年（一八七九）から一ヵ月遅らせて十月十七日となった。だが実際は、陛下が神嘉殿の南庇から伊勢神宮の方を遥拝されるようになったのは、明治二十二年（一八八九）からであった。

もう一つ、宮中祭祀の中で重要とされているのが、大祭として行われる十一月二十三日の《新嘗祭》である。天皇陛下が神嘉殿で新穀を、天照大神はじめ神々にみずからお供えになり、神恩に感謝され、そのあと陛下みずからも召し上がる祭祀である。夕方からの夕《よい》の儀と、深夜からの暁《あかつき》の儀がある。神前には、日本全国の都道府県で収穫された精米一升と精粟五合のほか、陛下がみずから皇居内で栽培し収穫された新穀も供えられる。神に新穀を供え、天皇みずからが召し上がるこの新嘗の祭祀の歴史は大変古く、すでに『常陸国風土記《ひたちのくにふどき》』や『万葉集』にも見られる。しかし、その後は幾度となく中断し、桜町天皇の元文四年（一七三九）に再興され、以後は現在まで絶えることなく続いている。

当日は午前中に神嘉殿内が整えられ、午後になって、まず神を迎える降神の儀が執り行われる。神嘉殿には平素は神は不在で、新嘗祭のときだけ降臨願うのである。夕刻になると、天皇陛下が綾綺殿にお入りになり、御祭服にお召し替えになる。そして平安初期の嵯峨天皇の御代に定められた通り、御幘《おんさく》、御斎衣《おんさいい》、御下襲《おんしたがさね》、御衵《おんあこめ》、御単《おんひとえ》、御表袴《おんうえのはかま》、御大口《おんおおくち》、御石帯《おんせきたい》、御襪《おんしとうず》をつけられる。同じ頃、皇太子殿下も東宮便殿に入られ、斎服（冠、白袍、白単、白袴）に着替えられる。

参列者が式部官の先導で前庭の幄舎《あくしゃ》に入ると、掌典長が所定の位置について祝詞を奏上し、いよいよ天皇陛下がお出ましになる。陛下が神嘉殿の正殿の御座にお着きになると、普段は御所の寝室のそばの剣璽《けんじ》の間に安置されている剣璽（剣と勾玉）がこの日だけは御所を離れ、侍従が捧げもって天皇のおそばの案上《あんじょう》（机）に安置する。ついで皇太子殿下も着座され、東宮侍従が皇太子の守り刀である壺切御剣を同じように案上に安置する。次に、掌典や采女らによって神饌として御米飯・御粟飯を入れた御飯筥《おものばこ》、鮮物筥《なまものばこ》（調理した鮮魚）、干物筥《からものばこ》（乾魚）、御菓子筥《おこのみばこ》（果物）が、天皇陛下のおそばに運ばれる。

やがて神楽舎で神楽歌が始まると、天皇陛下が神座の前へ進まれ、その御飯筥以下の筥《はこ》のなかの神饌《しんせん》を、みずから竹製の御箸で次々と御枚手《おんひらで》（器）に盛り付けて供される。その間、皇太子殿下は隔殿の座でじっと正座されたままである。正殿に入れるのは天皇陛下と陪膳《はいぜん》采女、後取《しんどり》采女だけで、皇太子殿下はその座からは直接正殿の天皇陛下の所作はいっさいご覧になれない。

天皇自らが供えられる御親供《ごしんく》は昔からのしきたり通りに行われ、約二時間を要する。それが終わると、拝礼され、お告文を奏されたあと、今度は御米飯、御粟飯、白酒《しろき》、黒酒《くろき》を召し上がる。天皇陛下が神と食事をともにされるのである。その間に皇太子殿下が御座を立たれ、正殿正面の外側で拝礼されると、続いて各皇族はじめ参列者が正面の庭から拝礼される。これが夕の儀で、暁の儀は午後十一時からまったく同じ所作で行われ、すべてが終わるのは二十四日になった深夜を過ぎる頃である。

こう見てくると、新嘗祭がいかに大きな祭祀であるかわかるが、即位された天皇の最初の新嘗祭だけは、とくに《大嘗祭《だいじょうさい》》と呼ばれ、一代一度限りの重儀としてお代替わりごとに行われる。

大嘗祭は神嘉殿ではなく、大嘗宮《だいじょうきゅう》という大嘗祭のためだけの建物を建てて、その中の悠紀殿《ゆきでん》と主基殿《すきでん》で行われる。かつて即位の礼より前に大嘗祭が行われた例がないことから見ても、大嘗祭は正式に即位された皇位継承者のみが執り行う祭祀であることがわかる。また、毎年行われる新嘗祭では、全国各地から献納された米で作った米飯や白酒《しろき》・黒酒《くろき》を供するが、それに対して大嘗祭だけは春に行われる《斎《さい》田点定《でんてんてい》の儀》という占いによって選ばれた東西二つの田で収穫した米を使う。

新潟、長野、静岡を結ぶ線の東側から悠紀殿用の、西側から主基殿用の田が選ばれる。亀卜《きぼく》と呼ばれる斎田点定の儀では、アオウミガメの甲羅を火で炙り、水をかけてできたひび割れで吉か凶を占うもので、令和元年の大嘗祭では、悠紀殿用の米は栃木県、主基殿用の米は京都府の田が選ばれた。

大嘗祭での天皇の所作は新嘗祭と同じだが、天皇は夕刻からの《悠紀殿供饌の儀》も、深夜からの《主基殿供饌の儀》も正座である。よほど馴れた人でないかぎり、二時間の正座はつらい。まして天皇陛下は普段洋式の生活をされているだけになおさらだ。このため陛下は、なんと御所でも洋間の絨毯《じゅうたん》の上に座布団を敷いてテレビをごらんになっているという。これは、足がしびれて祭祀がおろそかにならないようにされているからで、いかに真摯なお気持ちで祭祀に臨まれているのかがわかるだろう。

ところで神楽といえば、十二月中旬、日にちは決まっていないものの、賢所の前庭の神楽舎で御神楽が奏されるだけの祭祀がある。これは御神霊を慰めるための小祭で、天皇皇后両陛下、皇太子同妃両殿下をはじめ全皇族が、まず午後五時から次々と拝礼される。そして午後六時から、御神楽二十四名、神楽歌九名の楽師によって翌日未明まで、延々六時間以上も演奏が続く。最後に、巻纓冠《けんえいのかんむり》をつけた長が榊《さかき》の枝をかざして舞い、その枝を掌典が御所に献上することになっている。

天皇誕生日は十二月二十三日から二月二十三日に変わったが、宮中三殿では《天長祭》が執り行われる。天皇誕生日を〈天長節〉と呼んで祝うことは、『続日本紀《しょくにほんぎ》』にも見られ、古くから行われていたことは間違いない。〈天長〉という語は『老子』の〈天長地久章〉から出たものらしく、戦後「天皇誕生日」と改められるまでは、天皇の誕生日は《天長節》、皇后の誕生日は《地久節》と呼んでいた。

平成まで、天皇陛下は午前九時から宮中三殿に参拝されたあと、十時から宮内庁長官ら宮内庁職員の祝賀を受けられ、十時十五分には一般参賀の人々で埋めつくされた宮殿長和殿のベランダにお立ちになる。ベランダには午前中だけ三回、皇后陛下、皇太子同妃両殿下、秋篠宮同妃両殿下とともにお出ましになるが、その後も次々と祝賀行事が続き、ご一家でお祝いの御膳につかれるのは夕方になってからだった。

そして大晦日には、天皇陛下のためのお祓いの行事《節折《よおり》》と、神嘉殿前庭で皇族をはじめ国民のためのお祓いの行事《大祓《おおはらい》》が行われ、最後に一年の締めくくりの祭祀として《除夜祭》が宮中三殿で行われる。ただし、この祭祀には天皇陛下はお出ましにならず、掌典職によって執り行われる。

以上、ご紹介しただけでも大変な数だが、じつは祭祀はこれだけではない。《旬祭》といって毎月一の日、つまり一日、十一日、二十一日にも、宮中三殿で祭祀が行われる。十一日と二十一日は侍従の御代拝だが、一日はかならず御直衣《おのうし》を召された天皇陛下が直接参拝されている。

その他、天皇皇后両陛下、皇太子同妃両殿下が外国を訪問される際には、ご出発前と帰国されてからかならず宮中三殿で祭祀があり、伊勢神宮、神武天皇陵、昭和天皇陵に御直拝《おじきはい》あるいは御代拝なさるのである。ほかの皇族方も、かならずご出発前とご帰国後には賢所に参拝される。

もちろん、即位の礼、大嘗祭、立太子礼、成年式、御成婚などには臨時の祭祀があるし、春秋の皇霊祭で歴代の天皇、皇后、皇族方の御霊をいっしょにお祀りするほか、歴代天皇の崩御の年から数えて三年、五年、十年、二十年、三十年、四十年、五十年、百年、以後百年ごとの崩御日に相当する日にも、やはり《式年祭》を行うことになっている。上皇后陛下はかつて、「皇室は祈りでありたい」という大変含蓄のあるお言葉を述べられたことがある。戦後、宮中祭祀が天皇家の私的行事として扱われるようになったため、国民の目に触れる機会がほとんどなくなってしまったが、皇室の方々は祭祀に明け、祭祀に暮れるといっても過言でないほど祈りの日々を送っておられるのである。なかでも天皇陛下は、まさにもっとも厳格に祭祀を執り行われる神主なのである。

伊勢神宮──遷宮と神事

「ゴーン、……ゴーン」

　二本の檜《ひのき》の大木の根元に打ち下ろされる斧の音だけが、静まり返った会場に響く。伊勢神宮の《式年《しきねん》遷宮《せんぐう》》のための御用材を切り出す《御杣始祭《みそまはじめさい》》のクライマックスである。式年遷宮とは二十年に一度、伊勢神宮の正殿《しょうでん》を寸分違わず建て替え、神にお遷《うつ》り願うもので、千三百年の伝統がある伊勢神宮最大の祭典である。

　平成二十五年（二〇一三）の式年遷宮で六十二回目を数えるこの制度は、そもそも天武天皇の御発意で、持統天皇四年（六九〇）に第一回が行われて以来、戦国時代に一時中断のやむなきに至ったものの、その後復活し、現在に至るまで千三百年ものあいだ延々と継続している。

　なぜ二十年に一度なのかについては諸説がある。高温多湿な日本では木造建築の耐用年数がほぼ二十年くらいであることのほか、式年遷宮では社殿だけでなく奉納する御神宝もすべて新しく作り変える必要があるため、その技術の伝承には最適の年数であること、稲の貯蔵年限のうち最長のものが二十年と法令で決まっていたことなどが挙げられる。実際には、これらの要因をすべて勘案したうえで、もっとも理にかなっていたのが二十年という年月だったのではないかと考えられる。しかし、このすばらしい発想によって昔のままの神殿を永遠に後世に伝えることが可能になったのである。創建当時の木造建築のままなら、とっくに朽ち果てていただろう。

明治時代には、それまでの掘立柱の工法を改めて、礎石をコンクリート製にすべきだと主張する政治家がいたらしいが、明治天皇はお許しにならなかったという。宮中の神事や神宮の祭祀は、あくまでも伝統を重んじ、みだりに変えないところに尊さがあるのだ。

一般には伊勢神宮と呼ばれているが、正式には《神宮》という。言わずもがな、わが国最高で最大の神社である。皇室のご先祖を祀るとともに国民の総氏神ともいえる。その神宮が、なぜ当時の都であった奈良や京都から遠い伊勢の地に祀られるようになったのであろうか。それをひもとくと、神話の世界にまでさかのぼる。

『古事記』や『日本書紀』に書かれている次のような有名な場面がある。

太古の昔、高天原《たかまがはら》には太陽の女神である天照大御神《あまてらすおおみかみ》〔伊勢神宮では「御」を入れて表記する〕をはじめ八《や》百万《およろず》の神々が住んでいたが、弟神の素戔嗚尊《すさのおのみこと》があまりに乱暴狼藉を働いたため、それを悲しんだ天照大御神は天岩戸《あまのいわと》に隠れてしまった。太陽神が隠れたため、たちまち世界は暗黒になってしまったが、驚き嘆いた神々はなんとか天照大御神に出てきてもらおうと、鏡と勾玉《まがたま》を造って榊に飾り、盛大な祭を催した。すると、あまりの騒々しさに天照大御神が岩戸を少し開けて外をうかがったところを、大力の手力《たぢから》男命《おのみこと》が強引に岩戸を開け放ったため、ふたたびもとの明るさが戻ったという神話だ。

その後、天照大御神は国土を治めるために、孫の瓊瓊杵尊《ににぎのみこと》を地上に遣わす（天孫降臨《てんそんこうりん》）が、その時、手渡したのが、天岩戸の前に飾られていた鏡（八咫鏡《やたのかがみ》）と勾玉（八尺瓊勾玉《やさかにのまがたま》）、それに素戔嗚尊が退治した八岐大蛇《やまたのおろち》の尻尾から取り出し、大御神に献上したとされる御剣（天叢雲剣《あめのむらくものつるぎ》）であった。これらが天皇家に伝わる《三種の神器》といわれるものだが、天照大御神はとくに鏡については「私を見るがごとくまつるように」といわれたという。そのため八咫鏡は、天照大御神が宿る御神体として、以来ずっと天皇のおそばで同じ御殿の中に祀られていたのである。

しかし、大和の三輪山《みわやま》の麓の磯城瑞籬宮《しきのみずかきのみや》で天下を治めていた第十代崇神《すじん》天皇の五年、国中に疫病が蔓延したのは、大御神をおそばに祀っているからではないかと考えた天皇は、鏡を皇居の外に祀ることを決意され、御子である豊鍬入姫命《とよすきいりひめのみこと》に命じて、ふさわしい土地を探させた。その場所が倭笠縫邑《やまとのかさぬいのむら》で、天照大御神が鎮座されてから八十年以上経った第十一代垂仁《すいにん》天皇の二十五年、伯母である豊鍬入姫命のあとを継いだ皇女倭姫命《やまとひめのみこと》が天皇の命を受けて、天照大御神が鎮まるのにふさわしいさらなる土地を求めて旅に出た。そして命が近江や美濃などを巡ったのち、最後にたどりついた場所が伊勢の国だったのだ。

その時、「都から遠く離れてはいるが、美しい国である。この国にいようと思う」という天照大御神のお告げがあったことから、五十鈴川の上流に鎮座されるようになったという。当時は唐・新羅《しらぎ》という強国が日本を襲ってくると恐れられた時代である。

神宮には、その天照大御神を祀る《皇大神宮《こうたいじんぐう》（内宮《ないくう》）》と、これより五百年後の第二十一代雄略天皇の時代に天照大御神の朝夕の御饌《みけ》（御食事）を司る神として豊受大御神《とようけのおおみかみ》を祀った《豊受大神宮（外宮《げくう》）》がある。その内宮と外宮の両宮を合わせて《正宮》といい、正宮にはそれぞれ別宮《べつぐう》、摂社《せっしゃ》、末社《まっしゃ》、所管社《しょかんしゃ》があり、正宮を加えたその数はなんと百二十五にものぼる。それらの総称が神宮なのである。

別宮は、正宮を本家とすればいわば分家で、内宮に十四、外宮に四つある。摂社は古代の法律である延喜式《えんぎしき》に記載されている社であり、末社は延暦二十三年（八〇四）に神宮が朝廷に提出した「延暦《えんりゃく》儀式帳」に記載されている社のことである。所管社は、摂社や末社よりも重い扱いを受ける正宮や別宮と、とくに由緒深い関係の社である。これらすべてのお宮やお社も、正宮に引き続いて祭祀を執り行うため、神宮では年間じつに千五百回もの祭祀が行われているのである。それ以外に、二十年に一度行われる最大の祭祀が、前述の式年遷宮ということになる。

遷宮にかかわる儀式は、八年前の二本の御神木を伐り出す時からすでに始まっている。現在、御樋代《みひしろ》木《ぎ》と呼ばれる御神体を入れるための檜材《ひのき》は、長野県上松町《あげまつまち》の木曾谷国有林から伐り出されている。この国有林一帯は、赤沢自然休養林ともいわれる森林浴発祥の地で、多くの人々が訪れる緑豊かな森である。御用材を切り出す山を御杣山《みそまやま》といい、まずその山口に坐す神に、伐採と搬出の安全を祈願する《山口祭》が行われる。次いで、正殿の床下に奉献する心御柱《しんのみはしら》の御用材を伐採するにあたり、その木の本に坐す神を祀る《木本祭《このもとさい》》が行われる。それからほぼ一ヵ月後、実際に伐採する二本の檜の前で神職などの手によって執り行われるのが、この章の冒頭で触れた《御杣始祭》である。参列した人々が息をつめて見守る、厳粛な祭祀である。

二本の木の選定は、この時よりさらに四年も前に始まる。その際、御杣山の南面にあって小川が近くを流れるなど清浄さが保たれている場所の立木であること、節の少ない木であること、二本の木がたすきがけに倒せる距離にあることが条件となる。しかし、見事な檜が生い茂っているとはいえ、これらすべての条件を満たす樹齢三百年前後の木を、しかも二本見つけるのは、そう簡単ではない。そのうえ二本の木を探し出したとしても、それはあくまでも候補に過ぎない。というのも、木の中が空洞であってはならないからだ。そのため、ガンマ線を照射して空洞がないことを確認してからやっと御神木として確定することになる。

こうしていいよ、御杣始祭の当日を迎える。祭祀がひと通り終わったところで、いよいよ皇大神宮用と豊受大神宮用の御樋代木の根元に、新調の斧を持った六人の杣夫《そまふ》がそれぞれ三人ずつ、三方に分かれて立つ。そして一斉に斧が振り下ろされると、なんとも芳しい檜の香りがあたりに広がっていく。三方から斧を入れていくこのような伐採方法を、三ツ尾伐り、または三紐切りといい、貴重な樹木で直径の長い優良木の伐採にだけ行われる伝統技法である。

やがて根元に三ヵ所、わずかな幹の部分を残して中央に大きな空洞ができる。最後にその中の一ヵ所に斧を入れると、大木は「キーン」という大きな音とともに、あらかじめ決められていた方向に倒れる。最初に皇大神宮の御樋代木が倒され、そのあと豊受大神宮の御樋代木が交差するように倒される。倒されるというよりは、皇大神宮の御樋代木を守るようにその上に寝かされるという感じである。これが昔からの慣わしで、二本の檜をたすきがけに倒すだけの距離が必要なのは、このためなのだ。

こうして式典が滞りなく終わると、参列者が一斉に切り株の周りに駆け寄って、砕け散った木屑を集め始める。御神木にあやかろうというのだ。伐採された御神木は長さ六・六メートルに切断され、両端が十六角に整えられる。これは昔、御用材が川を下って運ばれたため先を丸くして材の損傷を防いだからだが、きちんと十六角にするには熟練の技を要する。そしていよいよ、形を整えられた御用材は山から下ろされ、上松町の町内を巡ったあと、伊勢へと向かうことになる。

伊勢に着くと今度は、内宮用の御神木が五十鈴川を人々の手によって川曳《かわびき》で、外宮用の御神木が御木《おき》曳車《ひきくるま》に載せられて陸曳《おかひき》で、それぞれ神域に納められる。これを御樋代木奉曳式《ほうえいしき》という。

ところで神宮は、外宮から内宮の順で参拝するのが一般的だといわれているが、ここでは天照大御神を祀る内宮からご紹介しよう。内宮の入口で車を降りると目の前に大きな鳥居がそびえ、見事な木橋が対岸に向かって伸びている。これが〈宇治橋〉で、下を流れる清らかな流れが五十鈴川である。

橋の対岸に向かい合って立つ高さ七・四四メートルの大鳥居は、手前が外宮正殿の、対岸側が内宮正殿の、いずれも棟持柱《むなもちばしら》だったものである。この二つの大鳥居は、檜材で式年遷宮のたびに次の棟持柱と取り替えられるが、これで役目が終わったわけではない。今度は、外側の鳥居は桑名の旧渡し場跡に、内側の鳥居は鈴鹿峠の麓にある関の追分に移築される。いずれもその昔、伊勢参りをする際の玄関口だったところである。したがって、御杣山で伐採されてからじつに六十年もの務めを果たすことになるのだ。

二つの大鳥居の間を結ぶ宇治橋は、長さが百一・八メートル、幅が八・四二メートルある、わが国で最長の木造の和橋で、船大工によって見事な弧を描くように組み立てられる。二十年間に一億人もの人が渡るため、さすがに敷板の凸凹が目立つ。

江戸時代までは、五十鈴川のことを御裳濯《みもすそ》川と呼んでいたため宇治橋を「御裳濯川橋」と称していた由来が、宇治橋を渡り始めて左側二番目の擬宝珠《ぎぼし》に刻まれている。そこには「天照皇太神宮・御裳濯川御橋・元和《げんな》五己未《つちのとひつじ》年三月」（一六一九）と記されており、擬宝珠の中に安全を祈願するお札（万度麻《まんどぬさ》）が納められているため参拝者が触っていくのだろう、十六基ある擬宝珠のうち、そこだけがぴかぴかに光っている。この銘からもわかるように、現在の宇治橋も神宮創建当時から架かっていたものではない。

古い絵画資料として鎌倉末期の「伊勢内宮曼荼羅」や「遊行上人《ゆぎょうしょうにん》絵伝」に、欄干のついた橋が描かれているところから見て、その頃から何らかの橋が架かっていたことがうかがえる。しかし、現在の場所に大きな橋が架けられたことが確認できるのは、室町幕府六代将軍足利義教の命によって永享七年（一四三五）秋に完成した時である。当初は大きく反った太鼓橋だったようだが、大洪水で架け替えられるたびに反りは緩やかになり、明治四年（一八七一）の架け替えから、橋の反りの高さが一丈一尺（約三・三メートル）から現在の六尺（約一・八メートル）に緩められたのである。橋脚は全部で十三組の三本立てで、すべて欅《けやき》が用いられている。よく見ると、上流側に八基の屋根のついた杭が橋と平行して立っている。これは、上流から流れてくる流木などによって橋が壊されないための木除杭《きよけぐい》と呼ばれるもので、すべて檜材でできている。

この宇治橋も式年遷宮の一環として二十年に一度架け替えられているが、もともとは橋の架け替えと式年遷宮とは関係がなかった。というのも、橋は流されるたびにそのつど架け替えなければならなかったからで、同時に行われるようになったのは明治二十二年度（一八八九）の第五十六回式年遷宮からである。

ところが、第五十九回の式年遷宮の年にあたっていた昭和二十四年（一九四九）は終戦後の困難な時期だったため、昭和二十八年まで延期されることになった。しかし、せめて宇治橋だけでも架け替えたいという地元の強い要望が実現し、それ以後、宇治橋の架け替えはつねに正殿の遷宮より四年早く行われるようになったのである。

さて、橋を渡って右手に続いているのが、内宮の正殿への参道である。前方に峰を連ねる神路山《かみじやま》から島路山《しまじやま》まで、すべてが神宮の宮域林《きゅういきりん》であり、清らかな五十鈴川の水源でもある。総面積は五千四百四十六ヘクタールもあり、全域は二つに区分される。第一宮域林は内宮や宇治橋周辺なども含まれ、風致増進とともに、五十鈴川の水源涵養を目的に原則伐採禁止となっている。また第二宮域林は、風致増進を図りつつ、御用材の生産にも力を入れている区域だ。じつは式年遷宮のための御用材はかつて神宮の宮域林ですべてまかなっていたが、鎌倉時代中期以降は適材が欠乏するようになったため、やむをえず近隣の山へ、さらに江戸時代中期からは長野県や岐阜県の木曾産に依存してきた。そのため、いずれまたかつてのように宮域林でまかなえるよう、現在は計画的な植林が行われている。

宮域林は約半分が広葉樹を主体とした天然林だが、植物や動物の種類も多く学術的にも貴重な森林である。これまでの調査で、植物は木本類約百二十種、草木類約六百種、羊歯類約百三十種が確認されているほか、動物も哺乳類や爬虫類、昆虫類など、二千六百三十九種が確認されている。また、山階《やましな》鳥類研究所が平成十一年から十四年にかけて行った調査によると、鳥類は百四十一種にのぼり、日本で確認されている種類のじつに四分の一がここに生息しているという。この中には絶滅危惧種が六種、準絶滅危惧種が五種含まれており、神宮の森がいかに良好に保全されているかを物語っている。そのため第二宮域林内であっても、五十鈴川上流の神路川・島路川沿いの森林はとくに学術的に貴重な特別区域として、原則禁伐の措置がとられており、御用材はそれ以外の区域で生産されている。

こうした区域だけでも約二千九百ヘクタールあるが、そのうちの八割にあたる約二千三百ヘクタールが、檜の人工造成林である。御用材は、宇治橋の橋脚に用いられる欅《けやき》など、ごく一部を除いてすべて檜材である。一回の遷宮に約一万立方メートルの檜の丸太が必要だという。これらの木材は、胸高で直径六十センチ前後の立木が主体だが、胸高で直径百センチを超える木材も三十数本は必要という。これらの檜を神宮みずからが育てていく方針が打ち出され、本格的な植林が始まったのが大正十二年（一九二三）だから、当時からすでに九十年近く経ったことになる。平成二十五年（二〇一三）の第六十二回遷宮では全体の二割程度の檜が、鎌倉時代中期以来、じつに七百年ぶりに神宮の宮域林から供給されることになる。

将来さらに自給率を高めるためには、できるだけ短期間で生長を促さなければならない。植栽して三十～四十年経つと材木間で優劣がはっきりしてくるため、将来大樹になることが期待できる木を選定して、間伐を進めながら生長を促進させる方法がとられている。この大樹候補の木が胸高の直径で百センチ以上になるまで、樹齢二百年程度をかけて間伐を繰り返すという。まだまだ気の遠くなるような話だが、未来永劫に遷宮が続くことを念頭に置いた遠大な計画なのである。

さて、これらの山々を前方に見ながら進むと、右手に手水舎《てみずしゃ》があり、その先の第一鳥居をくぐると五十鈴川の縁まで下りられる。御手洗《みたらし》場と呼ばれるところで階段状の石畳になる。この石畳は、元禄五年（一六九二）に徳川綱吉将軍の生母、桂昌院《けいしょういん》から寄進されたものである。五十鈴川の水で手を清めたあと、鬱蒼とした森をさらに奥へ進むと、やがて参道の突き当たりの左手にある石段の上に見えてくるのが、天照大御神の鎮座する皇大神宮（内宮）の正殿である。

正殿は内側から、瑞垣《みずがき》、蕃垣《ばんがき》、内玉垣《うちたまがき》、外玉垣《とのたまがき》、板垣の、五重の垣の中にあり、瑞垣と内玉垣には南北の御門が、外玉垣と板垣には東西南北に御門が配されている。われわれが参拝するのは、外玉垣の南御門の前である。

正殿は唯一神明造《ゆいいつしんめいづくり》といわれ、檜の白木の丸柱を直接地中に埋める掘立式で、床を高く張る高床式である。屋根は次の遷宮の際に宇治橋の大鳥居となる棟持柱などで支えられている。この唯一神明造は、弥生時代の穀倉に起源を持つ建築様式だといわれている。建物正面中央の御扉の前に十段の木の階段がつけられており、階段の高欄《こうらん》には七宝焼《しっぽうやき》の居玉《すえだま》が飾られている。萱葺《かやぶき》の屋根の上には十本の鰹木《かつおぎ》が並び、東西の両端には天に向かって千木《ちぎ》がそびえている。

伊勢神宮の皇大神宮正宮を石段下から望む（神宮司庁広報室提供）

屋根に葺かれる萱《かや》（ススキ）は、内宮から十キロほど離れた度会町《わたらいちょう》の川口萱地《かやち》で生産されたもので、一回の遷宮で直径四十センチ束の精選された萱が約二万三千束必要だという。一年でそれだけの萱は穫れないため、遷宮の七年前から年に三〜四千束ずつ刈り取られている。

遷宮で建て替えられるのは、正殿だけではない。正殿の後ろにある東西二つの宝殿もそうである。ここには〈御装束神宝〉が収められているが、全部で七百十四種、千五百七十六点あり、これらも式年遷宮ごとにすべて作り替えられる。御装束神宝は、装束と神宝に大別される。装束は社殿内に飾る布帛《ふはく》類や神々の衣装などであり、神宝は神々が使われる道具や調度品としての武具や楽器、文具などである。これらの御装束神宝は、九世紀に編纂された「皇大神宮儀式帳」や十世紀の「延喜式」に記載されているものだが、いずれも当代最高の技術を有する名工たちによってあらたに同じ物が作られる。式年遷宮が二十年に一度なのも、こうした技術を次の世代に継承していくうえで、ちょうどいい間隔だからでもある。

奉納された御神宝は、遷宮の前日、五十鈴川畔で川原大祓《かわらおおはらい》を行ってから二十年間、正殿に収められ、さらに二十年間、西宝殿《さいほうでん》に収められるので、四十年間お役目を果たすことになる。昔はその後、人目にふれてはいけないとして、布帛品類などは燃やされ、工芸品は地中に埋められていたという。しかし明治以降は努めて保存することになり、遷宮から四十年後に神宮徴古館《ちょうこ》で展示されるようになった。このため今は、誰でもそのすばらしい作品を目にすることができるようになったのである。

さて遷宮の当日、御神体はすべての明かりを消した暗闇の中、白い絹垣《きぬがき》に囲まれながら、これまでの正殿から新装された新宮へと遷御《せんぎょ》される。しかしその後も、新宮で初めて大御饌《おおみけ》をたてまつる儀式や御神楽奉納があって、足かけ八年にわたった式年遷宮はようやく終わるのである。そして、それまでの正殿や宝殿はやがてすべて取り壊され、次の二十年後の遷宮まで古殿地《こでんち》(新御敷地《しんみしきち》ともいう)として静かにその時を待つことになるのである。

ところで、正宮での参拝を済ませて帰る途中、廏舎《きゅうしゃ》につながれた一頭の馬を目にすることだろう。この馬は皇室から奉納された神馬《しんめ》と呼ばれるもので、神様が乗られるために内宮、外宮とも二頭ずつつねに待機しており、日中だけ交互に引き出されるのである。

さあ、それではふたたび宇治橋を渡って、今度は外宮に向かうことにしよう。外宮は内宮から車で十分ほどのところにある。内宮の創建から遅れること約五百年、第二十一代雄略天皇の二十二年(四七八)

に、天照大御神の朝夕の御饌《みけ》（食事）を司る神として丹波国《たんばのくに》（現・京都府）から招かれた豊受大御神《とようけのおおみかみ》を祀ることから、豊受大神宮と呼ばれている。「受け」というのは古語で「食」のことである。

正殿は内宮と同じ唯一の神明造で、屋根の上の鰹木は内宮より一本少ない九本である。また、千木も内宮は水平に、外宮は垂直に切られており、千木の風穴も内宮が二つ半、外宮が二つという違いがある。外宮もまた二十年に一度、内宮と同じ年に建て替えられ、御装束神宝もすべて新調される。

外宮での大きな特徴は、内宮と外宮の御祭神に食事を奉る《日別朝夕大御饌祭《ひごとあさゆうおおみけさい》》が、朝夕の二度、豊受大神宮の御垣内《みかきうち》の東北の隅にある御饌殿《みけでん》で執り行われることである。これは、天照大御神の食事を豊受大御神が調えることになっているからで、外宮の御鎮座以来、千五百年もの間、一日も休むことなく続けられている。

お供えする神饌は、飯三盛、鰹節、鯛、海藻、野菜、果物、御塩、御水、御酒三献と決まっており、すべて忌火屋殿《いみびやでん》という建物で調理される。調理に使う火は〈忌火《いみび》〉と呼ばれ、火鑽具《ひきりご》を使って、檜の板と山枇杷《やまびわ》の木の芯棒をすり合わせて得た火でなければならない。〈忌火〉とは「神聖で清らかな火」という意味で、夜間の祭祀でもさまざまな灯火具に移して使われる。忌火屋殿には、前夜から籠《こも》って潔斎《けっさい》した者しか入ることはできない。また供えられる御水も、外宮の宮域内にある上御井《かみのみい》神社から毎日汲まれたものでなければならない。

すべての調理が終わると、忌火屋殿の前の祓所で辛櫃《からひつ》に納められた神饌は御塩《みしお》でお祓いし、御饌殿に運ばれる。神饌は御饌殿の中で供えられるが、調理したものを内宮まで運ばないのは、天照大御神においでいただき、そこで召し上がっていただくことになっているからだという。

ところで神宮では、祭祀の際の神饌の食材はすべて自給自足で、そのための多くの施設がある。食材のうちでもっとも大切なのは、もちろん米である。天照大御神は天孫降臨の際、みずから栽培されていた稲穂を主食にするようにと瓊瓊杵尊に授けられた。これが、日本が瑞穂国《みずほのくに》といわれる所以《ゆえん》である。米は計画的に生産を調整できるうえ、さらに長期間の備蓄が可能な食料だが、生産のためには多くの人の共同作業を必要とする。その横のつながりこそが、日本の始まりともいえる。米は単なる食料ではなく、神と人とをつなぐものなのである。

神宮の神饌用の御料米は、神田《しんでん》または御料田《ごりょうでん》と呼ばれる田で作られている。現在、伊勢市楠部町《くすべちょう》に二万九千八百十六平方メートルの神田と、志摩市磯部町《いそべちょう》に千二百二十二平方メートルの御料田がある。楠部町の神田には五十鈴川の清浄な水が引き入れられ、年間の神宮の祭祀に供えられる御料の粳米《こうまい》（うるち米）と糯米《じゅまい》（もち米）が栽培されている。品種は、粳米がチヨニシキ、イセヒカリ、キヌヒカリなど、糯米は神楽糯《かぐらもち》とあゆみもちで、そのほかに保存品種として、瑞垣一号・二号・三号、瑞垣糯《もち》などが栽培されている。収量は一反当たり約八俵で、合計二百四十俵の収穫があるという。

神饌用の米を作るとあって、神田では《神田下種祭《しんでんげしゅさい》》、《神田御田植初《しんでんおたうえはじめ》》、《抜穂祭《ぬいぼさい》》の祭儀が執り行われる。神田下種祭は農耕の事始をことほぐ儀式だが、この時に使われる鍬の柄は、山の神を祀ったあとに採ってきた新しい木材で作られる。それを忌鍬《いみぐわ》といい、この鍬を使って苗代を作り、種をまく儀式を《神田祭場の儀》という。それは、烏帽子《えぼし》に真佐岐蔓《まさきかずら》を巻いた神職らが神田に下り、古歌を唱和しながら種をまいていくものである。

そして五月初旬、早苗が育った頃、いよいよ神田御田植初が行われる。神田のほぼ中央にある抜穂田《ぬいぼだ》と呼ばれる水田で、まず神職から早苗を授かった作長《さくちょう》が、作丁《さくてい》たちを引き連れて苗を植える。そのあと、楠部町保存会の烏帽子に帷子《かたびら》姿の男性と、菅笠《すげがさ》に赤い裳の衣装をまとった女性が、笛や太鼓の田楽《でんがく》が奏されるなか、苗を植えてゆくのである。昨今は田植えもほとんど機械化されてしまったが、昔ながらの田植え風景は一見に値する。

田植えが終わると、苗を植えた男女の中から十人が出て、手に竹扇を持って東西の畦道《あぜみち》に並び、植えた苗を扇いで蝗《いなご》を追い払う動作をする。ついで、大団扇《ごんばうちわ》を持った二名の奉仕員が団扇合《うちわあわせ》をしながら神田の中を三回巡り、御田植式は終わる。この昔ながらの祭儀は昭和四十六年（一九七一）に、三重県の無形文化財に指定されている。

一方、磯部町の御料田でも毎年六月二十四日に、御田植祭が行われる。こちらは、五穀豊穣を祈る志摩地方第一の大祭で、伊雑宮《いざわのみや》の御田植祭と呼ばれ、住吉大社、香取神宮とともに、日本三大御田植祭の一つとして重要無形民族文化財に指定されている。伊雑宮は内宮の別宮だが、ここの御田植祭の奉仕は、昔から磯部九郷という周辺の九集落の人々に限られ、毎年順番に行っている。この祭はたとえどんなに風雨が強くても一度も中止されたことはなく、戦時中の空襲が激しいさなかにも行われたといい、楠部町の神田のお田植えとはかなり趣を異にしている。

当日の朝は早い。割り竹を組んだサンバと呼ばれる上下二つの部分からなる大団扇を高さ約十一メートルほどの太い青竹の先端に取り付け、神官のお祓いを受けたあと、御料田の西側の畦に建てることから始まる。この大団扇の上のサンバは、直径がおよそ二・六メートルの円形で、松竹梅、太陽、三日月、鶴亀が描かれている。また下のサンバは、逆三角形で縦が四メートル、幅は広い肩の部分で三メートルあり、帆の中央には「太一」と筆太に書かれた千石船が描かれている。「太一」とは宇宙の根源や世界の中心を表す中国の思想に基づくもので、日本では伊勢神宮内宮の祭神である天照大御神を表す言葉とされている。

田植えは、早乙女《さおとめ》と呼ばれる十二歳から十四歳の六人の少女と、田道人《たちうど》と呼ばれる早乙女を補佐する二十代の六人の青年によって行われる。田に降り立った彼らが苗場を三周半して早苗を取ると、青竹の先端に取り付けられていた大団扇が田の中央に向かって倒される。その瞬間、下帯姿の近郷の漁村の青年たちが田に入り、泥まみれになって竹と団扇に描かれた絵を奪い合うのである。わずか十分ほどで大団扇はばらばらになってしまう。これは《竹取神事》といわれ、竹片を舟に飾ると海上安全のお守りになるのだという。なんとも勇壮な行事である。伊雑宮のお田植え祭は農民の祭でありながら、漁民も参加して豊漁を祈るところが大きな特徴である。

さて田植えは、いったん荒れた田をならした後、さきほどの早乙女と田道人がふたたび田に入り、交互に手を取り合い、横一列になる。そして田の東側の畦まで行って、少しずつ後退しながら植えていく。そのあいだ、笛や太鼓などとともに小謡が田植え歌として歌われる。謡とともに次々と苗が植えられていき、謡が九番まで終わったところで中休みに入る。しばらく早乙女の酌で若布を肴にした酒宴が続くうちに、二人の早乙女が田の中央に進み出て、素手で鳥を捕まえるまでを表現した〈刺鳥差の舞〉が披露される。それからふたたび十番から始まる謡のなか、にぎやかに残りを植える。最後に一同が練りながら伊雑宮まで進んで、千秋楽の舞を納め、ほぼ一日がかりの御田植式を終える。まさに時代絵巻そのものである。

収穫の時期を迎えた九月上旬には、神田で抜穂祭が行われる。豊かな実りに感謝する祝詞の奏上のあと、神職から授けられた忌鎌を持った作丁が神田に下って稲を刈り、稲穂だけを抜き取って束ねる。これを〈抜穂〉という。稲穂は神田の脇で乾燥したうえ、神嘗祭をはじめ神宮でとくに大儀とされる三つのお祭用の御料として、穀倉に収められる。この穀倉は、二千年以上昔の様式を今に伝える高床式で、内宮域内の御稲御《みしねのみ》倉《くら》に百五十束と外宮域内の忌火屋殿の一角に百八束を納め、祭祀の際に供えられる。

三つのお祭とは《神嘗祭》と六月および十二月に行われる《月次祭《つきなみさい》》のことで、《三節祭《さんせつさい》》と呼ばれる神宮の祭祀の根幹である。三節祭は、お食事を奉る《由《ゆ》貴大御《きのおおみ》饌《け》の儀》と皇室からの幣帛《へいはく》（絹などの奉り物）が奉納される《奉幣《ほうへい》の儀》からなっている。神宮で執り行われる恒例の祭祀のうちでももっとも重要なのが、天照大御神に新穀の大御饌をたてまつる《神嘗祭》で、毎年十月十五日の夜から十七日の朝にかけて行われる。神嘗祭では、全国の農家が各県の神社庁を通じて奉献した稲が、内宮の内玉垣に懸けられる。稲のことを税《ちから》ともいうが、これは懸税《かけちから》と呼ばれるものだ。天皇陛下が皇居で育てられた稲も、根のついたままそこに懸けられる。

内宮の神嘗祭は十月十六日の午後十時と、翌十七日の午前二時の二回行われ、三十品目におよぶ特別な神饌が調理され、供えられる。これを由貴大御饌《ゆきのおおみけ》という。〈由貴〉は「神聖な」という意味であり、〈大御饌〉とは「立派な食事」という意味である。もちろん、この大御饌にはその年に収穫された新穀が用いられ、蒸し米、餅、白酒《しろき》、黒酒《くろき》として奉納される。祭祀は、天照大御神の御饌都神《みけつかみ》である豊受大御神をお祀りした後、豊受大御神の用意された大御饌を天照大御神にたてまつる儀が、十六日から十七日にかけて行われる。十七日の正午には、天皇陛下のお使いである勅使が絹などの織物を奉納し、天皇陛下も皇居で神宮を遥拝される。

神宮では現在、祭祀に供えられる野菜や果物も、ほとんどすべて〈神宮御園《みその》〉で栽培されている。御園という名前は、中世に神宮が領有していた荘園に由来するもので、伊勢市二見町《ふたみちょう》にある。今でこそ二見町ですべて調達されているが、明治四年（一八七一）の神宮制度の改正によって神領地がすべて国有になってしまったために農産物の調達ができなくなり、業者から購入せざるを得なくなってしまった時期がある。そこで、当時の大宮司がそれを遺憾として明治三十一年（一八九八）、二見町の現在の場所に九千九百二十平方メートルの土地を購入し、直営による蔬菜《そさい》類の栽培を開始した。その後、大正三年と昭和十年にさらに拡張し、一万九千七百五十一平方メートルという現在の御園ができあがったのである。

この御園で栽培されている果物は、甘柿、渋柿、梨、桃、蜜柑《みかん》、八朔《はっさく》、枇杷《びわ》、葡萄《ぶどう》など、また蔬菜はトマト、大根、人参、牛蒡《ごぼう》、里芋、蓮根、白菜、芹《せり》、独活《うど》、蕗《ふき》など、古くから栽培されているものから新しいものまで、じつに五十種類以上にのぼっている。ただし林檎《りんご》と山葵《わさび》だけは、長野県の安曇野《あずみの》で栽培されている。これらは、それぞれの祭祀で供えられる神饌の品目と数が、季節の旬の物を中心にして、盛り付ける器の大きさまで決められているため、それに合わせて栽培し、調達できるよう細心の注意が払われている。

塩も、お供え物として欠かすことができない。塩は古くから自給されており、伊勢市二見町にある御《み》塩殿《しおどの》で、現在では国内で唯一となった入浜《いりはま》式製塩法で作られている。夏の土用の頃、五十鈴川の水と海水が交わる御《み》塩浜《しおはま》で海水を汲んでは浜に撒くのを繰り返すと、やがて海水は蒸発し、砂に塩分だけが残る。それをさらに海水で洗い流し、高濃度になったものを御《み》塩焼所《しおやきしょ》で一昼夜煮つめて粗塩を作る。そして最後に、三角錐の土器に入れて窯《かまど》で焼き固める。こうして完成したものは神宮に運ばれ、お供えやお祓いなど神事の際用いられる。

また、神饌を載せるための素焼きの土器も、三重県明和町《めいわちょう》にある神宮土器調製所で一つ一つ手作業で作られている。五月と十月の《神御衣祭《かんみそさい》》にたてまつる神のお召しの神御衣も、手作りだ。神御衣には和妙《にぎたえ》（絹）と荒妙《あらたえ》（麻）があり、和妙は神服織機殿《かんはとりはたどの》神社で、荒妙は神麻続機殿《かんおみはたどの》神社で、二週間かけて地元の織子たちが織り上げる。

そのほか、祭祀の際のお供え物である鰒《あわび》や干鯛《ほしだい》も調製される。鰒は鳥羽市国崎にある御料鰒調製所で、干鯛は愛知県南知多町篠島《みなみちたちょうしのしま》にある御料干鯛調製所でそれぞれ調えられる。鯛は干物にするだけだが、鰒は祭祀のお供えものとしてはもっとも重視されるもので、生鰒のほか熨斗刀《のしがたな》で生の鰒を紐状にむき、干して熨《の》し、それから定められた寸法に切り整えたうえで藁で結んで身取鰒《みとりあわび》と玉貫鰒《たまぬきあわび》の二種類を作る。いずれも熨斗《のし》袋の「熨斗」のルーツである。

このように、すべてのものが昔ながらの手法を繰り返すことによって伝統が守られているのには驚かされる。伊勢神宮には、宮域に入った途端に身が引き締まるような気にさせる何かがある。まさにそこは神々を祀り、神々に感謝し、御加護を願う、永い歴史の息づいた聖地なのである。

熱田神宮——オホホ祭と神剣

「オッホ、オッホ」——小さなひそひそ声が聞こえた直後、突然「ワッハッハッ」という大きな笑い声が、すべての照明を落とした暗闇の森に響きわたる。

名古屋の熱田神宮で、毎年五月四日の午後七時、日が暮れるのを待って行われる〈酔《え》笑人《ようど》神事《しんじ》〉、通称〈オホホ祭〉とも呼ばれる一風変わった神事である。この神事を説明するためには、熱田神宮の歴史を遡らなければならない。

古くから熱田様とも呼ばれ、年間六百五十万人もの参拝者でにぎわう熱田神宮には、三種の神器の一つである〈草薙剣《くさなぎのつるぎ》〉が御《お》霊代《たましろ》として祀られている。合わせて、天照大神、素戔嗚尊《すさのおのみこと》、日本武尊《やまとたけるのみこと》、その妃宮簀《みやず》媛命《ひめのみこと》、妃の兄の建稲種命《たけいなだねのみこと》をお祀りしてある。

神剣は、天照大神の弟神であった素戔嗚尊が出雲の国で退治した八岐大蛇《やまたのおろち》の体から取り出したとされている天叢雲剣《あめのむらくものつるぎ》のことである。尊はその剣を天照大神に献上したが、孫の瓊瓊杵尊《ににぎのみこと》が降臨される時に神宝として授けられたのであった。その後、熊襲《くまそ》に続いて蝦夷《えぞ》征伐を第十二代景行《けいこう》天皇から命ぜられた日本武尊は、伊勢の地に赴いて神剣を伯母の倭姫命《やまとひめのみこと》から預かり、東国に向かわれた。途中、駿河国の野で賊に取り囲まれて火を放たれた時、その剣で草をなぎ倒し難を逃れた。このことから、天叢雲剣はそれ以後、草薙神剣と称されるようになったのである。

日本武尊はその後、尾張国造の娘である宮簀媛命と結婚したが、近江国伊吹山で威を振るう賊があると聞き、剣を妻に預けたまま征伐に向かう途中で病に倒れ、亡くなってしまった。尊が大切にしていた剣は天照大神の尊いおしるしであると考えた妻の宮簀媛命は、それを熱田の地に奉安された。これが熱田神宮の始まりである。また建稲種命も、日本武尊の東征の際に一軍の将として従って軍功があったうえ、妹の宮簀媛命と力を合わせて尾張地方の繁栄に尽くしたことから、御祭神の一人として熱田神宮に祀られているのである。

しかし、こうして奉安された神剣は、天智《てんじ》天皇の七年（六六八）に新羅の僧道行《どうぎょう》に盗み出されてしまった。道行はそれを新羅に持ち帰ろうとしたが失敗し、剣は無事戻った。そのくだりは『尾張国熱田太神宮縁起』にも記されている。

「われは、これ熱田の剣神である。妖僧に欺《あざむ》かれ、新羅に着こうとした。初めは七条《ななえ》の袈裟《けさ》に包まれたが、抜け出て社へ帰った。のちに九条《ここのえ》の袈裟に包まれたのでとうとう抜け出すことができなかった」。

この縁起によると、神剣は二度にわたって盗み出され、道行は最初は伊勢の国へ逃れたが、一夜のうちに袈裟から抜け出して社に戻った。しかし道行はあきらめずふたたび盗み出すと、今度は摂津へ逃げ、舟で新羅に向かったが、途中嵐に遭って摂津に戻ってしまった。そこで剣を捨てようとしたが、どうしても道行から離れようとしなかったため、観念して自首し、剣も無事だったというのである。

しかし二度も盗まれたことから、神剣は社よりも天皇の身辺にあったほうが安全だろうということで、朝廷に運ばれることになった。しかし、御神体を失った神宮関係者の落胆ぶりは大変なものであった。そのまま十九年が過ぎたが、壬申《じんしん》の乱《らん》ののちに即位した天武天皇が病に倒れた時、草薙神剣の祟《たた》りだという卜占《うらない》が出たため、天皇の勅によってふたたび熱田の社に還すことになった。

オホホ祭という《酔笑人神事》は、熱田の社人がこの神剣の還座を喜ぶ様子を伝える神事なのである。酔って、笑って、歩き回る人々の喜びの姿が、よく表れている。

この神事は禰宜《ねぎ》以下十七人が奉仕して行われる。そして見てはならない神面《しんめん》が笛役《ふえやく》から一人一人に手渡され、それぞれがそれを狩衣の袖の内に隠し持って進められる。午後七時、祓所でお祓いを受けたあと、それぞれ末社影向間社《ようごうのましゃ》、神楽殿、別宮八剣宮《べつぐうはっけんぐう》、清雪門《せいせつもん》の四ヵ所で、ともに同じ作法で行われる。清雪門は、道行が神剣を盗み出して通ったとされるところから「開かずの門」とされ、神剣が還座の際に二度と外に出ることがないように閉ざして以来、開けられたことがないという。また奇妙なことに、この神事では祝詞も奏上されないし、神饌も供えられない。まず、そのうちの二人が神面を袖の上から軽く叩きながら「オッホ、オッホ」と音頭をとり、続いて笛役が「タロリー」と笛を吹くと、それを合図に全員が大声で三度笑う。これが奇祭、酔笑人神事で、最後の清雪門の前で神面を笛役に返して終わる。

酔笑人神事の翌日、毎年五月五日には、午前十時から《神輿渡御神事》が行われる。これは神剣還座の際に「都を離れ熱田に幸すれど、永く皇居を鎮め守らん」という神託に基づくところから《神約祭《しんやくさい》》とも称され、熱田神宮の西門である鎮皇門跡《ちんこうもん》で行われる。この鎮皇門は残念ながら先の戦災で焼失してしまったが、雅やかな装束を着た約百人の奉仕者がご神宝を捧持し、その跡地まで進む。そこではるか京都のほうに向かって、皇居鎮護の祭典が執り行われるのである。

熱田神宮の境内外には、本宮と別宮のほか四十三社が祀られ、おもな祭典と神事だけでも年間七十あまりも執り行われる。六万坪の境内には、永禄三年（一五六〇）に織田信長が桶狭間出陣の際、熱田神宮に願文を奏して大勝したお礼として奉納した信長塀と呼ばれる築地塀がある。そのほか、京都南禅寺と東京上野の東照宮とともに江戸時代の三大燈籠といわれる佐久間燈籠、板石が二十五枚並んだ名古屋で最古の石橋といわれる二十五丁橋など由緒ある史跡が多い。その一方で、樹齢千年を超える楠《くすのき》をはじめ、多くの大木が鬱蒼とした森をなしており、大都市名古屋の中心とは思えないほど静寂に包まれた市民のオアシスとなっている。

お田植え——昭和天皇のご発意

東京のど真ん中に、水田がある。それも正真正銘の水田だと聞けば、驚く人もいるかもしれない。それは皇居の中、昭和天皇がご公務の合間に研究にいそしんでおられた生物学御研究所の南側にある。広さは二百三十平方メートル。決して広くはないが、立派な水田である。毎年五月、天皇陛下（現上皇）がみずからここに苗を植え、秋に収穫される。作業着に長靴姿の陛下が腰を屈めて丁寧にお植えになる《お田植え》の光景はテレビでもお馴染みだ。

この水田は昭和四年（一九二九）、生物学御研究所が建てられた際に同時に作られたもので、それ以前の水田は赤坂御用地の中にあった。毎年開かれる天皇皇后両陛下主催の園遊会会場にある、瓢簞《ひょうたん》池が昔の水田の跡である。いつ頃からそこに水田があったのかは定かではないが、現在の赤坂御用地となっている場所は、もともと紀州徳川家の中屋敷の跡だったことから、すでに江戸時代には水田があったものと思われる。

少なくとも、明治初年頃には存在していたことを裏づける絵が、神宮外苑の聖徳記念絵画館にある。明治天皇の后であった昭憲皇太后が田植えをご覧になっている絵柄だ。当時、皇后は赤坂御用地にあった仮皇居にお住まいだったが、明治八年（一八七五）六月十八日、夜来の雨が上がり農民たちが田植えを始めたため、女官たちを連れてご覧になったという説明書きが添えてある。当時は付近に農民を住まわせていたというが、おそらく江戸時代からそこで耕作を続けていた農民ではないかと思われる。

また、絵画館の同じコーナーにもう一幅の絵がある。それは、江戸を東京と改め、そこで政治を司ることを布告された明治天皇が、岩倉具視ら三千人をお供に京都を発って東京に向かわれる途中の明治元年（一八六八）九月二十七日、尾張国（現・愛知県）八丁畷《はっちょうなわて》でわざわざ行列を留めさせて稲刈りをご覧になり、その労をねぎらわれた様子を描いたものである。一枚の絵の中に、稲刈り、脱穀、俵詰めまでのすべての作業が描かれている。

これらの絵画からも、天皇家が昔から稲作をきわめて重要なものと考えていることがわかる。しかし、田植えや稲刈りの様子をご覧になるだけで、明治時代にも大正時代にも天皇みずから水田に入られることはなかった。それを初めてなさったのは昭和天皇だった。米は国民にとって大切な主食であり、その生産に携わる農民の苦労と収穫の喜びを身をもって体験したい、というお考えからだといわれている。

昭和天皇は即位されるとすぐに、それを実行に移された。昭和二年（一九二七）初夏、最初のお田植えが、まだ赤坂御用地にあった水田で行われ、秋にはお稲刈りをされている。しかし昭和四年に新たに生物学御研究所の南に水田が作られてからは、そこで続けられている。同時に、赤坂御用地の水田はこの年をもって、瓢簞池《ひょうたんいけ》に生まれ変わった。

水田は四枚あり、その一画に昭和天皇が五株ずつ数ヵ所に苗を植えられた。種類はうるち米ともち米で、かつてはコシヒカリやナオザネモチなど、多い時には十四品種も植えられた。昭和五十一年（一九七六）からうるち米はニホンマサリに、昭和六十三年（一九八八）からもち米はマンゲツモチとなり、それ以後ずっとこの二種類が植えられている。この二種類にしたのは、いずれも食味が良いこと、雑草に強く皇居内の水田に適していること、収穫時期が同じで作業がしやすいことが理由だという。

お田植えとお稲刈りは今も引き継がれているが、現上皇はさらに種まきからされるようになった。ただし、令和元年だけは改元前だったため、種まきだけは上皇が行い、お田植え以降を新天皇がなされている。毎年四月中旬になると水田に水が張られ、そばに庭園課の職員によって苗代が作られる。そこに種籾《たねもみ》を御自らまかれるのだ。しかし平成になって、もう一つ変わったことがある。昭和天皇は前年の種籾から育てた苗だけを植えられていたが、平成になってからはそのほかに、農水省外郭の研究センターから譲り受けた、その年の改良品種も加えられたのである。品種改良も日進月歩で、ニホンマサリやマンゲツモチにも毎年新しい品種が生まれる。

その新しい種籾と前年までの種籾からも苗を五株ずつ、植えられるようになった。つまり毎年、十株ずつお田植えの数が増えていくことになる。したがって平成二十年には、平成元年から十九年までの百九十株と二十年分の新たな十株を加え、じつに二百株もお田植えされたのである。しかもそれらは、何年分の苗とわかるように区分してある区画に植えられる。

しかし、これを一日で植え終わるのは無理だ。平成では初日におよそ百株、二日目に残りをお手植えされている。お稲刈りももちろんすべてご自身で、二日間にわたってなさっている。ご高齢のうえ、分刻みのご公務の合間になさるのだから大変だ。決して形式的なお田植えやお稲刈りではないことがおわかりいただけるだろう。お田植えされた残りの苗は庭園課の職員が植え、収穫までの管理も行う。害虫の被害を防ぐために必要最少限の農薬は使うが、除草剤はいっさい使わない。田の草取りはすべて手で行う。実際の水田の管理は庭園課の二人だが、当然すべてを二人でできるわけがない。そのような時にはほかの庭園課員も応援に駆けつける。

あたりは鬱蒼とした森で鳥たちの楽園だ。ネットを張って鳥の害も防がなければならない。しかし台風に襲われることも少なく、天候にあまり左右されない場所だけに、出来、不出来の差はあまりなく、毎年ほぼ平年並みだという。

昭和天皇は、生物学御研究所においでになった折りに水田まで足を延ばし、生育を楽しみにされていたが、現在の上皇・上皇后陛下も散策の折りなどに様子をご覧になるという。しかし、決してご自分の水田の出来具合をお尋ねになることはない。ご下問がある時は台風のあとなど、全国の稲作への影響についてだけだ。気にかけられるのは、つねに国民のことなのだ。

収穫の秋を迎えると、お稲刈りとなる。お稲刈りは、稲の生育具合を見ながら九月下旬から十月上旬にかけての晴天の日に行われ、しかもご公務が空いている日に限られる。天皇陛下（現上皇）は、うるち米ともち米三株ずつを残して、ご自分の植えられた分はすべて刈り取られる。残りは庭園課の職員が刈

天皇陛下（現上皇）のお田植え（宮内庁提供）

り取り、はざかけで天日干しにし、精米される。ほぼ百キロ前後の収穫があるという。陛下が刈り残された六株はどうするのであろうか。それは、職員が根のついたまま掘り起こし、きれいに泥を洗い落としたあと、十月十五日から十七日にかけて伊勢神宮の外宮と内宮で行われる神嘗祭のために奉納されるのである。

神嘗祭は、その年の初穂を皇祖に奉り、御神徳に感謝する由緒ある祭祀である。初穂は伊勢の外宮と内宮の内側の柵に、穂を下にして懸けられる。これは〈懸税《かけちから》〉と呼ばれ、陛下のおつくりになった稲は、一般の農家から奉納された稲束と同じ場所に懸けられる。

神嘗祭の当日は天皇陛下から伊勢神宮に勅使が使わされるが、宮中でも十七日に「神嘗祭賢所の儀」が執り行われる。陛下は新嘉殿の南庇で伊勢神宮の方角に向かって遥拝されたあと、賢所に入られて玉串を捧げ拝礼される。
『日本書紀』の中に、次のような記述がある。「豊葦原《とよあしはら》の千五百秋《ちいほあき》の瑞穂国《みずほのくに》は、これ吾が子孫《うみのこ》の王《きみ》たるべきくになり。宜しく爾皇孫《なんじすめみま》、就《ゆ》きて治《しら》せ。行矣《さきくませ》。宝祚《あまつひつぎ》のさかえまさんこと、まさに天壌《あめつち》と窮《きわま》りなかるべし」。これは、天皇家の祖といわれる天照大神が、孫の瓊瓊杵尊に命じた言葉だ。「この日本国は我が子孫である天皇家が治める国であって、このことは天地が永遠に不変であるように変わらない」というのが大意である。日本を瑞穂の国というのは、この記述に由来する。〈ニニギ〉という言葉自体、稲穂がにぎにぎしく稔《みの》るさまを表しているともいわれる。瓊瓊杵尊は天照大神から稲の種を授かり、日本に降臨して稲作の神になったとされている。

　このように、皇室と米との切っても切れない縁は、神代にもさかのぼるものであり、天皇家はまさに農耕を司る一族の長なのだ。その表れが伊勢神宮での神嘗祭であり、十一月二十三日の宮中での新嘗祭である。神嘗祭が昼間の祭祀であるのに対して、新嘗祭は夜の祭祀だ。神嘉殿での夕の儀が午後六時から八時まで、暁の儀が午後十一時から翌日の午前一時まで続くことは、先述した通りである。

　新嘗祭は昭和二十三年（一九四八）、勤労を尊び、生産を祝う「勤労感謝の日」と名を変え、今や国民の祝日としてすっかり定着した。新嘗という言葉そのものが、その年に収穫された穀物を指すものであり、かつては全国どこの家庭でも新しい穀物を神に供え、それを食して収穫を祝う習慣があった。そうした本来の意味合いさえ忘れられようとしているなかで、宮中では今も新嘗祭として本来の祭が脈々として続けられているのである。

第二部　宮内庁と皇室の務め

書陵部——古文書の修補と陵墓管理

広い窓から差し込む陽光を背に受けて、八人の男性が板張りの床に設けられた小机に向かって黙々と仕事をしている。ここは、皇居の東御苑の中にある《書陵部》の一室である。

書陵部は明治十七年（一八八四）八月二十七日、図書の永久保存などを目的に、当時の宮内省の一部局として、図書寮という名で太政官らによって設置された。戦後、大幅な機構の縮小にともなって、陵墓を管理する諸陵寮と合併して現在の形になった。したがって、書陵部はその名の通り、大きく分けると書籍などを扱う部署と、陵墓を管理する部署の二つから成り立っているのである。

古書と取り組む彼ら一人一人の机の上には、ぼろぼろになった和綴《わと》じの古文書や巻物が置いてある。ある人はピンセットなどを使いながら丁寧にはがし、ある人は同じ紙質を選んで裏打ちするなど、一人として同じ仕事をしている者はいない。彼らが扱っているのは、書陵部に保管されている蔵書である。古くは平安・鎌倉時代から伝えられてきたもの、天皇家をはじめ各宮家から寄贈されたもの、公家や大名から献上されたものなど、学術的にもきわめて貴重なものが多い。また、すでに元の所有者から巷間に流出していた古文書を、管理保存の必要を認めて買い取ったものもある。

これから百年いや二百年後まで、これらを伝えていくための作業が、八人の取り組んでいる修補と呼ばれる地味で根気のいる仕事なのだ。書陵部の修補は和書をはじめとする古典籍を中心に行っているが、外部に発注しない理由は、傷みやすいうえに、あまりにも貴重なものが多いからでもある。

当初は、本の街として知られる東京神田あたりから集められた表具屋や製本工などが、おもに公文書の修理にあたっていたという。それが大正六年（一九一七）頃から、公文書を含むすべての古文書に民間ではなく国家として取り組もうという機運が高まり、表具屋や製本工といった専門職から選んで正式な職員として採用するようになったのである。こうして最初から専門の職人を受け入れ、徐々に人員を増やした結果、多い時には十人以上にもなった。しかし戦争に突入すると、召集される者が続出し、戦後に組織が縮小された時にはたった一人になってしまった。

その後、昭和二十四年（一九四九）に一人、三十一年（一九五六）に二人と少しずつ増えたが、いずれも専門職人ではなく、一から習い覚えなければならないありさまだった。現在、蔵書の修理にあたっている八人はそうした人たちで、最初から専門職人だった戦前とはそこが大きく違う。今は、もちろん全員が国家公務員だが、大学や専門学校を出て国家試験に合格したからといってここの仕事は簡単に務まるものではない。採用希望者はかならず作業の現場を見学させ、そのうえでやってみたいという場合に限られた。中には、始めてはみたものの、やはり自分には向いていないと辞めてしまう人もいたという。

それほど根気のいる仕事であり、まさに彼らは卓越した技術者であり、職人なのだ。

修補は文字通り、修理して補うことであって、もともと古文書の欠けていたところを復元することではない。それ以上傷まないように、現状で食い止める作業と思えばよい。もちろん国会図書館や国立公文書館にも古文書があり、それぞれ修補が行われているが、書陵部で彼らが扱っているのはあくまでも宮内庁書陵部に保管されている蔵書である。

その蔵書数は、およそ四十一万点にも及ぶ。平成十九年度末時点での内訳は、次のようになっている。

和書	整理済み	二十九万八千点	未整理	五万七千点
漢書	整理済み	五万一千点	未整理	なし
洋書	整理済み	四千点	未整理	なし

そのほかに、宮内省、宮内府、宮内庁の各部局から書陵部に移管された公文書である保存文書もあるが、和書だけがまだ整理しきれていないのが現状である。その未整理の和書をそのまま保存するか、補修のために修補に回すかは、修理する部門、研究する学者からなる研究部門、蔵書を管理する出納部門の三者が協議して決める。三部門とも、平成九年までに順次建て替えを終えた書陵部の同じ建物の中に同居しているので、いつでも集まって協議できるしくみだ。傷みがひどくない場合は調査研究が終わるとすぐ収納するが、あまりにも損傷が激しい場合にはまず修補係に回され、一枚一枚慎重に修理したあと調査研究し、もう一度製本しなおしてから保管している。

修補係の職場は建物の一階にあるが、扉を開けた途端、古紙特有の匂いが部屋一杯に漂ってくる。そして驚いたことに、作業にあたる八人は全員が正座しているではないか。今はフローリングの床だが、昔は畳だったという。「慣れですよ」と皆こともなげに言うが、椅子に慣れ親しんでいる最近の若い人にはつらいはずだ。

なぜ正座なのだろうか。じつは和書は、一枚一枚和紙をばらばらにして修補をし、最後にもう一度綴じ直さなければならない。その時穴を開けたり目打ちをするのに、椅子では力が入らないからだという。もちろん胡座《あぐら》でもできないことはないが、あまり前かがみになれないため目打ちの時にまっすぐ打てないし、刃物で大きなものを切る時などもうまくいかないらしい。それに刃物や定規や糊など、たくさんの文具を身の回りに置かなければならないので、机だとスペースをとるうえ、脇机が必要になるからだという。しかし、そうはいっても正座だけではいかにもつらい。座布団を入れて腰を浮かせたり、作業によって座り方を変えたりしている人もいるが、それでも腰を痛める場合も多く、それぞれが自分の仕事の頃合いを見て休憩をとる。

どの未整理本から作業に入るかは、研究官の整理の順番に従って行われる。内容が貴重であるからとか、有名な人物が書いたからということではない。あくまでも中味ではなく、破損の度合いによる。修補係に回されることが決まると、今度は破損の程度を軽度、中度、重度、特重度の四段階に分け、八人のうちの誰が担当するかを決める。修補は分担せず、担当を命じられた人が一人で全工程を行う。これは、一冊の古文書を数人で分担すると、それぞれの作業進度が違ったりして本全体の仕上がりのバランスが悪くなるからだという。任されたぼろぼろの本を自分の手で蘇らせ、一冊の立派な古文書として後世に伝えられる達成感は、何ものにも代えがたいと全員が口をそろえる。それだけに、作業もじつに丁寧で手際がいい。

虫食いの穴を埋めるだけで済むのか、裏に紙を貼って補強する裏打ちまで必要なのかにもよるが、軽度の場合には、早ければ一枚あたり一時間で終わることもあるという。紙の両面に文字が書かれているものは大変だが、片面だけの場合はたいてい袋綴じになっているため、一日に二十〜三十枚はできてしまう。しかし重度や特重度ともなると、そうはいかない。一枚一枚慎重にはがしていくが、紙がふやけていたり、虫食いが激しく断片になってしまっている場合には、かならず研究官と相談し、指示に従って作業を進めていくことになる。

紙片が粉々になり文字がばらばらになっている場合も、決して勝手に並べたりはしない。こうした難点があるため、年間に修補できる総数は決して多くはない。穴を埋めるだけなら相当数できるだろうが、両面から埋めていく場合には一日一枚がやっとで、一冊完成するのに一年から一年半かかることも珍しくはない。近年、永らく続いた作業がようやく終わった貴重書がある。鎌倉時代の九条兼実の日記『玉葉』だが、これは五十冊からなっており、しかも一冊あたりの枚数も多かったため、これだけでじつに三十四年の歳月を要している。

また、われわれもよく目にすることだが、古書では同じページの中に変色して色合いの違っている部分が出てくる。そのページを修補する場合には、変色している場所と同じ紙質で同じ色合いの紙を使って直していく。その際、どんな紙が使われているのかを調べて同じ紙質の和紙を選ぶ作業、同じ色を出すための染色の作業が加わってくるから、いっそう手間がかかるのだ。

当初は古色、いわゆる茶色系の薄い古色だけを煙草の葉の煮汁や埃《ほこり》で出していたが、ある時、修理してほしいと持ち込まれた琵琶の楽譜を前にして、頭を抱えてしまった。なんと青や紫、緑などの色のついた紙だったのだ。白い紙で直すわけにはいかない。

それをきっかけに、紙質や色を出す研究が始まった。ただ虫食いを直したり、裏打ちするだけなら今の紙で済むかもしれない。しかしほとんど漂白してあるし、色も化学染料で染めてある。それでは百年も持たないかもしれない。そこで、昔ながらの草木染に立ち返ろうという結論に達したのだ。そのあいだ、染色の先生について勉強もした。しかし同じ染料を使っても、布と紙では同じ色が出るとは限らない。試行錯誤が続いた。

その結果、今ではほとんどどんな色でも出せるようになり、修補の部屋には皇居の木々の剪定《せんてい》の際に出てくるチップや、あらゆる種類の染料がきちんと整理されている。その種類は二十五にも及んでおり、どの染料とどの染料を合わせて染めれば、どんな色がでるかという染色ノートもできている。染料を手近でまかなえるという点でも、皇居は染色にとって最高の環境が整っているといえる。

しかし、ある色が必要になったからといって、すべて草木染めで染めればいいというものではない。乾いて日を置くと変色してしまうかもしれないからだ。そのため、時間が経っても変化がないことを慎重のうえにも慎重に見きわめて、それで初めて使うほどに神経を遣っているのだ。今では、頻度が高いと思われる色については、あらかじめ染めておいて天井から吊るしてある。その数は数十種類。そこにない場合だけ染めればいいわけだが、染め上げた和紙は洗濯バサミなどで挟んで天日で乾燥させる。しかし穏やかな日ばかりではない。風の強い日には、紙が舞って濡れた部分がくっつかないようにすることが肝心だ。こう見てくると、一枚の修補にさえ大変な手間をかけていることがわかる。

もう一つ、欠かせないのが糊だ。せっかく修補したものが変色しないよう、糊にも細心の注意が払われている。市販品はいっさい使わず、修補係の部屋の隅で三十分以上かけて生麩糊を練り上げる。滑らかな糊に仕上げるにはやはり熟練の技が必要で、糊作りも一日の作業を始める前の大切な準備のひとつなのだ。

ところで、まだ六万点近くも残っている古書の修補整理には、いったいどのくらいの年月がかかるのだろうか。現在の一年間にできる量から計算すると、あと百年、二百年はかかるという。しかも、これはあくまでも概数であって、実際に開けてみたら想像以上にひどい状態の古文書があるかもしれないという。そのため、この程度なら我慢できるというものはとりあえず保管し、外部の研究者などから閲覧の要請があっても、できるだけ写真で見てもらうことになった。こうすれば、直接触れる機会を少なくできるからだ。より傷んでいる古文書から先に直し、それらが全部直ったところで改めて見直せばいいという考えだ。しかし百年か二百年後には、これまで修補してきた古文書をまた修補することになるかもしれない。そう考えると、まさに永遠に続く気の遠くなるような作業なのだ。

こうして、読むことすらできないほどぼろぼろだった古書の修補が終わると、やっと本格的な調査研究が始まる。だが、これも並大抵なことではない。研究官は、平安時代を専門とする人、南北朝時代を専門とする人などさまざまだが、その人たちでさえ最初にぶつかる難問が、毛筆で書かれたくずし字だ。古文書には、書いた人それぞれにくせがあるし、字体や書体にも時代ごとの流行があるため、くずし字が読めるようになるまででも十年はかかるという。しかも、紙質も時代によって材料や漉《す》き方が違ったりするため、紙を見ただけでいつの時代かが判別できるまでには、やはり十年はかかるという。それは、たくさんのものを見て覚える以外にないのだ。

しかし、こうした技術を習得しても問題がすべて解決するわけではない。古文書が、整然と保存されていたとは限らないからだ。せっかく寄贈されたのに、開けてみたらばらばらの状態の時がある。同じ箱の中で、紙と紙とをつないでいた継ぎ目の糊が外れてばらけているのならまだ手がかりがあるが、全部ばらばらになった場合はどうしようもない。どのようにつながっていたかを調べることから始めなければならないのだ。

ただ同じばらばらでも、たとえば儀式の式次第書などの場合は、つなぎ合わせることが可能だ。なぜなら平安時代から続いているような儀式は、たいてい式次第が決まっているからだ。これは何をしている場面かを文章の内容で解き明かして、順番に並べることができる。また公家の日記の断片でも、その登場人物の官職がすべて一致するのがいつかで、時代の特定ができるのだ。

ところで書陵部の仕事は、こうした古文書の調査研究、修補ばかりではない。ここでは、歴代天皇の実録の編纂も並行して行われている。実録は、天皇の御誕生から崩御までの細かい記録集だが、大正天皇までは終わっており、今は昭和天皇実録の編纂が行われているところだ。完成予定は平成二十二年度で、じつに二十一年の計画だという。

こうして修補、調査された書物や巻物は、出納係の手で書庫に収められる。書庫は東西二棟からなっており、東書庫は平成元年十二月に、西書庫は平成九年三月に完成した。いずれも地上四階、地下一階（半地下）の構造である。書物は貴重図書、準貴重図書、普通図書、および保存文書（旧行政文書）に分類されており、このうち貴重・準貴重図書は東書庫に収納されている。

おもなものだけでも、八十九代後深草天皇から百二十三代大正天皇までのうち、二十九方の宸筆《しんぴつ》、九十二代伏見院宸記、九十五代花園院宸記、百七代後陽成御文などのほか、徳川幕府の蔵書、中国十二〜十三世紀宋の時代、十三〜十四世紀元の時代、十四〜十六世紀明の時代の印刷本も含まれている。とくに宋・元代の古文書は、世界に二つとない超国宝級である。さらに九条家、壬生《みぶ》家など公家の日記や中世の文書なども収蔵されている。皇族の戸籍簿である皇統譜もここにある。

これだけの貴重な資料を保管する以上、書庫には細心の注意が払われている。扉は二時間の猛火にも耐えられる金庫扉だ。ところが、意外にも書庫には空調は使われていない。それは、ここに収納されているのが主として紙を素材とする史料であり、空調を入れたり切ったりすると繊維が伸びたり、縮んだりして書物の傷みが早まってしまうからだ。そのため、自然換気方式がとられている。湿度もできるだけ変化しないよう、五十〜七十％の範囲内に抑えるようになっている。さいわい書庫は皇居の中でも高台にあり、しかも隣接する大きな建物がないため、風通しは良い。

こうした自然の好条件に加え、さらにさまざまな工夫も凝らされている。外壁はコンクリートに磁器タイルを貼り、内側に断熱材、さらにその内側に落とし込みによる杉材が使われている。杉は吸湿性に優れているからで、天井も杉材だ。床は楢《なら》材である。書架は鋼製だが、棚の上に木材を敷いて書庫内の湿度の安定を図るという徹底ぶりだ。しかも、建物が完成したあとも、東書庫は一年二ヵ月、西書庫は九ヵ月の乾燥期間をおき、完全に湿度が落ち着いたのを確認してから収納を始めたほどである。しかも貴重図書と準貴重図書は、東書庫の中高層階に納められている。

また窓も、書庫内と南の庭に置かれた百葉箱の中の自記温湿度計の数値とを見比べながら開閉を行う。このため、年間を通じても湿度はほぼ一定に保たれ、十％程度しか上下していない。これには窓の構造も大きく寄与している。窓は防火用の鉄扉とガラス戸、防塵フィルターの付いた網戸の三重構造となっており、防火扉とガラス戸だけを開閉し、網戸は閉めておく。外気はすべて網戸の防塵フィルターを通って書庫内に入るため、風速はおよそ二分の一に落ち、汚染物質もほとんどカットされてしまうというわけだ。

さらに念には念を入れて、古文書のほとんどは桐箱に入れたうえ書架に納められている。桐材を用いるのは、割れたり反ったりせず吸湿性に優れているため和紙にやさしいからだ。杉も同じくらい吸湿性は良いのだが、ヤニが出るため保存箱として桐の右に出るものはない。

防菌対策も怠りない。埃がたまると黴《かび》の原因になるため、毎月第二、第四金曜日を清掃のための休館日とし、日頃は手の回らない書庫内の整備清掃などを行っている。重い防火扉を開けて書庫に一歩足を踏み入れると、防虫剤の匂いがする。新たな古文書を入れる際には、かならず燻蒸《くんじょう》しているのだ。

このように、書庫に収納されてからも書物がいかに大切にされているかが、よくわかる。出納係は、膨大な書物の一つ一つが何階のどの書架の桐箱に入っているか、すべて頭の中に入っている。それだけでも十年はかかるという大変な仕事である。本が好きだから、ほかの部署に移りたくないという、まさに本の虫たちの職場なのである。彼らのこうした細心の努力によって古文書というかけがえのない伝統文化が守られ、受け継がれているのだ。

東京駅からJR中央線に乗って西へおよそ一時間。高尾駅で下車すると、見事な銀杏並木が伸び、その先を左折するとなだらかな坂道沿いに欅並木が続く。駅から車でわずか五分、鉄柵の前で降りると、そこから先は小鳥の鳴き声と踏みしめる玉砂利の音だけの、静寂の世界が拡がっている。

途中で二手に分かれる参道を左にとると、大正天皇の《多摩陵》と貞明皇后の《多摩東陵》がある。右の道をたどると、昭和天皇の《武蔵野陵》と香淳皇后の《武蔵野東陵》が並んでいる。いずれも同じ形の上円下方墳だ。

〈陵《みささぎ》〉とは、天皇、皇后、皇太后（天皇の母）、太皇太后（天皇の祖母）の墓所をいう。そのほかの皇族方の墓所も含め、すべてを管理しているのが、書陵部のもう一つの部署、陵墓課だ。現在、北は山形から南は鹿児島まで全国一都二府三十県にわたり、総計八百九十六のさまざまな形態の陵墓などがある。

陵のうち天皇陵は全部で百十二ヵ所（何人かの天皇が合葬されている）だが、皇后や北朝天皇、追尊天皇（生前は天皇位には就かなかったが、没後に歴代天皇に準じて贈られた尊称）の陵などが七十六ヵ所ある。また、八百九十六の中には、陵以外にも天皇に関わる施設が含まれている。たとえば、天皇を火葬した場所(中世には山稜と呼ばれていた)、納骨した寺、分骨した所、髪や歯などを納めた塔や塚などである。ちなみに昔は夫婦合葬は少なかったが、近年では秩父宮と同妃殿下や高松宮と同妃殿下は、合葬(比翼塚)で一ヵ所に、また各宮家についてもその墓所の一帯を一ヵ所と数えている。

天皇については、もっとも大きな仁徳天皇陵など、すべて陵の所在が特定されているが、皇族についてはすべてわかっているわけではない。誰のものとは特定できない陵墓参考地と呼ばれる所が四十六ヵ所ある。これらは文献や伝承によるもの、さらには墳塋《ふんえい》の規模や出土品の内容などから、皇室関係者の墳墓と考えられるので保存して将来の考証に委ねようという土地だ。こうした陵墓は、東京都多摩、京都府桃山、京都府月輪《つきのわ》、奈良県畝傍《うねび》、大阪府古市《ふるいち》の、五つの監区事務所がそれぞれの担当区域を決めて管理している。ただ、山形の羽黒山にある崇峻天皇の皇子墓など、ほかから離れている墓所は、地元の有志に管理を委託している。

ところで、多摩陵の参拝を終えた夫婦がこんな会話を交わしているのを聞いたことがある。

妻「大正天皇と昭和天皇についてはここへ来てわかったけれど、明治天皇の御陵はどこにあるの」

夫「明治神宮は明治天皇と昭憲皇太后をお祀りしてあるところだけど、そういえば御陵はどこにあるのだろう」

もっともな疑問である。じつは、京都市伏見区にある伏見桃山御陵がそれである。では、ご生涯のほとんどを東京で過ごされたお二人の陵が、なぜ東京ではなく京都なのだろうか。その疑問を解く鍵が、昭和八年（一九三三）に宮内省臨時帝室編修局で完成し、戦後刊行された『明治天皇紀』のなかにある。

「陵所を桃山に選定されたのは明治天皇の御遺詔《ごゆいじょう》に基づくものです。明治三十六年四月、海軍大演習観艦式及び第五回内国勧業博覧会の開会式にご臨席のため暫《しばら》く京都御所にお泊りになりましたが、一夕《いっせき》、皇后陛下と食事を共にされて古都の今昔を語りたまうたときに、卒然として自分が亡くなった後は、かならず陵を桃山に営むようにとのお言葉がありました。

ときに典侍《てんじ》千種《ちぐさ》任子《ことこ》が陪膳《ばいぜん》に奉仕して、このお言葉を聞きはなはだ不思議に思い、その旨を日記に記録したのでありますが、明治天皇の崩御にあたり皇太后陛下は御遺詔にしたがって、陵を桃山に定めるようお命じになったと言う事です」

なんと京都桃山に決まったのは、明治天皇のご遺言だったのである。当時は、時としてお付きの人が両陛下のお食事の際に同席することがあったが、その人がつけていた日記が、その史実を確定する決め手の一つになった。

明治天皇は明治四十五年（一九一二）七月三十日、御年六十一歳で崩御され、九月十五日にこの地に斂葬《れんそう》（埋葬）を終えている。この地は文禄三年（一五九四）、豊臣秀吉が伏見城を築いたところだ。元和《げんな》九年（一六二三）に徳川家光によって取り壊されたのち、城址に植えられたたくさんの桃の木が見事な花を咲かせたことから、地元の人たちがいつしか桃山と呼ぶようになった。これに古くから歌枕として使われた伏見の二文字を入れて、正式名称は伏見桃山陵となった。

陵の形は天智天皇陵と舒明《じょめい》天皇および孝明天皇陵をモデルにしたといわれる上円下方墳で、上円部の一番上はさざれ石でおおわれ、下方部三段は石積みの芝生になっている。面積は六千坪あまり、陵の高さは上円部が六メートル、下方部が三段合わせて拝所から十四メートルもある壮大なものである。ちなみに、東に少し下がったところにある昭憲皇太后の陵、伏見桃山東陵も同じ造りの上円下方墳だが、上円部の高さが四・五メートル、下方の三段の高さが拝所から十一・五メートルとひと回り小さい。

伏見桃山陵は、二百三十段もの見上げるような長い石の大階段を登りきったところにある。コンクリートはいっさい使わず、松材の枠の上に石を載せて作っているが、この二百三十という数字にはじつは深い意味がある。石段は下から登っていくと二十三段ごとに平らな部分があり、それが十回繰り返される。さらに最後の二十三段と御陵の前の七段を加えると、三十段になるように作られている。これは、教育勅語が発せられた明治二十三年（一八九〇）十月三十日の二十三、十、三十にちなんでいるのである。東陵の前の石段も二十三段で、こちらも明治二十三年を表している。

これらの石段は、桃山監区事務所の職員の手によってつねに掃き清められているが、落ち葉の季節は大変だという。同事務所の職員は十二名。彼らは広大な御陵の敷地を三つに区切り、さらにその一区画を一ヵ月ずつかけて丹念に巡回する。つまり三ヵ月で一巡するわけだが、不審物がないかどうか、藪をかき分けながら道なき道を点検して回るのは、想像以上の重労働なのだ。しかも、周辺の民家から落葉が舞い込んで困るなどという苦情が出たら対応しなければならないし、一般道路に面した木の枝が伸びすぎたら切ったりもしなければならない。夜間も御陵が無人になることはない。つねに二人の職員が当直にあたっている。

ここで、天皇陵としてもっとも有名な仁徳陵についても触れておこう。大阪府堺市にある古市監区事務所が管理する仁徳陵は、周囲を取り巻く濠を含めると東西六百五十六メートル、南北七百九十三メートルという広大な前方後円墳である。墳墓として世界最大級の大きさから〈大仙陵《だいせんりょう》〉とも呼ばれるが、正式な名称は〈百舌鳥耳原中陵《もずのみみはらのなかのみささぎ》〉という。『日本書紀』によると、陵の工事現場に走りこんできて倒れた鹿の耳の中から百舌《もず》が飛び去り、耳の中が食い荒らされていたという故事にちなんだ名称だという。

この仁徳陵も、仁徳天皇が生前に行幸してこの地を陵地と決めたとされている。だが徳川時代の中頃までは、陵の管理が十分に行われていなかったようである。嘉永五年（一八五二）に、時の堺奉行川村《かわむら》修就《ながたか》がこれを憂い、天皇が葬られたと思われる後円部分二百坪を高さ一メートルの柵で囲み、陵内を整備したと伝えられている。明治五年（一八七二）に前方部の一部が崩れ、立派な竪穴式石室が露出したが、もと通り埋めなおされている。いまは古市監区事務所の職員たちが、手厚く保全に努めている。

このように、とてつもなく大きな単一の陵がある一方で、たくさんの陵墓が一ヵ所に固まってある場所もある。それが京都市東山区にある泉涌寺《せんにゅうじ》である。じつは、この寺は皇室の菩提寺《ぼだいじ》なのである。天長年間（八二四〜八三四）に弘法大師がこの地に庵《いおり》を結んだのが始まりで、法輪寺《ほうりんじ》と名づけられたが、のちに仙遊寺《せんゆうじ》と改められ、さらに寺の境内から清水が湧き出したことから順徳天皇の建保六年（一二一八）に泉涌寺と改められている。

宋に渡って仏法を究めた月輪大師《がちりんだいし》が帰国後、天台、真言、禅、浄土の四つの兼学の寺とし、時の皇室からも深い帰依を受けていた。そして仁治三年（一二四二）に四条天皇がこの寺に葬られてからは、歴代の天皇の陵はここに作られるようになった。その後、江戸時代に入っても、後陽成天皇から孝明天皇に至る歴代の天皇皇后の葬儀は、すべてこの寺で執り行われた。

泉涌寺は本堂右手奥に月輪陵《つきのわりよう》があり、三十三方の天皇、三百六十六方の皇后・皇族の陵墓があり、泉涌寺の脇にある月輪《つきのわ》監区事務所が管理している。御寺《みてら》と書かれた正面の大門を入ると、寺域としては珍しく、かなり急な坂を下りたところに建物が並んでいる。最初に目に飛び込んでくるのは、唐様建築の堂々たる仏殿である。寛文八年（一六六八）に徳川家綱によって再建されたものだ。内陣には運慶作と伝えられている釈迦《しやか》、弥陀《みだ》、弥勒《みろく》の三尊仏が安置され、内部の鏡天井には狩野探幽の竜の絵が描かれている。仏殿の後ろに建つのは、仏舎利を安置する舎利殿で京都御所にあった御殿を移築し、さらに改装したものである。

正面左手の門を入ると本坊の入口があり、本坊と御座所は拝観できる。現在の御座所は、明治天皇によってやはり京都御所にあった御里御殿を移築したものだが、舎利殿にしろ御座所にしろ御所から移築されたことから見ても、泉涌寺との深いかかわり合いがわかるだろう。

御座所は六つの部屋からなっており、南東の一室が玉座になっている。玉座の間は一段高くなっているが、正面後方には見事な違い棚があり、中央には光格天皇の愛用された桑製の御机が置かれている。その御座所のさらに奥にあるのが海会堂《かいえどう》で、これこそ御所にあった御黒戸（仏間）を移築したものなのである。現在そこには、歴代の天皇や皇族の方々の念持仏が祀られている。皇室はすべてが神道だと信じている人たちには意外に思われるかもしれないが、皇室がすべて神道になったのは明治以降のことなのである。

泉涌寺にはそのほかに、一般の人の立ち入ることができない建物がある。御座所から渡り廊下でつながっている霊明殿《れいめいでん》である。現在の建物は、明治十七（一八八四）年に明治天皇によって再建されたものである。内部は内陣、中陣、外陣に分かれ、とくに内陣には天智天皇以来の歴代皇族の御位牌が祀られており、外陣には直近の三代、つまり明治天皇、昭憲皇太后、大正天皇、貞明皇后、昭和天皇、香淳皇后の御尊牌が安置されている。

霊明殿は、泉涌寺の中でももっとも厳粛な気がみなぎっている一角だが、上皇上皇后両陛下も京都に行幸啓される時にはかならず参拝されていた。かつて月輪陵を参拝された昭和天皇は泉涌寺で次のような御製《ぎょせい》を詠まれている。

春ふけて雨のそぼふるいけ水に
かじかなくなりここ泉涌寺

陵墓といっても、長い歴史を見ればつねに手厚く管理されてきたわけではないが、今は各監区事務所の職員をはじめとする人々が、日夜を問わず保全に心を砕いている。それはひとえに、葬られている方々の尊厳と静安を守りたいという願いからである。宮内庁は、陵墓参考地を含めた陵墓の発掘調査を将来にわたって認めない方針だが、それも同じ理由からなのである。

車馬課——御料車と華麗な馬車

菊の御紋章のついた、セダンの黒塗りのトヨタ・センチュリー。その後部座席の窓を一杯に開け、沿道の人々ににこやかに手を振って応えられる天皇皇后（現上皇上皇后）両陛下。

天皇のお出かけを行幸《ぎょうこう》、皇后などのお出かけを行啓《ぎょうけい》というが、両陛下の地方への行幸啓の際にはかならず見られる、テレビでもお馴染みの光景である。皇室と聞けば、まずこの華やかな光景が頭に浮かぶという人も多いだろう。実際、磨き上げられた車体が静かに車寄《くるまよせ》に滑り込んでくる様子は、なんとも優雅で美しい。そして車の管理や運行に、きわめて繊細な心配りがなされていることをうかがわせる。

その任に当たっているのが、宮内庁管理部《車馬課》に属する〈自動車班〉である。自動車班が管理する車は、全部で九十三台に及ぶ。両陛下や各皇族方のお使いになる車だけではない。宮内庁の公用車、散水車、あるいは高い木々の剪定などに使う高所作業車なども含まれている。

自動車班は、配車計画、調整、運転業務などを担当する配車係、車の購入などを行う調達係、車の保管、記録、試運転などを行う車両係、定期検査など車の整備をこなす整備係、そして燃料係の六つのセクションからなる。このうち配車係は、さらに皇居の車を扱う第一係と、皇太子ご夫妻のお住まいである東宮御所の車を扱う第二係に分かれている。

両陛下がお乗りになる車を〈御料車〉、皇太子ご夫妻のお乗りになる車を〈お召車〉と呼ぶが、御料車が最初に導入されたのは意外にも古く、大正二年（一九一三）のドイツ車「ダイムラー」であった。その後もロールスロイス、ベンツと外国車が続き、初めて国産車が採用されたのは昭和四十二年（一九六七）の日産の「プリンス・ロイヤル」であった。しかし四十年近く経ち、ドアの内装に使うゴムや樹脂などの部品補充が難しくなったことから、平成十八年からトヨタの「センチュリーロイヤル」に切り替えられた。

御料車は、寝台車を含めて全部で十台。リムジンとセダン・タイプがある。昭和天皇の時代には移動はつねに日産の「プリンス・ロイヤル」だったが、平成の御代になってすぐ「公的行事にもグレードがあり、何にでも大型の御料車を使うのは大げさすぎる」という上皇（当時天皇）のご意向で、皇太子時代に使っていたお召車が更新時期になったのを機に、セダン・タイプの車を御料車としたのである。これには、公私の別をはっきりさせたいというお考えもあったようで、セダン・タイプには菊のご紋章がついた「皇」のナンバーの車と、ご紋章も「皇」ナンバーもなく一般の品川ナンバーの車がある。ちなみに、皇太子ご夫妻が乗られるお召車にはナンバープレートにも「皇」の字はついていない。

「皇」ナンバー、品川ナンバーとも、セダン・タイプは三台ずつある。「皇」ナンバーの御料車は植樹祭や国体など地方への行幸啓や企業のご視察といった公務の際に、品川ナンバーは観劇や音楽会、御用邸など私的なお出かけの際に使われる。セダンは官公庁でもよく使用されているいわゆる黒塗りの車で、各地方で一般に見かけるのはこのセダンである。当時の紀宮さまご成婚の際にも、紀宮さまにはリムジン・タイプの御料車を遣わしながら、上皇上皇后ご自身は品川ナンバーのセダンをお使いになったところにも、公私はきちんとするという天皇陛下のお考えをうかがい知ることができるだろう。

一方、駆動系は「センチュリー」をベースにしているものの、リムジンの「センチュリーロイヤル」はトヨタが御料車用として新たに開発したもので、さすがに大きく風格がある。しかし、大きいといってもセダンと比較しての話であって、先々代の御料車の日産「プリンス・ロイヤル」と全長は同じでも、幅は五センチ狭くなっている。

リムジンは、前後のナンバープレートの位置と後部のドアにそれぞれ菊の御紋がつき、前方のドアと後方のドアは観音開きになっている。窓枠の上部は日産「プリンス・ロイヤル」よりも少し上にしてあり、両陛下のお姿が沿道から見やすいように配慮されている。どんなに寒い季節でも、両陛下はみずから車の窓を開けて沿道の人々に手を振られるが、時には座席に容赦なく雪が吹き込むことがあるという。

車の乗降ステップは低くし、滑らないように御影石が使われているほか、内装は天然木、天井には和紙が使われており、室内灯をつけるとなんとも日本的なやわらかな雰囲気を醸し出す。さらに、運転席との間にはガラスがはめられ、後部座席には前向きに座るような補助椅子が二つ付いている。これは、国賓を乗せた際に通訳などが座る席である。補助席以外のすべての座席にはシートベルトが付いており、高速道路などを走る際には両陛下も装着される。

このリムジンの「センチュリーロイヤル」は、以前は寝台車一台を含めて五台あったが、日産からトヨタに更新された際、国の財政事情が厳しい折りから一台減らして四台となった。リムジンの御料車は、公式な式典の中でも、国会の開会式や八月十五日の全国戦没者追悼式への行幸啓、国賓の接遇など、きわめて限定的に使われている。

だが、リムジンの御料車が一度に二台使われることがある。来日した国賓の歓迎式典が、迎賓館で行われる場合だ。平成では両陛下が皇居から迎賓館に向かわれる時はお二人で一台だが、式典が終わって皇居に戻られる際には、天皇陛下と国賓、皇后陛下と国賓の配偶者が別々の車に乗られるからである。平成十九年（二〇〇七）、両陛下がスウェーデン国王王妃両陛下を埼玉県の川越に案内された時には、まだ日産「プリンス・ロイヤル」だったが二台の御料車が使われている。また、平成二十年（二〇〇八）に両陛下がスペイン国王ご夫妻を茨城に案内された時には、新しい御料車が地方では初めて使われた。

かつて、天皇陛下または両陛下がお乗りになる時にはボンネットに紅地に金の菊章の天皇旗が立てられ、皇后のみの時には片側が燕尾形になった皇后旗が立てられた。一方、私的なお出かけの時には掲げられない。高速道路を走行する際には旗が吹き飛ばされないようにと、これまではポールごと外されていたが、高速の乗り降りのたびに着脱しなければならないため、平成二十年から軽量化された旗が使われるようになった。

これら御料車とお召車を運転する職員は、総勢十一人。正式には「御料自動車操縦員」と呼ばれ、九人が皇居に、二人が東宮御所に勤務している。自動車班にはこのほかに、公募のうえ、厳しい試験を経て採用された運転手がいる。彼らは御料自動車操縦員に欠員が生じた場合のみ、技術などを慎重に検討されて操縦員に昇格する。全員がいつかは名誉ある操縦員の一員になりたいと、日夜運転技術の練磨に励んでいるのである。

ところで十一人の操縦員は、誰がどの車を担当するか決まっているわけではない。しかし使用頻度が高い「センチュリー」でも、車ごとに若干の癖があるため、普段から休苑日の皇居東御苑などで練習を重ね、運転感覚を再確認する。それだけの練習をしても、求められるのは高速で走行する腕ではなく、逆にゆっくり走ることなのだという。とくに発進と停止の際に車体を揺らさない技術を習得するために、車内に立てた鉛筆が倒れないように練習した人もいたそうだ。衝撃でよろめいたりされては大変だ。したがって、加速と減速も滑らかでなければならない。

当時、両陛下をお乗せする時の緊張感は、今も昔も変わらないという話だった。地方への行幸啓の際には、もちろん事前の打ち合わせと入念な下見が行われる。使われる車は、あらかじめご訪問先に回送され、県庁や県警本部などの車庫に納められる。行幸啓の前日にコースに沿って下見する時には、御料車でなく、たいていは県や県警の車で行う。

本番では県警などの車両が先導するから、そのスピードに合わせて運転すればいいように思うが、そう単純な話ではないという。あらかじめ道幅の狭い場所、奉迎者が大勢集まると予想される場所などは頭に入っていても、両陛下が沿道の人々に手を振って応えられる際にどの程度スピードを落とせばいいかの判断は、操縦員に任されているからなのだ。到着先でも神経を遣う。迎える一般の人々や報道陣の位置を把握しておくのはもちろん、雨が降った時にどこに車を停めるかも、事前に十分シミュレーションしておく必要がある。

余談だが、列車についても同じようなことが言える。今は新幹線など普通の列車や電車を利用されるようになったが、昭和時代には〈お召列車〉と呼ばれる特別列車が運行されていた。お召列車は現在も、埼玉県大宮の鉄道博物館で見ることができる。運転士は特別に厳選された人ではあっても、宮内庁の職員ではなかった。その二ヵ月くらい前にお召列車の乗務を言い渡されると、当日と同じコースを何度も練習運転することになる。その際にとくに神経を使うのが、車と同じように発車と停車の時に衝撃を与えないことだったという。

昭和天皇は、列車の走行中も窓ぎわに立ったままお手を振られることが多かったが、転んだりぶつかったりされたら大変だ。また、走行中は煙突から黒い煙を出してもいけなかったという。当時はもちろんSL蒸気機関車だが、黒煙は石炭が完全燃焼しないために出るものだからだ。さらに停車する際にも、決められた停車位置に定刻に到着しなければならなかった。それは、天皇が降り立たれるホームに赤絨毯が敷かれ、お迎えの人々がすでに整列しているからである。完全に任務を遂行するために、運転前に乗務員全員が神社に参拝し、なかにはお札を何枚も腹巻に入れて当日を迎えたものさえいたという。

お召列車の例を引くまでもなく、両陛下と人々の心温まるふれあいも、こうした裏方の人々の地道な努力があってこそなのである。思えば、私たちの目に触れる皇室は、つねに車とともにあった。年配の方は、昭和天皇が戦後のご巡幸の際に愛用された通称「赤ベンツ」のことを覚えておられるだろう。昭和二十年代、陛下をお乗せして日本中を駆けたこの車は、もうエンジンはかからないものの、保存用参考品として今も自動車班の車庫に大切に保管されている。今の新御料車も、あらたな皇室の記憶を私たちに刻んでくれることだろう。

さて、車馬課はその名の通り、自動車だけを扱う部署ではない。自動車班のほかに、馬や馬車を担当する〈主馬《しゅめ》班〉がある。

馬車といえば、なんといっても昭和三十四年（一九五九）に行われた華麗なご成婚パレードを思い起こす人が多いだろう。しかしじつは今日でも、規模の違いこそあれ、運がよければ二重橋を渡る馬車列を見ることができるのである。年に数十回、新任の各国大使が天皇陛下に信任状を捧呈する〈信任状捧呈式〉の馬車列である。信任状捧呈式は通常、一日に二ヵ国、三十分間隔で行われる。その数は平成十九年度には三十五ヵ国にのぼった。大使には宮内庁差し回しの乗用車か馬車かどちらかを選んでもらうのだが、諸外国においても同じような馬車列はイギリスやスペインなど数ヵ国しか例がないこともあり、馬車の希望が圧倒的に多い。

この馬車列は明治時代から続く伝統で、当初は各大使館または大使公邸まで迎えに行っていた。昭和四十五年（一九七〇）には出発地が宮内庁の三番町分室に変更され、その後、かつてのフェヤーモント・ホテル（九段）、パレス・ホテル（丸の内）、東京駅丸の内中央口を経て、現在は明治生命館の前から出発している。

大使が乗るのは、四タイプある儀装馬車のうち儀装馬車四号と呼ばれるもので、明治の終わりから昭和の初めにかけて製造された美術的にも価値の高いものである。ちなみに儀装馬車一号は昭和天皇の即位式の時に、二号はご成婚や天皇の伊勢神宮の参拝の際に、三号は皇后の伊勢神宮参拝、皇太子の立太子礼などに使われた。大使が乗る四号は、二頭輓《び》きである。馬車を輓く馬を輓馬《ばんば》というが、主馬班にはこの輓馬が十五頭、乗馬用の馬が十六頭いる。ほとんどが栃木県にある御料牧場産だ。

馬は生まれた時に、たとえば「笑智」のように漢字二文字の名前がつけられ、上はその年の歌会始《うたかいはじめ》のお題から、下は母馬からとる。ちなみに「笑」は平成十八年のお題であり、名前だけで何年産かがわかるのである。馬は満二歳から三歳で御料牧場から主馬班に連れてこられる。もともと神経質な動物で、緑豊かな御料牧場から大都会の真ん中に連れてこられるのだから、当初は水が合わず下痢をする馬もいれば、騒音におびえたりする馬もいる。そのため、馬車を輓けるようになるまでには、たいてい二年はかかるという。

主馬班は調教担当のほか、馬車馬具担当の掌車係、廏舎担当者、獣医で構成されている。そして三十一頭の馬は、すべて担当者が決まっている。廏舎は皇居の東地区にあって、馬の筋力や心肺が衰えないように、開苑前の時間などを利用して毎日かならず東御苑内を廻って調教する。時には皇居前広場に連れ出し、砂利にも馴れさせておかなければならない。

とくに忙しくなるのは、信任状捧呈式の当日だ。出発の三時間前には準備に入らなければならない。まず調馬索と呼ばれる長い手綱をつけて、馬場で円運動をさせる。馬にとっては直線運動よりも円運動

儀装馬車三号（宮内庁提供）

のほうがきついのだが、明治生命館の前から宮殿までの往復の際に何回も曲がらなければならないからだ。この運動が終わるといったん手入れをし、出発の時間にかなり余裕を持って馬車を装着。東御苑で運動させてから明治生命館へと向かう。その際、二頭の目には横が見えないように、遮眼帯が着けられる。馬は視野が左右三百五十度近くあるので、道中よそ見をしたり、車の動きなどに気を取られたり驚いたりしないようにするためである。

信任状捧呈式自体は短時間で終わり、大使はふたたび馬車で皇居正門から退出する。務めを終えた馬車は廏舎に戻り、馬や馬車はもちろん、馬具も丁寧に手入れされる。汗や埃《ほこり》がついていると、すぐに錆びたり傷ついたりしてしまうからである。

主馬班で働く人たちは、もちろん宮内庁の職員だが、採用は主馬班独自の試験で決められる。定員に欠員が出た時だけ募集する。なかには馬に乗ったことがない人まで応募してくることもあるという。馬が好きであることは必要不可欠だが、ただ好きというだけでは務まらない。採用されてもすぐ馬に乗れるわけではなく、主馬班で予科四年、本科二年の研修を受けながら、その間に少しずつ技術を習得していくのだ。本科を終わったところでようやく馬の調教を習うぐらいだから、一人前になるまでには十年近くもの厳しい修業の日々が続くことになる。それでも応募者は多いという。

馬の出番は、信任状捧呈式だけではない。皇室には祭祀が大変多く、そのたびに馬を使うため、普段から準備を整えておく必要がある。馬車にしても、四種の儀装馬車のほかに普通車三号、四号という種類もあるから、手入れにはたいへんな手間がかかる。しかも、皇室に連綿と伝わる古式馬術を継承するための技術も習得しなければならない。

このような日々の苦労を払わなければならないほど、皇室文化において馬の果たす役割は大きいのだ。

古式馬術——吹流しや毬が踊る競技場

観戦していた各国の在日大公使夫妻や外交団から、一斉に歓声が沸きあがる。スピードを上げた二頭の馬にまたがる騎手の背越しに、白と緑、赤と白に染め分けられた母衣《ほろ》と呼ばれる二本の吹流しが、見事に横になびいた瞬間だ。

これは毎年五月、栃木県の高根沢にある御料牧場で外交団接待の際に披露される古式馬術、〈母衣引《ほろひき》〉である。起源ははっきりしないが、平安時代から室町時代にかけては戦場での重要な戦法の一つとして、馬上から母衣を長くなびかせて、飛んでくる矢を防いでいたと見られている。しかし戦《いくさ》がなくなった江戸時代には戦法としてではなく、様式美を伝える馬術として諸大名の馬の催しの際に披露されるようになったのである。宮内庁の主馬班が伝承しているのは、この江戸時代の様式である。

武士に由来する母衣引が、なぜ宮内庁によって伝承されているのかについては明確な記録は残っていないが、今も各地に残っている流鏑馬《やぶさめ》とは違うものである。かつてまさに滅びようとしていた母衣引について、誰かが文化継承を思い立った時、宮内庁以外にはなかったのではないかと思われる。

母衣引は、紋付、仙台袴、白足袋を着用して、和鞍《わくら》にまたがった二人の騎手が、背中に背負った母衣枠に母衣を付けて行うものである。長さおよそ百メートル、幅およそ三十メートルの楕円形をした演技場を六周する。馬の足並みは序《じょ》、破《は》、急《きゅう》の三段階に分かれ、序で二周、破で二周する間に次第にスピードをあげ、急の二周の段階で最速となる。そして序・破・急と加速していくたびに、騎手の胸元に三つに畳んである母衣が順次引き出され、風をはらんで後方に伸びてゆく。急調子になった頃には、母衣は全部伸びきって地面と平行になり、見事な上下の水平線が描かれるのである。

一見、風が吹いているほうがより良くたなびきそうに思えるが、風が強すぎると母衣が一定の方向に流れないうえ、馬の脚に絡む恐れがある。したがって、母衣引には微風程度の条件が最適とされている。母衣は、白と緑に染め分けられたものが春を、赤と白に染め分けられたものが秋を象徴している。いずれも絹製で直径は五十六センチ、長さは十メートルである。中は吹き抜けになっているが、序と破ではまだ母衣が開ききっていないため、中に風がたまる。この段階が、騎手にとってはもっとも苦しいという。母衣が伸びきっても、地面に触れるくらい下がってしまっては、美しさが出ない。等間隔で演技場を周回する二頭の馬が、ほぼ同じ高さで母衣を引くためには、十分な訓練が必要になる。

主馬班の職員は、実演の日が近づくと、週に二、三回は練習する。しかし母衣引は馬の疲労が激しいため、一回にせいぜい小一時間しかできない。本番で披露される見事な演技は、長期にわたる研鑽の結実なのである。

母衣引

もちろん、馬にも特別な調教を施さなければならない。母衣引では変則的な足の使い方を必要とするからだ。馬は通常、常足《なみあし》といって最初に左の後脚、左の前脚、右の後脚、右の前脚の順で足を出す。しかし母衣引では、まず右の前脚と後脚を同時に出し、次に左の前脚と後脚を同時に出すのである。これを側対歩というが、このほうがスピードが上がっても反動が少なく水平に進むことができるため、長く伸びきった時の母衣を地面と平行に引くことが可能になるのだ。

側対歩ができるように調教された馬を、調子馬という。馬に相当な負担をかける歩様のため、筋、腱、内臓器官に優れ、持久力のあるトロッター種などの馬が適しているとされる。側対歩をマスターして初めて速歩の調教に入るため、母衣引ができるようになるまでには二年から三年はかかる。演技は序・破・急と時計回りに二周ずつし、スタート地点に戻ったところで二頭が対角線状に交差し、最後に時計とは反対方向に一周して終わる。演技時間はわずか数分だが、一回の演技が終わると人馬ともにくたくたに疲れてしまうという。

さて、主馬班が伝承する古式馬術には、もう一つ「打毬《だきゅう》」がある。母衣引が二頭なのに対して、こちらは赤白二組に分かれた八頭ないし十頭で行われる団体競技である。

馬上からスティックを使って球を奪い合う競技に、今でもイギリスなどで盛んなポロがある。ポロは中央アジアを起源として西方ヨーロッパに広まったもので、東方に伝わったのが中国で打毬となり、さらに朝鮮半島の渤海《ぼっかい》国を経て、八世紀から九世紀にかけてわが国に伝えられたといわれている。ゆえに、二組に分かれて馬上から球を奪い合う点など、ポロと打毬には似通っている点が多い。

わが国に伝わった打毬は、奈良・平安時代には宮中の年中行事の一つとして端午の節会の際に行われていたが、後鳥羽上皇が幼少の頃いつも打毬で遊んでいたと伝えられていることからも、盛んだったことがうかがわれる。しかし平家が滅亡して鎌倉時代になると、朝廷の力は急速に弱まり、一つは打ち続く戦のために、一つは経済的な理由から、やがて打毬は完全に姿を消し、新興の流鏑馬や犬追物《いぬおうもの》に取って代わられてしまったのである。

江戸時代に入り、八代将軍吉宗が武芸として奨励したことから、およそ四百五十年あまりのあいだ上流階級から忘れられていた打毬は息を吹き返した。とくに十一代将軍家斉、十二代将軍家慶の時代は打毬の黄金時代で、新しい競技方法も編み出され、各藩でも盛んに行われるようになったのである。しかし再興された江戸時代の打毬は、かつて朝廷で行われていたものとはまったく異なった意味合いを持っていた。宮中で行われていた打毬は享楽的なものに過ぎなかったが、武士階級の競技として再興された時には、打毬は武士道精神を養うための一つの手段だったのである。

打毬の競技

　さまざまな戦略を練り、勇猛果敢に動き回り、勝負の速さを競うのは戦場での真剣勝負と同じで、とくに初心の武士が片手で手綱を操り、片手で剣を扱う術を学ぶうえで、打毬は大きな役割を果たしたといえよう。それでいて罰則がないことからもわかるように競技者の道徳心に訴えた紳士の競技でもあるのだ。多額の費用と広い土地を必要とするポロにくらべて、勝敗を競い合いながらもフェアな立ち居振る舞いを誇りとする打毬は、きわめて日本的な、日本人に適した国技といってもいいだろう。

　現在、主馬班が伝承している打毬は、江戸時代のもっとも盛んだった頃の様式である。競技は、鐘と太鼓の連打を合図に開始される。赤白の二組が、どちらが早く地上にばらまかれている毬を馬上から毬杖《きゆうじよう》（竹の先端部分を鉤型に折り曲げて網を張った一〜一・二メートルの杖）ですくい上げ、毬門と呼ばれる穴に入れられるかを競うものである。毬には赤と白の二種類があり、赤組は赤い毬を、白組は白い毬を集める。

毬門は、組み立て式の板の中央、高さ二・五四メートルのところに設けられた直径六十センチの丸い穴で、ここに赤い毬が入れば太鼓が、白い毬が入れば鐘が打ち鳴らされる。それと同時に、板の両翼に吊るした赤白の玉が一個ずつ引き上げられ、あと何個の毬が残っているかが表示される。

毬は直径がおよそ四・五センチ、重さがおよそ二十二グラム。中心の小石を打ち藁で包み、それを木綿糸で巻き、さらに表面を和紙で糊張して赤と白に塗り分けてある。これは「平毬」と呼ばれ、競技では赤白それぞれ十一個が使われる。そのほかに、平毬が全部入ったあとに場内に投げ入れられる「揚《あげ》毬《まり》」が一個ずつある。揚毬は、白には平毬に幅六ミリの黒い十字を、赤には白の十字を付けたもので、これが双方の最後の決め毬となる。

競技場は長さがおよそ五十メートル、幅がおよそ二十メートルで、毬門板の三・六メートル手前には、馬が突っ込んで怪我をしないように馬止めが設置してある。競技者は各自の分担に応じてもっぱら毬を毬門に投げ入れる者、敵の投入を妨害する者、後方にいて毬をすくい上げては毬門の近くにいる味方に投げ送る者に分かれて行動するが、状況によってその配置や役割は自由に変わる。こうした連係プレーこそが、協調精神を養ううえでも重要な要素となる。妨害は、赤組と白組とも最初の一個が入るまでは禁じられているが、そのあとは相手に入れさせないためにさまざまな戦略がとられる。

現在、この様式の打毬は主馬班にしか伝承されていないため、当然ながら対戦相手を知りつくした主馬班同士の闘いとなる。実力もわかっているから、二組の間で力の差がありすぎては勝負にならないので、組み分けの段階でバランスを考え、一方的な試合にならないようにしている。

いま仮りに、白組が先に十一個の平毬を全部毬門に入れてしまったとしよう。その場合、白組の決め毬である白い揚毬が場内に投げ入れられ、それも入ってしまうと白組の勝ちとなる。赤組はそれを入れさせまいと全力で妨害するため、激しい闘いが繰り広げられる。しかし、その間に赤組も平毬を全部投入し終えれば、赤の揚毬も場内に出されることになる。いずれか早く自分の組の揚毬を毬門に入れたほうが勝ちだから、赤組の逆転勝ちもありえることになる。

試合は二回戦行われる。実力伯仲で、一勝一敗に終わることも少なくない。また、制限時間の七分が過ぎても決着がつかない時には、平毬の投入数の多いほうが勝ちとなる。投入数が同じ場合は引き分けで、鐘と太鼓が同時に連打される。

勝敗を分ける揚毬は、どうやら江戸時代に打毬が再興された際、新たに考えられたものらしい。そのほかにも、毬門が二ヵ所から一ヵ所になったり、技術的にも毬を地面にバウンドさせて毬門に入れる方法から、毬をすくい上げて手首を使って毬門に投げ入れる方法になるなど、奈良・平安時代の宮中で行われていたものとは大きく異なっている。しかも宮中の時代は打毬の際、打毬楽を奏していたという記述があるほか、打毬がかならずしも馬に乗って行われていたとは限らないことをうかがわせる記述さえある。

いずれにしても、これらのことは中国の唐の時代に行われていた様式を江戸時代にほとんど排除し、わが国固有の競技方法を考え出したことを意味している。したがって現在の打毬は、まぎれもなくわが国で考え出された国技なのである。

主馬班のうち十四、五人は打毬ができるが、片手で手綱を操りながらもう一方の手で毬をすくい上げつつ、他方で妨害をかわさなければならないため、非常に高度な技術が必要になる。そのため最初は徒歩で、次いで自転車を片手で操縦しながら、毬をすくい取る練習を重ね、それからやっと馬に乗っての練習になるという。毬を場内に入れる役、鐘と太鼓を鳴らす役と経験を積んでいき、早ければ四年くらいで競技者として参加できるようになるそうだ。もっとも、技に長けるにはやはり十年はかかるようだ。

ちなみに上皇ご一家は、結婚された黒田清子さんも含めておそろいで打毬を楽しまれたことがある。

赤と白に塗り分けられた陣笠に襦袢《じゅばん》、そろいの紫の脚絆《きゃはん》、錦の陣羽織姿で激しくぶつかり合う勇壮な様は、一見の価値があるし、まさにタイムスリップしたかのような感に打たれる。しかし、これら人馬一体のすばらしい古式馬術である母衣引も、打毬も、毎年九月二十三日に東京世田谷の馬事公苑で催される〈愛馬の日〉記念行事以外に、残念ながら一般の人々の目に触れることはない。

宮内庁楽部——雅楽から日本化した舞楽

皇居の東御苑を散策していると、どこからともなく雅《みやび》な楽《がく》の音《ね》が聞こえてくることがある。耳をすませば、石垣だけになってしまった江戸城の天守閣跡のすぐ脇に立つ二階建ての建物から流れている。

ここが、日本を代表する伝統音楽「雅楽」を伝承する宮内庁式部職〈楽部〉の楽師たちが、日々研鑽を積む場所なのである。

建物の玄関を入ると、いきなり正面に大きな舞台が現れる。ガラス張りの天井からは明るい陽光がふり注ぎ、まるで屋外にいるようだ。もともと雅楽の舞は屋外で演じられていたため、その趣を残した造りになっているのである。

舞台の後方には、一対の大太鼓が据えられている。竜の模様が施された左の大太鼓は太陽を、鳳凰の模様が施された右の大太鼓は月を表している。これらは京都の二条城にあったものだが、昭和の大礼で使用されたあと、昭和十三年（一九三八）に現在の楽部の建物ができたのを機に移された。ここの舞台を使って毎年春と秋の二回、楽部による雅楽の定期演奏会が開催される。また、国立劇場やその他のホールにおける特別演奏でも、一般の人々は雅楽を堪能することができる。

しかし、雅楽とは何かという問いに答えるとなると、じつは簡単ではない。それを知るには雅楽の発展してきた歴史的経緯を踏まえなければならない。ここではとりあえず、奈良時代の頃からわが国に宮中で演奏され、現在は宮内庁楽部を中心に伝承されている音楽と舞のこととしておきたい。というのも雅楽の起源については、あまりにも古くて諸説紛々、はっきりしないからだ。

林邑《りんゆう》（南ベトナム）、天竺《てんじく》（インド）、渤海《ぼっかい》（中国東北部付近）、チベットなどにおいて、さまざまな楽器で奏でられていた多様な旋律が、シルクロードを経由して次々に中国にもたらされ、長い年月をかけて淘汰され洗練されて徐々にでき上がっていったのが、雅楽の祖らしいと考えられている。それがわが国に入ってきたのは、さらにずっと後の隋代の頃からで、遣唐使の往来する唐代になって急速に普及し始めたらしく、日本の書物にも記述が見られるようになる。『日本書紀』には、西暦四五三年、第十九代允《いん》恭《ぎょう》天皇の崩御の折りに、八十人もの新羅《しらぎ》の楽師が来日し、葬送の音楽を奏でたという記述があり、これが外国から渡来した音楽のわが国における本格的演奏の最初と見られている。

大宝元年（七〇一）に制定された大宝律令によって、朝廷の中に雅楽寮が設置された。はるか下って明治に入り、都が京都から東京に遷されるにあたり、京都を中心にそれぞれの地で活躍していた三方楽《さんぽうがく》所《そ》楽人（京都楽所――京都御所、南都楽所――奈良興福寺・春日大社など、天王寺楽所――大阪四天王寺）と、江戸城内にあった紅葉山《もみじやま》楽所の楽人を一つにして、明治三年（一八七〇）、太政官の中に「雅楽局」が設置された。翌年には「宮内省式部寮雅楽課」と改称され、その後「宮内省式部職雅楽部」「宮内省式部職楽部」を経て、昭和二十四年（一九四九）から現在の「宮内庁式部職楽部」へと連綿とつながっているのである。

こう書くと、雅楽とは外国の音楽なのかと思われるかもしれないが、そうではない。じつは現在、雅楽と呼ばれているものは、三種類の音楽の総称なのである。そして、これらのいずれも歴史的に皇室文化と深くかかわり、今もわが国独自の貴重な文化として宮内庁楽部が継承しているのだ。

まず、日本に古来あった「国風歌舞《くにぶりのうたまい》」と呼ばれる音楽である。原始歌謡とそれに伴う舞に基づいて、平安時代に完成したもので、大陸から異文化が入ってくる以前からのものなのである。宮中祭祀のために奏されることが多く、古くから皇室と深くかかわってきた。宮中の賢所での儀式などで奏されるため、一般に知られることはまずない。雅楽のなかでも別格の存在だ。

この「国風歌舞」は、現在は十五曲が残っているが、春と秋の皇霊祭では「東遊《あずまあそび》」が、大嘗祭では「久米歌」が、かならず奏される。神様を慰めるための「神楽歌」は、わが国の宗教的な部分を体現しているともいえる。神楽歌をすべて奏する《御神楽の儀》は、じつに六時間以上もかかるという。次に、十世紀から十一世紀にかけて朝廷の貴族によって歌われ始めた「朗詠」、「催馬楽《さいばら》」といった歌ものがある。これらは舞は伴わない。そしてもう一つが、中国大陸や朝鮮半島を経由して入ってきた外来の雅楽なのである。

楽器による合奏曲を「管絃」、音楽に舞が組み合わされたものを「舞楽」と呼ぶ。重要なのは、外来の音楽を日本人が見事に「日本化」していったということだ。中国の雅楽が、宋の時代に始まった演劇である「戯劇」（のちに発展して「京劇」）に押されて徐々に衰退し、ついに滅びてしまったのに対し、わが国に伝えられた管絃や舞楽は大きく変化し、独自に発展していった。伝来した頃は当然ほとんど原型だったのだろうが、それには日本人に馴染みにくい要素も少なからずあったはずだ。日本人は日本語の抑揚やリズム、間合いなどと結びついた独特の音感を持っているが、その音感に合うように曲を変え、合わない曲や楽器は捨てるという大胆な日本化がなされたようである。この雅楽の改革は九世紀初めから十世紀終わり頃まで、二世紀近くかけて行われた。遣唐使が廃止され、外来の音楽がほとんど入ってこなくなった時期とほぼ重なる。

改革は大きく分けて三つあった。第一は、中国大陸を経由して入ってきた音楽を左方（唐楽《とうがく》）、朝鮮半島経由の音楽を右方（高麗楽《こまがく》）として、系統立てたことだった。同じく舞も、中国から来たものを左舞《さまい》（左方の舞）、朝鮮半島から来たものを右舞《うまい》（右方の舞）とした。なぜ中国が左で、朝鮮が右なのか。朝廷の官職でも右大臣より左大臣が格上だが、当時の日本はすべてのお手本としていた中国を朝鮮より上に見ていたから「左」ということらしい。

改革の第二は、当時の中国にあった六十の調子を日本的な六つに絞ったことである。これだけでも、中国の雅楽とは似ても似つかぬものになっていたはずだが、改革の第三として楽器の整理も行った。中国の楽器には、石、竹、金、木、紙の五つの素材があるが、たとえば「磬《けい》」と呼ばれる石の楽器は重量が約一トンもある大きなもので、日本の木造家屋にはとても耐えられない。そうしたものを整理して、現在と同じ八種類にしたのである。

こうして日本独自の発展をとげていった雅楽は、今日の私たちが触れることのできる管絃と舞楽に収斂していった。神前結婚式の際などに流れる雅楽も、この範疇だと考えて差し支えない。この管絃と舞楽は、中国では「宴会楽」とも呼ばれていたもので、わが国では今も皇室文化を華やかに彩っているわけである。たとえば、宮中での天皇誕生日の祝宴や天皇主催の園遊会の際には、楽部の楽師たちがそれらを奏し、宴の雰囲気を雅に盛り上げている。

雅楽と国風歌舞との大きな違いは、歌である。もともと日本人は器楽より舞や歌を好んできただけに、国風歌舞にはすべてメロディのついた歌詞がある。それに対して、現在残っている管絃と舞楽には歌はない。また、旋律自体はもとより装束や舞の振付も、国風歌舞のほうがはるかに古風で素朴である。一方、舞楽は左方か右方かによって、さらにさまざまなバリエーションがつけられている。

舞の装束からして、左舞と右舞とではっきりとした違いがある。左舞は原則として赤、右舞は青の装束を身にまとう。日本では、装束の色は青より赤のほうが格上だったからである。

舞い方も、左舞と右舞ではまったく異なる。左舞は旋律で舞うといったらいいだろうか。演目によって一度に舞う舞人は一人から六人に分かれるが（三人舞はなく、五人舞は女性の舞う「五節舞《ごせちのまい》」のみ）、左舞はかならず舞台の左手から登場し、舞人《まいにん》が全員そろうと一度、演奏を止める。これが、いわば入場の音楽だ。ふたたび演奏が始まると舞い始め、演奏の終わりと同時に舞い終わる。そして次の音楽で左手に退場し、音楽も終わるという流れだ。

一方、右舞は舞台の右手から登場し、右手に退場する。左舞と違ってこの間、音楽は途切れることがない。舞人が舞台にそろったところでそのまま舞が始まり、退場したところで三の鼓が「テン」と鳴って音楽も終わる。つまり、右舞の音楽はいつ始まってもいつ終わってもよく、舞が終わるまで演奏は続けられる。六人で舞う「胡徳楽《ごとくらく》」は、貴人の家へ賓客が来て酒盛りをするという物語で、お酌をしていた舞人「瓶子取《へいしとり》」が客の目を盗んで酒を飲み、最後は酔っ払ってふらふらになるという変わった舞である。アドリブをきかせた瓶子取が舞台を下りるまで続くので、右舞ならではの面白い舞台といえるだろう。

同じ酔っ払いでも左舞では、料理人が客人に出すための料理をしているうちに酔って、料理した鯉を食べてしまう「河南浦《かなんふ》」があり、アドリブもなく上演時間も決まっている。

このように、左舞と右舞とは舞の根本からして違うため、左舞を舞う人は左舞だけ、右舞を舞う人は右舞だけしか演じない。こうした違いを知っておくのが、舞楽に親しむための第一歩だ。というのも、舞楽は物語がないのが普通であるため（胡徳楽や河南浦は例外に属する）、単調で一見みな同じに思えてしまうのだ。

これは、たとえば歌舞伎が人間の生の感情を表に出し、能が外に出さず内にためこむのに対して、舞楽が人間の内面を消し去ってしまうからである。つまり何も考えずに素直に動き、無心で舞うのが舞楽なのである。西洋のバレエは演者が細かい動作までぴたりとそろえようとするが、舞楽の場合は複数で舞う場合でも、各人が無心になると、お互いの気配だけで動きがわかり、おのずとそろうようになるの

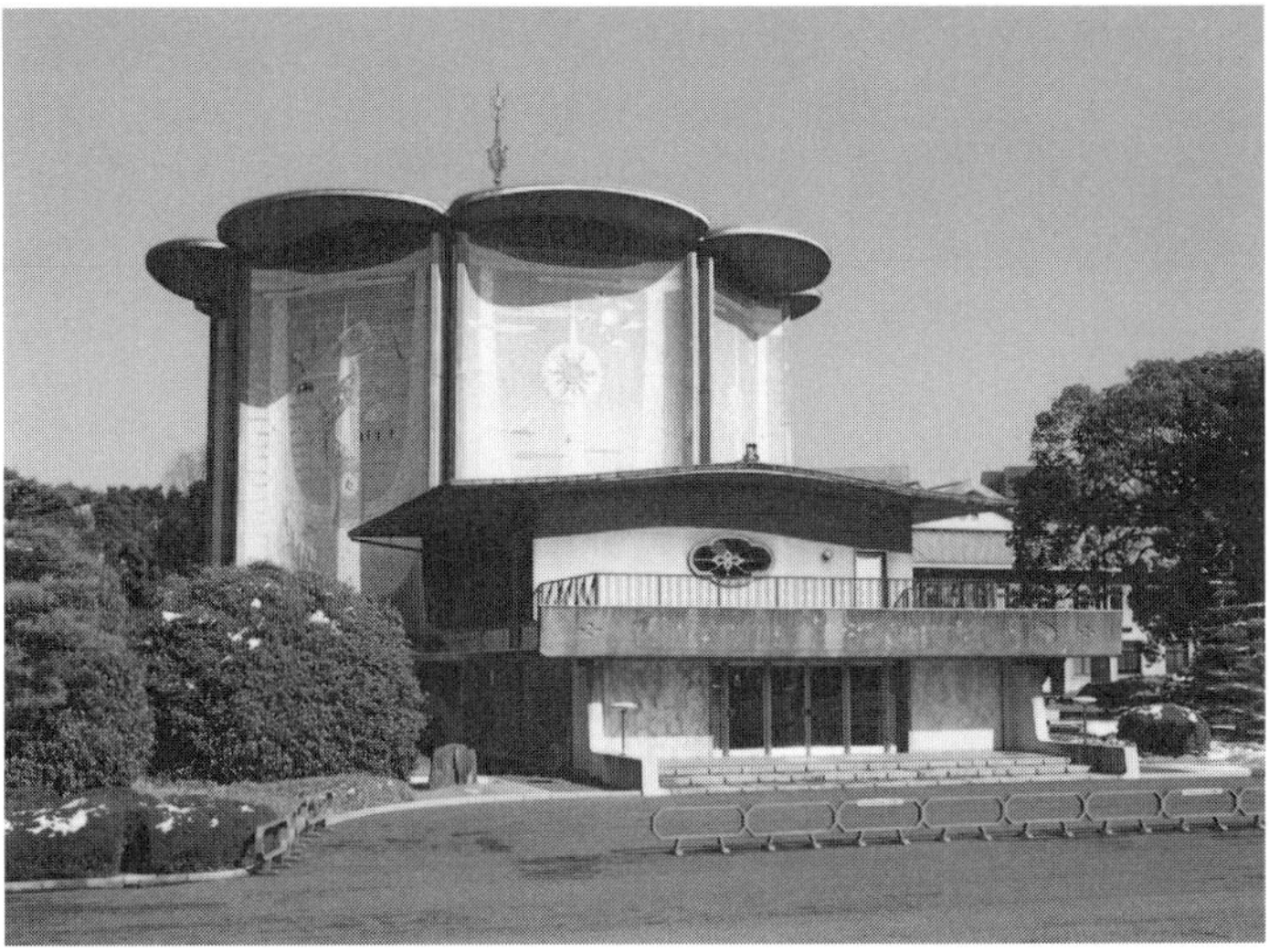

桃華楽堂（宮内庁提供）

だという。緊張しなければならない複雑な振りを極力取り除き、簡潔な動きだけが残された舞楽は、物語性も山場もないからこそ、最初から最後まで高い緊張を保ち続けなければならない。一人でも途中で気を抜くと、全体のバランスが崩れてしまうのだ。

ところで宮内庁式部職楽部は、日本の伝統音楽である雅楽を継承する一方で、じつはわが国でもっとも古い洋楽演奏団体の一つでもあると聞けば、驚く人も多いだろう（正確には海軍省の軍楽隊のほうがわずかに早く、楽部が一番ではない）。なぜ楽部が洋楽を手がけるようになったかは定かではないが、昭和六年（一九三一）に刊行された『本邦洋楽変遷史』には、面白いエピソードが紹介されている。

同書によると、西洋化を急ぐ明治政府が、わが国でも本格的に洋楽を始めるべきだとして、白羽の矢を立てたのが楽部だったのだという。わが国でまとまって音楽をやっている集団は楽部くらいだったので、彼らなら演奏できるはずだというじつに単純な発想だったという。ところが、この決定に楽部が猛反発した。雅楽をやるために楽部に入ったのに約束が違うと、かなりの人が怒って国もとに帰ってしまったのだ。しかも洋楽までやらせながら月給は据え置きだったため、残った人たちも雅楽の練習さえ拒否した。いわばわが国におけるストライキのはしりともいえるが、政府が折れ、月給を上げることで決着したらしい。

初めは洋楽器がないため、海軍軍楽隊のものを借りて指導を受けた。当然、吹奏楽だった。その成果を初めて宮中で披露したのが、明治九年（一八七六）十一月三日の天長節（明治天皇の誕生日）であった。その後、イギリスから洋楽器を次々と購入し、わが国初のオーケストラの編成ができ上がっていったという。その指揮・指導にあたったのは、君が代を作曲したともいわれるジョン・ウイリアム・フエントンだった。ちなみに現在の君が代は、洋楽の音階ではなく、「レ」の音から始まる雅楽の音階であり、のちに楽部の一員だった林広守が作曲したというのが通説になっている。

さて、楽部は洋楽の演奏も行うことになったため、それ以降、現在に至るまで、楽部の楽師は、雅楽の歌、舞、雅楽器のほか、ピアノと何か一つ洋楽器の演奏ができなければならなくなったのである。たとえば国賓を招いて皇居宮殿の豊明殿で催される天皇陛下主催の晩餐会で、洋楽を演奏しているのも楽部の人たちなのである。

ところで楽師たちが演奏する雅楽器には、どのようなものがあるのだろうか。外来の雅楽のうち、「唐楽」と「高麗楽」双方からさまざまな楽器が日本に入ってきたが、取捨選択され、小規模な室内楽形態の八種類となった。ちなみに舞楽には唐楽も高麗楽もあるが、現在、管絃は唐楽だけである。

管絃の楽器構成は、笙《しょう》、篳篥《ひちりき》、龍笛《りゅうてき》の三種類の管楽器、琵琶《びわ》、箏《そう》の二種類の絃楽器、鞨鼓《かっこ》、太鼓、鉦鼓《しょうこ》の三種類の打楽器から成っている。この編成を「三管二絃三鼓」、または「三管両絃三鼓」と呼ぶ。西洋のオーケストラで主役を演ずるのはバイオリンだが、管絃では管楽器が主役だ。篳篥と龍笛が主旋律を奏し、笙が和音をつける。

絃楽器と打楽器は、リズム楽器として使われる。同じリズム楽器でも、琵琶、箏の絃楽器は、演奏される音楽に拍を打ち、節目をはっきりさせる役目を担っている。

琵琶は古代ペルシャか唐が起源といわれているが、雅楽で使用されるものは、ほかと区別するためにとくに楽琵琶《がくびわ》と呼ばれる。正倉院には五絃の琵琶が残っており、弾き方は難しく、よくわかっていない。現存の楽琵琶は四絃であり、絹でできた絃を黄楊《つげ》の撥《ばち》で演奏するが、指使いはより簡単になっている。これは琵琶が高位の人はもちろん、女性や子供にも愛されただけに、難しい技法よりも優雅に弾けることが求められたためではないかと見られている。平家琵琶もそうした観点から生まれたようだ。

同じことがもう一つの絃楽器である箏（楽箏《がくそう》）にもいえる。平家の昔は、貴人たちが楽しむ楽器だったことから、技巧よりも演奏する際の優雅さが求められた。若い女性にも人気の高い生田流や山田流などの近世邦楽の箏（俗箏《ぞくそう》）も、雅楽から分かれたと見られている。絃は絹で、ともに十三絃だが、楽箏のほうが太くて丈夫である。

一方、もう一つのリズム楽器である打楽器は、テンポを表す楽器といっていいだろう。代表的なものが鞨鼓である。両面には馬の皮が張られ、一本の桴《ばち》で一回だけ右面を叩く正《せい》、左の桴だけで連続して叩き、次第にスピードを上げていく片来《かたらい》、両面を次第に早く打つ諸来《もろらい》の奏法がある。するどい音を出す楽器だ。

そのほか、打ち物には太鼓と鉦鼓がある。太鼓は、舞楽の際に用いられる大太鼓、管絃用の釣太鼓、移動しながら叩く荷太鼓《にないだいこ》の三種類がある。荷太鼓は、大葬の礼などに使われる。いずれも馬革か牛皮が張ってある。鉦鼓は、金属でできた打楽器だ。やはり舞楽用の大小鼓、管絃用の釣小鼓、移動演奏用の小鼓がある。

鞨鼓、太鼓、鉦鼓は、ともに一体となって基本のリズムを作る。なかでも鞨鼓は、全体の指揮者的な役割を果たすため、演奏者の中で一番の年長者か経験者（「一の者」という）が担当する。

昔は尺八も雅楽器の中に入っていたというが、篳篥などに比べると音が小さく、負けてしまうために淘汰され、以上に紹介した八種類に落ち着いたのである。

楽師たちは、八種類の楽器を全部演奏できるわけではない。とはいえ、絃楽器は琵琶か箏のどちらか、管楽器は三種類の中の一つ、打楽器は三種類全部、つまり一人で五つの楽器をこなせる。昔は、楽師のほとんどが楽家《がくけ》の出であった。楽家とは、先祖代々雅楽を生業としてきた家系で、「持ち管」といって受け継ぐ楽器が決まっていた。長男、次男、三男がそろって雅楽の道に進んだ場合でも、次男と三男が別の楽器を選んだとしても長男だけはかならず父親の楽器を引き継いでいたのである。

また舞が右舞か左舞かも、家によって決まっていた。たとえば豊家《ぶんのけ》は原則として笙、箏、右舞。芝家は龍笛、琵琶、左舞。東儀《とうぎ》家は篳篥、箏、左舞という具合である。しかし現在は、楽家の出であっても、かならずしもその家の楽器を引き継ぐとは限らない。楽部の定員が少なくなってしまったために、昔のやり方では編成上かたよりができてしまうからである。

それでは現在、楽師たちは楽器や舞をどうやって継承しているのであろうか。楽師が世襲だった時代には、幼少の頃からその家の持ち管や舞を見聞きできた。だが今は一般の人がほとんどになったため、一から習わなければならない。楽師になるためには、中学を卒業して楽部に入り、本科の楽生として七年間研鑽を積んだうえ、卒業試験に合格する必要がある。雅楽の演奏技術は、音楽学校では学べない。楽師を先生として、通常はマンツーマンで教わっていくしかないのだ。

西洋の音楽はすべて五線譜で表される。対する雅楽の楽譜は、八種類の楽器によってそれぞれ異なっている。琵琶を奏する人は、同じ絃楽器でも箏の楽譜は読めないのである。必須である五種類の楽器の楽譜が読めるようにならなければならないわけで、それだけでも大変だ。

楽生として学び始めると、楽器とともに舞の練習も行う。じつは舞にも舞譜《まいふ》と呼ばれる譜がある。とはいっても、舞楽の振り付けはたくさんの型の組み合わせであり、舞譜に書いてあるのはどの型をどの順番でやるかだけだ。型と型のつなぎの振り付けが、まさに師匠から弟子へと口伝なのである。雅楽は飛び跳ねる舞ではなく、歌舞伎や能もそうであるように、基本は歩き方だ。「開く、摺《す》る、出る、下がる、走る」などがあって、技術的にはそれほど難しくはないという。しかし、最初から最後まで自然な姿勢を保つためには、永年の練習を要する。

楽生の授業は、午前中一杯と午後は二時くらいまで続けられる。そのあと、楽師による合同の練習が行われる。本番がなければ、曜日によって舞、オーケストラ、雅楽器の練習が行われ、東御苑を散策中に聞こえてくるのは、これら個別のレッスンや合同の練習の音色なのである。

洋楽についていては、前述したようにピアノともう一つ別の洋楽器が演奏できなければならないし、その楽器も自分の好きなものを選べるわけではない。オーケストラの編成上欠けたパートを受け持たなければならないこともある。たとえば小学校時代にバイオリンを習ったことがあっても、トランペットを受け持つこともあるということだ。

現在、楽部の定員は二十六人。全員が国家公務員であり、官名は内閣府の技官である。一番頭が痛いのは、誰かが亡くなったり途中で辞めたりして、欠員が生じた場合だ。定年で辞める人数を逆算して年々楽生を採用しているのだが、本科を卒業して楽師になるまで七年かかるため、すぐには補充が利かないのである。後継者不足は、雅楽の世界でも例外ではないのだ。

こうした厳しい状況の中で、楽師たちは昭和三十年（一九五五）に重要無形文化財の指定を受けた、世界に誇れる伝統芸能《雅楽》を、不断の努力で守り続けているのである。

御料鵜飼——長良川に繰り広げられる伝承行事

金華山の山頂にそびえる岐阜城の白壁が夕映えで朱色に染まる頃、眼下を流れる長良川では、鵜飼《うかい》の準備が始まる。

鵜飼に必要な道具が、船頭によって鵜舟に手際よく運び込まれる。船頭には、艫《とも》で舟を操る「艫乗り」と、舟の中ほどに乗って艫乗りと鵜匠の補佐役を務める「中乗り」がいる。彼らは川岸につないだ鵜舟と、すぐ近くにある鵜匠の家との間を、何回も往復する。

鵜が獲った鮎《あゆ》を口から出させる吐籠《はけかご》、すばやく水洗いされた鮎を入れる諸蓋《もろぶた》と呼ばれる木箱、篝火《かがりび》のための松割木《まつわりぎ》、予備も含む三本の櫂《かい》、瀬を下る時や舟を止める時に使う竹竿などが、運び込まれる。そして最後に、その日の漁を行う十二羽の鵜が入った鵜籠が舟の後部に収められる。

一方、鵜飼見物用の観覧船にも次々と料理や飲み物が運び込まれ、鵜舟の出発時間が近づくと、いよいよ風折烏帽子、紺の長着、腰蓑《こしみの》という出で立ちの鵜匠の登場である。身につけたそれらのものには、それぞれ意味がある。頭に巻いた風折烏帽子は麻布《あさぬの》でできており、篝火から頭髪を守るためのものである。漁服と呼ばれる長着は火の粉や脂《やに》の油を除けるため、藁製の腰蓑は水しぶきを払い、身体が冷えるのを防ぐためなのである。足には足半《あしなか》と呼ばれる草鞋《わらじ》の半分くらいの草履をはくが、これも魚の脂や水垢で滑らないようにするためである。

現在、長良川には上流の立花《たちばな》（小瀬《おぜ》）に三人、下流の古津《ふるつ》（長良）に六人の合わせて九人の鵜匠がいる。じつは全員が宮内庁式部職の非常勤職員だと聞けば、驚く人も多いだろう。彼らは、天皇の命で鵜飼漁を行うという栄誉を担った、特別な漁師なのである。

長良川の鵜飼は、毎年五月十一日から十月十五日まで、中秋の名月の夜だけを除いて毎日行われる。これは、元来が鵜飼が闇夜の漁だったからで、以前は満月の夜は毎月休漁だった。今でも中秋の名月の晩だけ休むのは、その名残なのである。

さてこの期間中、立花でも古津でも八回だけは天皇主催の漁、《御料鵜飼《ごりょううかい》》が行われる。普段なら捕れた魚はすべて鵜匠のものとなるが、御料鵜飼だけは天然の鮎を一ヵ所に集め、ただちに氷詰めにして宮内庁へ送られる。御料鵜飼は、鵜匠たちにとって栄えある日なのだ。したがって当日は、どの鵜匠もピーンと張り詰めた緊張感に包まれる。

この御料鵜飼のうち、下流の古津では二回だけ、日本駐在の大使らを招いた外交官接待となる（上流の立花では行われない）。二回とも、七月下旬から八月にかけて、一週間から十日の間隔を空けて行われる。その年々の日取りは宮内庁と岐阜市、そして鵜匠の三者で決められる。

現在、ヨーロッパ連合（EU）も含めて百四十六ヵ国の大使が日本に駐在しており、鵜飼見物は人気が高く、そのうち毎回四〜五十人の希望者があるという。招待の対象になるのは、大使夫妻と、正式に駐日大使館員として登録されている二名の、合わせて四名である。ただし、十八歳以上で二十三歳未満の未婚の大使令嬢だけは、同伴が認められる（なぜか男性は認められない）。

招待客は、指定された長良川沿いのホテルに集合し、鵜飼を紹介したビデオを観せられたあと、バスで四キロほど上流にある御料船（外交団のための観覧船をこう呼ぶ）の乗り場に向かう。そこには三隻から四隻の御料船が用意されており、外交団はそれに分乗して、鵜飼の漁を見物しながら川を下ることになる。

ところで皇室と鵜飼の歴史は古く、すでに大和朝廷などの律令時代に、鵜飼人（鵜匠）が宮廷直属の下級官吏として漁をしていたという記録が残っている。その後、各地の鵜飼は地元の大名に保護され、長良川でも尾張徳川家が力を入れてきた。しかし明治維新で後ろ盾がなくなり、一気に存亡の危機に瀕したのである。そんな折り、岐阜に行幸されて天然の鮎《あゆ》を召し上がった明治天皇が、県令（現在の県知事）の説明で鵜飼漁の窮状を知り、明治二十三年（一八九〇）当時の宮内省に命じて長良川に設けられたのが、三ヵ所の御料場であった。

鵜匠たちもこの時に、宮内省職員の身分が同時に与えられている。御料場はその後に一ヵ所が一般に公開され、現在は立花と古津だけが宮内庁の保護を受け、御料鵜飼として昔から伝承されてきた漁を続けている。

さて、話をもどそう。この日は、普段より距離が三キロほど上流からスタートするというだけで、漁そのものは毎日行っているものとまったく同じである。六人の鵜匠が乗った鵜舟は、準備のできた者から上流の「まわし場」と呼ばれる出発地点に向かう。昔は毎日、上流のまわし場まで浅瀬を選びながら、引き綱で鵜舟を引いて遡上しなければならなかったが、今は船外機によって簡単に遡上することができる。

まわし場の川原で、鵜匠たちは静かに日没を待つ。待っている間も、鵜匠同士が言葉を交わすことはない。出発すれば一漁師として厳しい技の競い合いになるからだ。このあたりは瀬が浅く、一般の観光船もそこまでは上ってくることができないから、向こう岸の道路を通る車の音が時どきするだけで、河原は静寂に包まれる。

鵜匠は完全な世襲制で、原則的には鵜匠の家に生まれた長男に引き継がれる。鵜匠は一軒に一人と決められているので、現在の六人のうちの誰かが引退しない限り、新しい鵜匠は生まれないことになる。普通は中乗りを務めながら父親の技を盗んで一人前になるしかなく、親といえども手取り足取りは教えないし、もちろん手引き書などない。そのため父親が急に倒れたり、亡くなったりすると、長男は大変な苦労をすることになる。一尾も捕れずに、落ち込むこともある。そんな時、叱咤激励してくれるのが、艫乗りの船頭である。普通は鵜匠が代替わりしてもそのまま船頭を務め、先代の癖まで知りつくしている頼もしい存在だ。

鵜飼にとって重要なのは、チームワークである。一言も言葉を交わさなくても、艫乗りは、鵜匠が今日はどこを狙おうとしているかまで感じとらなければならないのだ。もし気持ちが一つにならないと、舟は沈んでしまいかねない。だから鵜匠は、技術《テクニック》ばかりでなく、船頭から信頼を得るだけの人間性が求められるのだ。

信頼といえば、鵜匠と鵜の関係も同様である。たいていどの鵜匠も二十羽ほどの鵜を自宅の鵜小屋で飼っていて、すべての鵜を見分けることができる。くちばしの形や首の太さ、性格までどれも違うのだという。鵜にも相性の良し悪しがある。彼らの住まいである鵜籠は二羽ずつ入るようになっているが、相性の悪い鵜を間違えて同じ籠に入れようものなら、たちまち激しい喧嘩になってしまう。そのため、真ん中に「隔て」と呼ばれる可動式の衝立が用意されている。それほど鵜の見分けは大切なのだ。

普段は水浴びしたり、羽を休めたりしている鵜も、鵜匠の足音がしただけで動きが活発になる。鵜匠は出発前に、その日の漁に使う十二羽を選び出すが、体調を見るために鵜と触れあうことで、鵜にも気合が入ってくるのだ。御料鵜飼で鵜匠が張り切ると、鵜も主人の気持ちを感じ取るのか、やる気がみなぎって大物を捕ってくる。そのため、その時の漁には「ベテランの鵜」が選ばれるのだ。鵜と気持ちが通じ合って初めて、鵜匠という仕事が面白くなるのだという。とはいえ、その境地に達するまでにはかなりの年月がかかる。

選ばれた十二羽は、中が二つに仕切られた鵜籠に入れられて鵜舟に運ばれる。それぞれの部屋に、一羽ないし二羽ずつ入るようになっている。もちろん同じ部屋に入るペアは、相性によって決まっている。やがて日没が迫ると、河原で思い思いに休んでいた鵜匠たちが籠から鵜を取り出し、一羽一羽に首結《くびゆい》と腹掛けをしていく。首結とつながっている腹掛けは、鵜の首が締まらないようにするためのもので、同じ鵜でも結い方はその日の体調によって違う。ゆるいと小魚が鵜の胃の中に入りすぎ、満腹になって動きが鈍くなるし、逆に強すぎると鵜が必要以上に疲れてしまうのだ。結い具合は、ひとえに鵜匠の永年の経験がものをいう。

　こうして準備が整い、舳先に篝火が焚かれると、いよいよ出発となる。だがその直前に、六人の船頭は籤《くじ》を引く。これは舟が川を下っていく際の並び方を決めるためである。籤は一本の紐を使って行われるが、六つの輪ができており、それを六人が引くことによって東かがり（川の東側を下る）の三人と西かがり（西側を下る）の三人の順番が決まる。

　漁そのものは鵜匠たちの力比べだから、当然ながら誰でも魚の多くいそうな川の中央を狙おうとする。しかし、六隻すべてがそこを狙えば危険が伴うため、籤で並び順を決めるのである。最初の並び順のままだと漁獲量に差が出てしまうため、流れの速い「瀬の肩」と呼ばれるところに差しかかるごとに、位置を変えるのだ。瀬の肩には魚が多くいるからだが、最初に中央にいた者は川岸のほうへ、川岸にいた者は次第に中央に移動し川下へ移動する。こうしている間に、すべての舟が平等に魚を捕る機会が持てるように工夫されているのである。

　こうして六隻は、鵜匠と船頭の見事なチームワークで次々と川を下っていく。鵜匠は左手で十二本の手《た》縄《なわ》を操りながら、鵜の喉元のふくらみに目を凝らす。魚がたまったと見るとすばやく手縄を引き寄せ、右手で鵜の喉をもみあげ、左手でくちばしを開いて鮎を吐かせる。「ベテランの鵜」になると、手縄を

御料鵜飼（岐阜市提供）

引いただけで自分から船縁《ふなべり》に飛び乗ってくるという。

鵜の捕った鮎には、鋭い嘴後《はしあと》（くちばし）の跡がくっきりと残っている。鵜飼による鮎が珍重されるのは、くちばしによって鮎が即死状態になり、結果として身がしまるからだ。御料鵜飼で宮内庁に送られるのは天然物だけだが、養殖の鮎は皮が固く、くちばしの跡が残っていないため、慣れてくると見ただけで区別できるという。

さて、鵜飼の主役はもちろん鵜だが、寿命は二十四〜二十五年である。死んだ場合は当然のこと、足の裏が腫れた鵜はもう鵜飼には使えないので補充しなければならないが、さて長良川の鵜はどこから連れてくるのだろうか。現在、鵜飼は長良川の立花と古瀬を含めて、全国十三ヵ所で行われており、そこで使われる鵜のほとんどすべてが茨城県の十王町《じゅうおう》（現・日立市）で捕獲されたものである。

捕獲場所は、太平洋に面した十王町の赤見台と呼ばれる断崖絶壁だ。鵜の捕獲は法律に基づいた許可が必要で、毎年二回、四月から六月までと十月から十二月にかけて行われる。これは渡り鳥である鵜が、春には繁殖のため北海道や千島方面に向かい、秋には越冬のため九州方面に向かう途中、群れをなしてここを通るからである。しかし、すべての鵜が捕獲場所へ集まるわけではないので、捕獲するといっても容易なことではない。

しかも鵜は非常に警戒心が強いため、絶壁に張りつくように作られた、人一人がやっと入れるほどの小さな小屋に潜んで、近くに鵜が降り立つのをひたすら待つしかない。また鵜は光るものを嫌うため、小屋は金属性のものがいっさい使われず、菰と竹だけで作られている。崖の中腹のわずかな平坦地にあるため、つねに岩石が崩落する危険にさらされている。現に台風によって、小屋への道が崩落し、何回も作り直されてきた。

小屋の外には、おとりの鵜がつながれている。それにつられて舞い降りた鵜を菰の隙間からのぞきながら、太い針金が付いた鉤棒で鵜の足を引っかけ、小屋の中に引きずり込むのである。鵜飼に適した鵜はくちばしが鋭く、曲がっていることと、臑《すね》の太さが決め手だという。臑が太いということは、水を掻く力が強いことを意味しているからだ。全国の鵜匠からの注文を危険覚悟で一手に引き受けている、こうした人がいるからこそ、鵜飼は続いているともいえるのである。

鵜飼の鵜は元が海鵜であり、海の魚を食していただけに、まず川に入れて川魚に馴らさなければならない。しかし鵜匠が鵜を調教するのではなく、新入りの鵜は、先輩の鵜から見様見真似で、鮎の取り方を身に付けていくのだという。こうして次第に新しい環境にも馴染んでくると、鵜飼の十二羽のレギュラーの一員に加えられるようになる。しかし鵜同士で順列が決まっているらしく、鵜飼の時には自然に隊列ができるのだが、八月頃から新入りが加わるようになると、しばらくは隊列が乱れてしまう。鵜匠の目から見ると、新入りはやはり「切れ」がないというから、人間社会と同じように熟練がものをいう世界なのだ。

水に潜った鵜は、赤々と燃える篝火を頼りに魚を追うが、頭を水面に出して鮎をまさに呑み込もうとする姿は、得意げにさえ見える。鵜舟が漁を続けながら川を下っていく間、時折り「ホウホウ」という声や「ドンドン」という響きが聞こえてくる。鵜を元気づけるために鵜匠や船頭が発する声や、船縁を叩く音である。さらに「パチパチ」と燃える篝火の音、水面を叩く鵜の羽音、舟から身を乗り出すようにして見つめる観光客の歓声が入り交じって、川面は一気ににぎやかになる。

最後に、長良橋の手前で六隻が横一列になって漁をする「総がらみ」を披露して、鵜飼はクライマックスを迎える。こうして一日の漁が終わり、川に静寂が戻る頃、鵜は鵜匠の家の鵜小屋に帰り、餌のホッケをもらう。ホッケというと、居酒屋などで出てくる大きな開きを思い浮かべてしまうが、やや小振りの2Sから3Sの、見事に大きさのそろった北海道産の冷凍物である。こうしてひと仕事終えた鵜たちは、食事が済むと鵜籠の中で眠りにつく。

昔はオフシーズンになると鵜舟に鵜を乗せて川を下り、鵜は舟の中で生活していたというが、それは冷凍技術が発達していなかったために自分で餌の魚を捕らせるためであった。しかし今は冷凍物で十分間に合うから、舟で出かけることもなくなった。冬は一日に四〜五尾のホッケを与えるが、夏は鵜飼で川を下ってくる間に小魚がかなり腹に収まっているため、一日一回、足し餌《たえ》として一尾か二尾を与えるだけだそうである。

長良川の鵜飼は観光鵜飼と銘打っているだけに、見世物とかショーだと思っている人がほとんどだろう。しかしまったく逆で、本来は毎日行われている昔ながらの鵜飼という漁法を観光客が見せてもらっているだけなのだ。鵜匠たちの目から見ると、昔は、潜ったり水面に上がったりする時の鵜の表情などを見て、鵜飼そのものを楽しむ客が多かったが、最近は残念ながら魚を捕るところだけを見たがる客が多くなったと嘆く。

昭和二十四〜二十五年頃には、黒い帯のようになって遡上していた鮎も、近年はめっきり数が減ってしまったという。しかし夢幻の世界に誘ってくれる鵜飼には、鵜と鵜匠との絆、鵜匠と船頭との絆が、今も深く息づいているのである。

鴨場接待——各国大使を招待する鴨猟

宮内庁式部職の職員の手で、野生の鴨が次々と大空に向かって放たれる。そのたびに、見守る在日外交団やその家族らから一斉に拍手と歓声が沸き起こる。

これは、毎年冬に埼玉県越谷市と千葉県市川市にある宮内庁の二つの鴨場で行われる、鴨猟による接待のひとこまである。

この鴨場接待は、今から百年以上も前の明治二十二年(一八八九)に、当時まだ使われていた浜離宮の鴨場で、明治天皇が外国人を招待されたのが始まりだといわれている。近代日本が不平等条約の改正を目指して、懸命な欧化政策を推し進めていた当時、わが国に駐日大使が何人ぐらいいたのかははっきりしない。だが、母国を遠く離れた各国の大使とその家族を慰労するために、明治天皇が鴨場接待を催され、以後歴代の天皇に受け継がれてきたのが、わが国独特のこの接待なのである。

西洋人は王侯貴族を中心にして伝統的に狩りや猟を好み、それを社交の場としてきた。日本にも鷹狩りなどの猟が、大名などの武士によって楽しまれてきた習慣があった。この鷹狩りを西洋流に接待の手段として考え出したのが、鴨場接待だといわれている。

かつては浜離宮でも、鷹匠たちが鷹を使って鴨を獲っていた。浜離宮は寛永年間（一六二四〜四四）までは将軍家の鷹狩り場だったが、四代将軍家綱の弟松平綱重が初めて屋敷を建て、明治三年（一八七〇）になって皇室の離宮となったところである。その際、そこにいた鷹匠たちも引き続き皇室が雇い、以来、鷹狩りの技術を継承している。しかし鷹を使った猟から、叉手網《さであみ》という網とおとりの家鴨《あひる》を使って、集まってきた鴨を一気に獲るという現在の猟へと変わっていったという。

明治十三年（一八八〇）には、新宿御苑にも鴨場ができた。だが、浜離宮と同じように大きな池の一角に鴨をおびき寄せる引き濠を作っただけだったため、うまく鴨が寄ってこなかった。というのも、鴨は非常に警戒心が強く、上野の不忍池のように大勢の人が行き来する池でない限り、舞い降りてこないのだ。これでは外交団を接待しようにも、かならず鴨が捕れるとは限らない。しかも引き濠の幅が四〜五メートルもあり、網で獲るには不向きだった。

そこで明治二十六年（一八九三）、市川市に新浜鴨場（二十万平方メートル）が、明治四十一年（一九〇八）には越谷市に埼玉鴨場（十二万平方メートル）が作られたのである。ともに御料地で、鳥類が保護されていたため、たくさんの鴨がいたというのが、これらの地に決まった理由らしい。しかし、できた当初は、やはり警戒して鴨はなかなか降りてこなかったようである。

その後長い間、浜離宮と合わせた三ヵ所で鴨猟が行われていたが、戦後になって浜離宮の鴨場は廃止され、二ヵ所だけとなった。ちなみに新浜鴨場は、皇太子殿下が妃殿下にプロポーズされた場所としても有名である。鴨を獲ることのみを目的に作られただけに、新浜と埼玉の両鴨場には、両側から網で獲るにはちょうどいい約二メートル幅の引き濠が整然と並び、おとりの家鴨を使った鴨猟の醍醐味を十二分に味わえるようになっている。

現在、日本には百四十五ヵ国とEUの大使がいるが、そのうち常駐の大使とその家族を毎年、狩猟期間内に五回ないし六回に分けて接待することになっている。新浜と埼玉で交互に行い、一回あたりの人数はだいたい二十人前後だ。その際、かならず皇室の方々が交代で接待されることになっており、これまでにも皇太子ご夫妻、秋篠宮ご夫妻や、黒田清子さんもご結婚前は接待に当たられたことがある。ちなみに天皇主催とはいっても、陛下ご自身がお見えになるわけではない。ただし、皇太子時代に妃殿下とお出でになったことはある。

招待客は、指定された日の午前十時までに現地に到着し、その日に接待に当たる皇族と挨拶を交わす。全員がそろったところで、鴨猟のやり方をまとめた短い映画を観る。そのあといよいよ鴨猟が始まるのだが、鴨場接待では参加者全員が猟を行う。

新浜には南側に八本、北側に六本、西側に一本の合わせて十五本の引き濠が、埼玉には南側に七本、北側に六本、東西に二本ずつの合わせて十七本の引き濠がある。一つ一つの濠は背の高い笹で囲われ、隣の濠は見えないようになっている。鴨猟はすべての濠を使うわけではなく、その日の風向きによって北風なら南側、南風なら北側の濠を使う。猟がかならず風下で行われるのは、鴨が匂いや音に敏感なためだが、風に揺らぐ笹のさわさわという音が人の気配をかき消してくれるのだ。

猟は濠ごとに十人が一つのグループを組んで行われるので、参加者が二十人なら二つのグループ、それ以上なら三つのグループに分かれることになる。参加者には、グループごとに一番から五番までの番号札が渡される。札は濠を挟んで並ぶ順番で、鴨が舞い降りてくる池（「元溜まり」）に近いほうから順に一、二、三と数える。数字の色によって濠の右側に並ぶグループか、左に並ぶグループか、分かれるようになっている。したがって、左右五人ずつということになる。

猟は叉手網という独特の形をした網を使って行うのだが、グループごとにそれぞれ鷹匠が一人、鴨を獲った時にすばやく叉手網を替える係が両側に三人ずつ六人、それに式部官が二人つく。鷹匠は双方の鴨場に場長を含めて五人ずつおり、その中の一人が鴨猟全体を取り仕切る。鷹匠はいずれも鳥打帽、袢取（紺の上着）、野袢天、角帯、股引、脚絆、地下足袋という、昔ながらの出で立ちである。

引き濠には、板木と呼ばれる木の板を叩くと、おとりの家鴨が一斉に餌を求めて入ってくるように訓練されている。板木は餌の合図なのだ。参加者は叉手網を手にいつでも飛び出せるように背を低くし、声を潜めて後方で待機する。

板木の音とともに、おびただしい数の野鴨がおとりの家鴨につられて一斉に引き濠に入ってくる。おとりの家鴨は餌の稗《ひえ》を食べるとすぐ次の引き濠に向かうように訓練されているので、あとには何も知らない野鴨だけが残ることになる。食べ終えると出て行く野鴨もいるため、数が減っていく様子を覗き穴から見ている鷹匠が、今何羽いるかを待機している参加者に知らせる。すべて指でサインを送り、声は

外交団を招待した鴨場接待（宮内庁提供）

いっさい出さない。

十人が二羽ずつ獲るとして、二十羽前後になったところで鷹匠が突然走り出て、元溜まりに通じる引き濠の出口に沈めていた網を引き上げてしまう。それを合図に、身を潜めていた十人の参加者が番号札で決められていた位置へ一斉に駆けていく。鴨は物音に驚くが、出口を塞がれているため、上に飛び上がらざるを得ない。そこを参加者が叉手網ですくうようにして鴨をからめとるのだが、獲るとすぐに職員が別の網に取り替える。叉手網そのものは絹糸で軽くできているものの、野鴨は一キロ以上あるので、網に入るとずしりと重い。

およそ二十羽の鴨は、あっという間に捕獲される。しかし一羽でも取り逃がすと、奇妙な鳴き声をあげて飛び去ってしまう。その鳴き声がどうやら仲間に危険を知らせる合図らしく、元溜まりにいる鴨たちも一斉に逃げ出すことになる。だから、獲り損じは許されないのだ。

こうして最初のグループの猟が終わると、別の濠で待機していた二番目のグループが同じ方法で猟を行う。その間に第一グループは、その濠の背後を回りこむようにして一つ先の濠へ向かって待つ。このようにして、一つおきの濠で交互に猟をしていくのだ。最後の濠まで行ったら今度は逆戻りをし、参加者が五、六回ほど猟をしたところで終わる。所要時間はだいたい四十〜五十分といったところだ。

おとりの家鴨は毎年入れ替えられ、五月下旬から六月上旬にかけて約三百羽の雛《ひな》が孵化場から送られてくる。最初は鶏《にわとり》用の配合飼料を一日五〜六回、餌として与えるが、雛の成長はとても早く、五十日ぐらいからは稗《ひえ》を混ぜる。その頃には、餌は朝と晩の二回だけになる。そして九月に入ると板木の音で餌をやる訓練を始め、秋のお彼岸頃に元溜まりに入れる。すると、すぐに板木の音につられて引き濠から引き濠へと順番に移動していくようになるという。家鴨がすぐにそうした行動を覚えるのは、絶食にしてあるからだ。

家鴨は首のところに袋があって食いだめができるため、飛べない家鴨を馴らすには引き濠で与えられる稗を食べざるを得ないようにしているのである。また、おとりの家鴨を毎年入れ替えるのは、次第にずる賢くなって引き濠を順番に廻らなくなってしまうからだという。そうなっては鴨猟そのものが成り立たなくなってしまう。

板木を叩いて、その日の鴨猟をとりしきる鷹匠を「回し」というが、一シーズンを通して一人の鷹匠がすべて行うことになっている。濠を次から次へと駆け足で動かなければならないため、相当の体力が要るという。板木の叩き方は鷹匠によって違うが、カンカンカンとせわしなく叩く鷹匠だと、その年の家鴨はせわしなくなるし、カーン、カーンとゆっくり叩くと、家鴨はのんびりしてしまうという。その年によって家鴨の動きが違うというのも、面白い。

さて猟が終わると、参加者たちは庭に用意された卓球、バドミントン、輪投げなどで一時を過ごす。その日のホスト役である皇族方も、その輪に加わることもある。その間に職員たちは、捕獲された鴨に国際協定に基づく標識の付いた足輪を付けたり、すでに付いている鴨については標識番号を読み取って記録する作業に追われる。これは渡り鳥である鴨の行動と生態を調査するためのもので、昭和三十七年（一九六二）から山階鳥類研究所が行い、宮内庁が協力している。七割前後がすでに足輪を付けており、残りが新規に飛来した鴨だという。四十年以上に及ぶ調査によって、鴨はアリューシャン列島やアラスカはもちろん、カリフォルニアまで飛んでいくことがわかってきた。

生態調査の作業が終わると、捕獲された鴨は一羽も残さずすべて放鳥される。以前は参加者も放鳥していたが、鳥インフルエンザの影響を考え、できるだけ参加者には直接触れさせせないようにしているのだという。

このあと正午頃から、参加者が楽しみにしている鴨鋤《かもすき》が大食堂でふるまわれる。これは鴨場で飼育している合鴨の胸肉を供するもので、各人の前に置かれた小さな火鉢で野菜といっしょに載せて焼き、大根おろしで食する。こうしておよそ二時間ほど鴨猟などの話に花が咲いたあと、接待にあたった皇族のお見送りを受けて、その日の鴨場接待はお開きとなる。

鴨の猟期は、十一月十五日から二月十五日までと決まっており、元溜まりの鴨の警戒心を解くためには、どうしても次の猟まで十日以上の間を空ける必要がある。そのため、三ヵ月の間にできる猟の回数は必然的に限られてしまう。その間隔を保つためにも、猟を新浜と埼玉の交互で行うのである。二つの鴨場にいる五人ずつ、合わせて十人の宮内庁職員は全員が鷹匠だが、飼っている家鴨や合鴨に餌をやるために、かならず一人は宿直にあたらなければならない。仮りに二十歳から六十歳までこの鴨場に勤めると、なんと四十年間のうち約八年は宿直することになるのだという。しかも餌やりだけではない。叉手網も彼らの手作りだし、破れていれば補修もしなければならない。もちろん鷹匠だから、技術も磨いている。

鷹を使った猟は、猟場に限って今でも認められているが、新浜と埼玉の鴨場ではいっさい行っていない。鷹に獲らせると爪で鴨を傷つけしまい、ふたたび放つことができなくなるからである。その代わり、鷹匠たちは鷹が自分で獲物を獲れるように、伝書鳩などを獲物代わりに上空に放って狩りを教えている。それさえ覚えさせておけば、自然に戻しても生きていけるからだ。というのも、傷ついて保護された鷹を預かることがあるからで、上空で獲物を捕らえられるように訓練したあと、ふたたび自然に帰したりもしているという。

宮内庁という組織として率先して鷹狩りをすることはないが、このように今も鷹匠の技術は伝承されているのだ。また、二つの鴨場は野鳥の楽園であると同時に、周囲の都市化が進むなかで、貴重な緑地帯として自然環境の保護にも役立っているのである。

皇室と菊――皇室紋章と観菊会

日本を代表する花は、と尋ねると、ほとんどの人は春の桜と秋の菊を挙げるだろう。それほど菊は、その馥郁《ふくいく》とした香りとともに日本人の心を捉えている。

現在、わが国には二十種以上の野生の菊のほか、改良に改良を重ねたイエギクと呼ばれる園芸品種がある。菊はキク科キク属の植物で、普通にキクという場合には、このイエギクを指す。だが菊そのものは、もともと在来ではない。

菊は、奈良時代末期から平安時代初めに、秋の重陽の節供（菊の節供ともいう）とともに中国から渡来したといわれている。それを裏づけるように、『古今和歌集』以降には盛んに歌に詠まれ、現在に至るまでこれほど日本人に愛されている菊が、『万葉集』にはまったく登場しないのである。また、陰暦の九月九日に宮中で行われた重陽の節供の行事も、この時代以降なのである。

中国では古来、菊は不老長寿の効用があるとして珍重されてきた。日本でも、観賞用や切花、装飾などのほか、薬用や食用として使われるようになった。リュウノウギク、シュンギク、マーガレット、除虫菊などがそうである。また、詩や絵画、工芸品の文様などの題材としても広く使われてきたし、たとえば五十円硬貨にも菊はあしらわれている。

それでは皇室と菊とは歴史的にどのようなかかわりがあるのだろうか。菊そのものは中国から伝わったものだったが、江戸時代の前期頃から急速に栽培熱が高まり、さまざまな品種が生まれた。古くから熊本地方で作られていた一重咲きの肥後菊、縮れた細長い花びらが垂れ下がって咲く伊勢地方の伊勢菊、逆に細長い花びらがまっすぐ立ち上がるように咲く京都の嵯峨菊などが有名だ。これらは古典菊と呼ばれ、日本独自の発展を遂げた園芸品種の一つである。こうした古典菊は花形の変化を求めたものだが、明治時代になると大輪が好まれるようになってきた。それが見事な大菊として開花し、直径が三十センチに達する品種まで現れ、菊は一段と絢爛豪華なものになっていったのである。

菊が皇室の御紋章として定められたのは、王政復古直後の明治元年（一八六八）に発表された「菊御紋並《ならびに》禁裏御用等の文字濫用禁止の件」という太政官布告であった。菊の御紋そのものは後鳥羽上皇（一一八〇〜一二三九）が好んで用いられて以来、すでに古くから皇室の定紋とされていた。それが太政官布告によって正式なものとなり、戦前は類似紋の濫用も厳しく取り締まられてきた。

戦後は取締りの法規そのものが失効したが、明治二十二年（一八八九）の「天皇旗章の制定」そのものは生きており、天皇家の家紋は十六葉八重表菊形、十六弁の菊花と定められ、天皇、皇后、太皇太后、皇太后、皇太子、皇太子妃、皇太孫、皇太孫妃の紋章以外には使えなくなった。また、各宮家の共通の紋章は、十四葉一重裏菊形紋と定められている。菊は皇室そのものを象徴する言葉にもなっているとともに、現在は旅券の表紙にもあしらわれている。

十月ともなると、菊薫る秋などと季語としても使われるほど、菊は人々に親しまれ、各地でそれぞれに趣向を凝らした菊花展が開かれる。宮内省が皇室を中心として菊を鑑賞する初めての《菊花拝観》（のちの《観菊会》）を行ったのは、明治十一年（一八七八）であった。

場所は現在の赤坂御用地にあった仮皇居で、展示された菊は赤坂離宮内で栽培されたものであった。しかし明治三十七年から、菊の仕立て場に秩父宮邸（現・秋篠宮邸）を建てることになったため、新宿御苑でも一部で菊の栽培が始まり、大正十四年（一九二五）からはすべての菊が御苑で作られるようになった。終戦まで御料地だったこともあり、昭和四年（一九二九）からは《観菊会》そのものが新宿御苑で行われるようになったのである。

大正から昭和にかけては、観菊会の展示規模やデザインや技術などがもっとも充実した時代で、新宿御苑は「パレス・ガーデン」として在日外交団も毎年楽しみにしていたほどである。しかし日中戦争が始まり、昭和十一年（一九三六）を最後に、昭和二十三年（一九四八）まで観菊会が開かれることはなかった。

しかし、その間も伝統の菊作りは脈々と続けられ、昭和二十四年、新宿御苑が国民公園になったのを機に、初めて菊花壇が一般に公開されたのである。戦前の観菊会はごく一部の招待客しか見ることができなかったが、昭和二十四年のこの時からは、誰でも皇室ゆかりの見事な菊花壇を鑑賞することができるようになったのである。当初は四種類だけだったが、今では毎年十一月一日から十五日までの期間中、七種類の菊花壇を鑑賞することができる。

ところで天皇皇后両陛下主催の《園遊会》が戦後初めて開かれたのは、昭和二十八年（一九五三）の大宮御所（現・赤坂御用地）であった。昭和三十年から三十六年までは、会場を飾った花壇用の大菊盆栽、中菊盆栽、大菊一本作りは、すべて新宿御苑から提供を受けていたのである。

こうした技術を受け継いで、宮内庁の庭園課が自前で園遊会用の菊作りを始めたのは、昭和三十七年（一九六二）からだった。したがって、園遊会の菊と新宿御苑の菊花壇は、昔ながらの宮内省の技術を伝承しているいわば兄弟ということになる。そこで代表的なものをいくつかご紹介しておこう。

「江戸菊花壇」は、江戸時代に江戸で発達した古典菊。花が咲いてから花びらがさまざまに変化し、色彩に富んでいるのが特徴で、作り始めが明治十一年（一八七八）と新宿御苑ではもっとも古い歴史を持っている。

「大菊花壇」の大菊は菊の代表的な品種で、花の中央を包み込むように丸く咲くのが特徴だ。神馬の手綱模様に見立てた手綱植えと呼ばれるもので、新宿御苑独自の様式だという。三十九品種三百十一株の大菊を黄、白、紅の順に植え、全体の花がそろって咲く美しさを鑑賞する花壇で、最初に作られたのは百年以上前の明治十七年（一八八四）にまでさかのぼる。

「大作り花壇」は、初冬に出てくる芽を一年がかりで枝まで伸ばし、さらに枝数を増やして数百輪の花を咲かせるように栽培し、最後は半円形に仕立てるもので、こちらも作り始めは明治十七年である。

「一文字菊」。一文字菊は御紋章菊ともいわれ、花びらの数が十六個前後の一重咲きの大輪菊である。「管物菊花壇」の管物菊は、細長い管のような花が放射状に伸びて咲くが、こちらも手綱の模様に見立てて黄、白、紅の順に植えつける。前の三種類に比べると作り始めは遅く、大正十四年（一九二五）からである。

そのほか「懸崖作り花壇」なども鑑賞することができる。

大道庭園では、栽培される花卉《かき》のうち大きなウェイトを占めているのは菊である。しかし、いろいろアドバイスを受けることはあっても、新宿御苑とまったく同じものを作っているわけではない。

現在、秋の園遊会の会場を飾るのは庭園課で独自に育てた懸崖菊、花壇用の一本作り、装飾用の三本立ての三種類だ。当初はすべて赤坂御用地で作られていたが、昭和五十六年（一九八一）から三本立ての大菊だけは大道庭園で栽培されるようになった。現在、赤坂御用地と大道庭園に一人ずつ菊専門の担当者がいて、菊作りに励んでいる。三本仕立ては、芽の先を摘んで一本の苗から三本の枝を伸ばして直立させ、それぞれに一輪ずつの花をつけさせるものをいう。これは園遊会の際、皇族の方々の入るテントの前と招待客用の受付の前に飾られる。

一方、赤坂御用地で育てられたおよそ二十鉢の懸崖菊は、中島通りと呼ばれる大池と中の池の間に並べられ、華やかさを演出する。懸崖とは、鉢植えの幹や茎が根より低く鉢の外に垂れ下がるものをいい、大、中、小の懸崖が赤、白、黄の三色二鉢ずつ作られる。それをアレンジして並べるのだ。

懸崖菊は最初は露地で育てられるが、ある程度育ったところで鉢に移され、枝を引っ張って形を整える誘引という作業が行われる。枝配りをして竹のフレームに紐でしばって船形のようにする作業だが、さすがに一人ではできない。鉢に挿し芽をする時とこの誘引の時は、赤坂御用地担当の庭園課の七人の職員が総がかりとなる。

しかし菊の栽培過程でもっとも大変なのは、台風が接近した時である。鉢物は近くの小屋に運び入れるが、全部は入らない。まして大懸崖は、大きな鉢に移すまでは露地で育てられているため、動かすことができないのだ。したがって、しっかり枝を固定したうえで周囲を葦簀《よしず》で囲って防ぐしかない。一見、弱そうに見える葦簀だが、意外にしっかりしているので、風にやられることはまずないという。

じつは菊の準備は、花が咲き終わった時からもう始まっている。とくに懸崖作りは、前年の秋の挿し芽から摘心（枝数を多くするため新芽を摘み取る作業）を繰り返して形を作り、隙間なく花をつけさせなくてはならない。つまり一年がかりなのだが、その時点ではまだ、翌年の秋の園遊会の日程は決まっていない。そのため、とりあえず十月を想定して準備に入る。

開催日が大きく変わると大変だ。園遊会はわずか一日なので、開花のピークを当日に合わせなければならない。平成十七年は十月二十七日、十八年は十一月九日と、二週間も開きがあった。しかも十七年は開花の進み具合が遅かったし、十八年は逆に早すぎたのだ。

菊は、日照時間が開花の時期を大きく左右する。夏に日照が続くか、雨の日が続くかによって、でき具合が違う。また、つぼみは九月の初旬にはつき始める。その段階で、園遊会に向けて早いか遅いかの判断をしなければならない。遅かった十七年は、勤労奉仕団の休憩所に暖房を入れて、一週間ほどかけて開花を早めなければならなかった。一方、早すぎた十八年は、夜間光を当てて開花を遅らせている。菊花は光に対して反応し、日が短くなると開花が進む性質があるため、眠らせないようにするという電照菊の技術を応用しているのである。

このように、丹精こめて育てられた菊は、華やかな中にも優雅さをたたえ、園遊会の参加者たちを魅了しつづける。菊の花言葉は高貴。まさに皇室にふさわしい花といえるだろう。

皇居の盆栽――庭園課の重労働

皇居宮殿を訪れる国賓や各国大公使が興味を示すものに、盆栽がある。もちろん、長い歴史を誇る日本の伝統文化の一つだ。

宮殿に飾られる盆栽は、世界のボンサイへと広がるきっかけの一つにもなった。宮殿の盆栽は、宮内庁技官の肩書きを持った庭園課の職員によって、皇居の大道庭園で大切に管理され、守り継がれている。

大道庭園は、皇居の奥まったほぼ中央にある。そこに行くには、坂下門が一番近い。天皇誕生日や正月の一般参賀に訪れた人々の退出口の一つであり、慶事などの時に記帳が行われる場所としても、人々に馴染みのある門だ。そこから、正面に立つ緑の屋根の宮内庁庁舎の脇をまっすぐ北の乾《いぬい》門まで抜ける道が、いわば皇居のメイン・ストリートである乾通りである。

右手には、江戸城の本丸では現存する唯一の櫓《やぐら》の富士見櫓や、武器庫の役割を果たしていた長屋造りの富士見多聞の白壁、それに連なる石垣、その前面には夏に一面に花を咲かせる蓮池濠が続く。それらを眺めながら進むと、やがて警官の詰所のある小さな門に達する。外庭東門と呼ばれるその門を左に入ると、風景は一変する。右手に長く続く白壁の内側は鬱蒼とした森だ。

自然をこよなく愛された昭和天皇のご意向で、昔の武蔵野はこうであったろうと思われるような森が残されている。聞こえるのは、小鳥のさえずりだけの静寂の世界だ。そこが、昭和天皇と香淳皇后がお住まいになっていた吹上御所や、現在、上皇上皇后両陛下のお住まいになっている御所のある、吹上御苑である。いわば陛下のプライベート・ゾーンである。平成期に、上皇のご意向で一部が開放され、都心とは思えない大自然を満喫することができる。この道は大道通りと呼ばれ、その中ほど、御苑の向かい側の一画に、大道庭園はある。

門を入ると、平屋造りの事務棟と二棟の温室、数棟の倉庫が建ち並んでいる。すると、いきなり玄関脇の大きな盆栽が目に飛び込んでくる。根上がりの五葉松だ。国賓を迎える際、鹿島と呼ばれるもう一種類の黒松と交互に、宮殿の南車寄に飾られる重要な役割を担った盆栽である。いずれも、鉢ごとネットに包み、二本の太い棒を通して御輿《みこし》のように八人がかりでトラックに担ぎ上げなければならないほどの重量がある。

この二鉢を含め、ここ大道庭園で維持管理されている盆栽の数は六百。小さいものを入れると、なんと千鉢を超えるという。そのうちの三分の二が松柏で、明治天皇がお買い上げになったという樹齢六百年、四国の石鎚山産の真柏や三代将軍徳川家光が愛でたという五葉松など、歴史的に貴重なものが少なくない。その五葉松は、枢密院顧問官や内閣書記官長を歴任した明治の政治家、伊東巳代治《みよじ》が所有していたもので、没後にその遺言によって献上されたといわれている（ちなみに伊東は皇室令を制定している）。それ以外にも、古い盆栽が数多くあるが、いつどのような経緯で大道庭園に運び込まれたかについては、残念ながらすべての記録はない。

ところで、大道庭園の盆栽は常緑樹だけではない。ヒメリンゴ、花梨《かりん》、山梔子《くちなし》、紅山査子《べにさんざし》、ウメモドキなど、花や実、紅葉を楽しむ小振りの盆栽も、整然と棚に並んでいる。松柏の類だけでは変化がないため、これら小振りの盆栽も、時には宮殿の回廊などに飾られて彩りを添えることもある。

盆栽の「盆」は鉢、「栽」は鉢の中で育てられる植物という意味だ。起源は平安時代に遣唐使が持ち帰った「盆景」ではないかという説もあるが、植物そのものの姿に自然観を見出して姿を整える技法は、日本独特のものである。盆栽は「ボンサイ」として各国語になっているほどで、今や愛好者は海外でもますます増えている。

しかし、これらの盆栽を今日まで守り続けるには、大変な苦労があった。昭和二十年（一九四五）に戦火で焼失した明治宮殿には、つねに盆栽が飾られていた。それらはすべて今と同じ大道庭園に置かれ、手入れされていた。今でこそ水道の蛇口にホースをつないで散水できるが、当時は水道はまだ引かれていなかった。空襲の合間を縫って、狭いつづら折りの道を下の道灌堀まで下り、バケツで水を汲み上げなければならなかったのだから、たいへんな重労働である。

戦争がさらに激しくなると、昼間の水汲みさえ難しくなったうえ、徴兵によって職員が出征を余儀なくされたので、とても手が回らなくなった。そこで、かなりの数の盆栽を一時、小石川植物園や新宿御

宮殿の盆栽（宮内庁提供）

苑に疎開させざるを得なかった。これらの盆栽は戦後、徐々に大道庭園に戻された。だが宮殿が焼失してしまったため、今度は焼け残った宮内庁庁舎の中に設けられた天皇の御座所など、一部しか飾る場所がなくなってしまったのである。

それでも手入れを怠るわけにはいかない。職員たちは黙々と作業を続けた。当時はまだ、庭園課そのものが存在していなかった。工務課の中の一部署にすぎない庭園係の仕事だったのである。もちろん明治宮殿にも庭があったし、手入れもされていたが、庭仕事は建物と一体化したものとしか考えられていなかったのである。

それが庭園課として独立した組織になったのは、昭和四十二年（一九六七）七月のことであった。翌年の新宮殿の完成に合わせて、東御苑も整備して一般に公開することになったため、専門の技官を集めた組織が必要だという考えからであった。

それはまた、戦後の混乱期を脱し、皇居全体の形がほぼ整い、独立した組織の必要性と課としてすべきことが見えてきた時期でもあった。

現在、庭園課が直接管理する皇居と赤坂御用地だけでも、合計でおよそ百六十六万平方メートルもある。それを課長以下、三十一人で管理しなければならない。そこで効率をよくするために、事務方を除く職員を東御苑に三人、宮殿、御所、吹上御苑などを西地区として十四人、赤坂御用地に七人を配置している。大道庭園はこのなかで西地区にあり、その十四人もさらに分担が分かれ、大道庭園専属は四人だけである。盆栽が二人、花卉が一人、温室担当が一人となっている。

ひと通りの剪定は終わっていて、あとは多少の手直しだけとはいうものの、大道庭園では千鉢もの盆栽をたった二人が受け持っているのである。宮殿に運ばれるのはほぼ決まっており、そのうちのおよそ三百鉢が候補である。しかし、そのほかの盆栽もいつお呼びがかかるかわからない。そのため、つねに最良の状態で出番を迎えられるようにしておかなければならない。二人ともベテランとはいえ、手入れは半日から大きいものでは三日かかるので、ほとんど朝から晩まで作業が続く。

そうは言っても、何から何まで二人でできるわけがない。とくに大変なのが台風や大雪の時で、そばの小屋やガレージに大量の鉢を運び入れなければならない。その時には西地区の全員が協力する。それでも、すべての盆栽が収容しきれるわけではない。菊の栽培の章でも同じようなことを述べたが、大きなものは屋外に置いたままにせざるを得ない。もちろんしっかり固定はするものの、大雪の時には臨時の宿直を置き、夜中でも見回って、枝折れを防ぐために手や刷毛で枝の雪を払いのけるのだという。

しかし、こんなにしてまで守られてきた盆栽も一時は南車寄以外には運び入れることが許されない時期があった。鉢に入っているとはいえ、付着している泥が真新しい畳や絨毯などを汚すことを恐れたのだ。そのため、かなり長い間、宮殿に飾られるのは生け花に限られていた。国賓が訪れるたびに、生け花の各流派の家元が交互に来て、直接その場で活けていた。

ところが、国賓が来日する機会が次第に増えてくるにつれ、家元との日程調整が難しくなってきた。しかも費用もかさむことから、盆栽が見直され、今ではほとんど大道庭園で手入れされた松柏や花ものが並べられるようになったのである。ただ、豊明殿などで行われる晩餐会や午餐会、茶話会のテーブルを飾るのは、今でも盛り花だ。

さて、盆栽担当の二人には別の仕事が待っている。十二月も半ばを過ぎた頃から、今度は春飾り作りに取り組まなければならないのだ。春飾りは、正月に宮殿や御所、長官室、各宮家などに飾る寄せ植えである。中心は梅と松と笹で、ほかに千両や福寿草、竜のひげ、やぶこうじなどが植えられる。作るのは大小合わせて二十鉢あまりだが、この中で一番大変なのは梅だ。ちょうど正月に咲くようにしなければならないからである。

宮殿では正月になると、両陛下に祝賀の挨拶をする《新年祝賀の儀》など数多くの行事が行われ、政界や日本駐在の各国大公使など大勢の人々が皇居を訪れる。当然、宮殿には大きな春飾りが必要になってくる。このような大きなものは、どうしても一日がかりになるため、二十鉢も作るとなると二週間くらい前から作業しないと間に合わないのだ梅は一応、つぼみの膨らみ具合を見て選ぶのだが、かならずしも正月に咲いてくれるとは限らない。そのため、開花時期の調整が必要になってくる。正月に咲きそうもないものは、小屋にストーブを入れて開花を急がせるのだという。さいわい、梅は二、三日でしおれてしまうことがないため、元旦に咲くようにさえしていれば、正月中は保たせることができるのである。

この間、西地区のほかの課員たちも、正月の準備に追われる。正月の祭祀が行われる宮中三殿や、一般参賀の人々が訪れる宮殿周辺も、庭園課の担当範囲だからだ。そのため、一部の業者や一般の人々からなる皇居勤労奉仕団の手も借りている。もしもこの間に雪でも降ろうものなら大変だ。天皇陛下がお出ましになる前に、御所から宮殿や宮中三殿への道は整えておかなければならないからだ。

また一月二日の一般参賀は、何千人もの人々が東庭を訪れる。とくに東庭からの退出口である坂下門に向かう塔の坂は、緩やかとはいえ、もっとも注意を払わなければならないところだ。わずかな水でもアイスバーンになっていれば、滑って怪我人が出ないとも限らない。今は機械が導入され、雪かきもだいぶ楽になったが、以前はすべて手作業だった。もっとも、テラスの下などは今でも手作業でやらざるを得ない。

このように十二月から一月にかけては、庭園課の人たちにとって気の休まることのない、もっとも多忙な時期なのである。

歌会始の儀――和歌の伝統と選考法

毎年一月中旬、皇居宮殿のもっとも格式の高い正殿「松の間」で《歌会始《うたかいはじめ》の儀》が行われ、独特の節をつけて次々と短歌が歌い上げられる。

「和歌の披講《ひこう》」と呼ばれるもので、その模様はテレビを通じて全国に放送される。披講とは、声をあげて短歌を読み上げて歌い、披露することである。では、そもそも「和歌」と「短歌」はどこに違いがあるのだろうか。

もともと和歌は、中国の詩（漢詩）に対する日本の歌（和歌）として名づけられたものだ。この和歌には、歌体によって種類があり、「五・七・五・七・七」の音節構成を定型とする短歌のほかに、「五・七・五・七・五・七・五・七」と長く続いて「五・七・七」で終わる長歌や、「五・七・七・五・七・七」を定型とする施頭歌《せどうか》、「五・七・七」だけで終わる片歌《かたうた》などがある。これらを総称して「和歌」または単に「歌」と呼んでいたのである。

歌会始の儀で披露されているのは、この和歌の中の短歌だけである。長歌や旋頭歌などがほとんど詠まれなくなってしまった現在、和歌と短歌はほぼ同義語となっているともいえる。

それでは、なぜ歌会始の儀では、その和歌を声に出して歌うのであろうか。古来、日本人は、人間だけではなくあらゆる生物を含む山や川など森羅万象すべてが、それぞれ歌っているととらえてきた。花に鳴く鶯《うぐいす》、水に住む蛙《かわず》の声も、また山の木霊《こだま》さえも、歌っていると感じるのが日本人の美意識であった。和歌の披講、宮中の歌会始の儀は、まさにその美意識を形に表して歌うという伝統を今に伝える貴重な儀式なのである。

そもそも和歌は、日本人が生き方の基本とする「和」の理念（和をもって尊しとする考え方）から生まれてきたものであり、この理念が形となったのが、この和歌の披講の作法なのである。つまり、声を合わせて歌う聴覚を意識したものとして生まれてきたともいえる。

歌会始の儀は、大正十五年（一九二六）の「皇室儀制令」で宮中の儀式の体系が定められた際に、朝儀の一つとして位置づけられた。ところが、その年の十二月に大正天皇が崩御され、ただちに宮中喪が発せられたため、実際に歌会始の儀という名称で始められたのは昭和三年（一九二八）からであった。

人々が集まって歌を詠み、その歌を声に出して披露する「歌会」は、すでに奈良時代から行われていたことが『万葉集』からもうかがうことができる。それによると、天皇が催される歌会を「歌御会《うたごかい》」と言い、とくに年の始めの歌会として行われるものを「歌御会始《うたごかいはじめ》」と呼んでいた。現代の歌会始も名称が変わっただけで、実態は歌御会始と変わらない。

しかし歌御会始の起源については、いくつかの説がある。平安時代中期とする考え方もあるが、具体的な文献上の根拠はない。文永四年（一二六七）一月十五日に、宮中において亀山天皇御臨席のもとで歌会が催されたことを示す「内裏御会始」という記述が『外記日記』にあることから、文献上は鎌倉時代中期までさかのぼることができる。ただ実際には、歌御会始が一月に開催されるようになったのは、どうも室町時代の中期以降で、それ以前は二月または三月に行われていたこともあったようだ。

歌御会始は、江戸時代にもほぼ毎年催されていたが、明治になってさまざまな改革が行われた。明治五年（一八七二）には、皇族や側近や公卿ばかりでなく、官吏にも詠進が許されるようになり、明治七年には一般国民にも詠進が認められた。その後も改革が進められ、明治十二年からは、一般の詠進歌のうちとくに優れたものを「選歌」として歌御会始で披講されるようになった。

さらに昭和十五年（一九四〇）からは、天皇の御製はもちろん、選歌までが新聞紙上で発表されるようになった。しかし選歌に選ばれた人（預選者《よせんじゃ》）が皇居に招かれるようになったのは、戦後の昭和二十三年（一九四八）からであった。しかも式が終わったあとに両陛下の拝謁を賜るだけであったが、その二年後の昭和二十五年からは、披講の場に出席できるようになったのである。

こうして歌会始の儀は、皇室と国民を結ぶ一大行事として定着し、一般の和歌への関心は当然のことながら急速に高まった。詠進歌には年齢や職業の制限はいっさいないし、外国人でも構わない。ただし外国人の場合でも、日本語で詠まれた歌に限られる。昭和三十二年（一九五七）には、米国人のルシール・ニクソンさんが見事、預選者になっている。また近年は、毎年のように中学生や高校生からも預選者が出ている。

こうした選歌は十首、その他十五首前後が佳作に選ばれるが、詠進歌はどのように選考するのだろうか。現在、毎年二万五千首ほどの詠進歌が宮内庁に寄せられており、選考は三次まで行われる。

まず、到着した詠進歌は、詠進要領に従わず失格になったものを除き、そのすべてに通し番号をつけて五人の選者に送られ、第一次選が行われる。第一次選を通過した短歌は、新しい通し番号をつけてふたたび選者に送られると同時に、選者には一人当たり二十首前後に絞り込んでもらう。この二次選の段階で五人が選ぶので、約百首に絞られることになる。一次と二次までは選者に手渡されるのは番号を付しただけの詠進歌で、誰が詠んだかはわからないようになっている。百首に絞られたところで三たび通し番号がつけられ、そこで初めて作者の住所、氏名、生年月日、職業が記載された一覧表が、選者のもとに送られる。そして、その歌を選んだ選者の名前も加えられる。

それと並行して、第二次選で選ばれたすべての短歌について、一人で二首以上詠進していないか、すでに発表されている短歌と同一または類似したものがないかどうかの調査が行われる。この調査結果を踏まえたうえで、一覧表を元に最後の三次選考である選者会議が十二月初旬、宮内庁で開かれるのである。

そこには五人の選者、歌会始委員会の委員と参与、それに委員ではないが侍従長、および両陛下の歌を担当する侍従一人も加わって、朝十時から夕方まで選考が行われる。歌は番号順に一首二回ずつ、節をつけないで歌会始委員会の書記が読み上げる。本番の披講で声を出して歌い上げる以上、耳で聞いて

歌会始の儀（宮内庁提供）

意味がわかるかどうか、どんな調べになるかは重要なポイントなのだ。読み上げることによって、歌としての美しさや力が出てくる歌かどうかのおおよその判断もできるという。こうして一首ずつ声を出して読み上げ、耳で聞いては協議を重ねていくのだ。

このような過程を経て決まった選歌十首は、予選者に通知されるとともに、歌会始の儀のほぼ一ヵ月前に、和歌の披講を務める「披講諸役」と呼ばれる人たちに渡される。諸役《しょやく》は、披講の進行を務める「読師《どくじ》」、節をつけずに歌を読み上げる「講師《こうじ》」、発声《はっせい》と歌を吟唱する四人の「講頌《こうしょう》」からなっている。諸役は、本番と同じように全員が集まって何回もリハーサルを行う。披講には指揮者はおらず、お互いの息遣いを感じとって声を合わせて歌わなければならない。

歌会始の儀は、毎年一月中旬となっている。戦後は一時的に一月下旬に行われたこともあったが、昭和二十九年（一九五四）からは十日から十五日までの間に催されている。式場は、明治宮殿が戦火で消失してしまったためにしばらくは宮内庁の庁舎内で行われていたが、昭和四十五年（一九七〇）からは新装なった宮殿の正殿「松の間」となった。

当日は、定刻の午前十時三十分に天皇皇后両陛下ならびに各皇族方が「松の間」に入られ、席に着かれると、古式にのっとって厳かに歌が披露される。まず式部官長の合図で、進行役を務める読師が自分の席から立ち上がって披講席に着く。そして机の上の硯蓋の中から選歌の懐紙を取り出して左脇に置き、静かに硯蓋を裏返す。

この瞬間から、式場は歌の世界へと変わるのである。読師の目配せで、今度は五人の諸役が自席を立って披講席に着く。この間、すべては無言のうちに進行する。諸役の着席を確認すると、読師が一番下の懐紙を一枚抜き取り、裏返しの硯蓋の上に置く。選歌は詠進する時は半紙に書かれているが、披講の時には懐紙に書きかえられている。

披講は、年齢の若い預選者の歌から始められる。講師が預選者の住所の都道府県名と氏名を読み上げると、その預選者は無言で立ち上がり、天皇陛下に一礼する。そこで講師が「五・七・五・七・七」の各句を、間をとって節をつけずに読み上げる。続いて発声が、節をつけて初句を歌い、二句以下を四人の講頌が加わって斉唱となる。

第一首の預選者が着席すると、ただちに同じ手順で第二首が披講されていく。披講は選歌、選者（代表一名）の歌、召人の歌、皇族（代表お一方）のお歌、皇太子妃のお歌、皇太子のお歌、皇后の御歌《みうた》、天皇の御製《ぎょせい》の順で行われる。召人とは、天皇から歌会始に詠進するよう指名された人で、さまざまな分野で業績を残し、歌の道でも優れた人が選ばれることが多い。今までに谷崎潤一郎、川合玉堂、湯川秀樹などが選ばれている。

皇族のお歌が披講されるのは代表の方の一首だけだが、そのほかの方々の歌も公表される。平成十八年の歌会始の儀で、秋篠宮御夫妻がそろって鸛《こうのとり》を詠まれ、その後の春に御懐妊が発表されて大きな話題になったことは記憶に新しい。

皇太子のお歌の披講が終わると、読師が皇后陛下の御前に進み、卓上に置かれた御歌の御懐紙を戴いて披講席に戻る。御歌は二回繰り返して披講される。それが終わると、読師はふたたび皇后陛下の前に進んで御懐紙をお返しし、今度は天皇陛下の御前に進み出て、御製の御懐紙を戴いて披講席に戻る。御製は三回披講されるが、二回、三回と繰り返すことによって歌の味わいがいっそう深くなっていくのである。じつは天皇の御製以外の懐紙は、すべて天皇のほうに向けて蓋の上に置かれる。これは、詠まれた歌は天皇に詠進されたもので、天皇にご覧いただくためである。

こうしてすべての披講が終わり、両陛下ならびに皇族方が退席されたところで歌会始の儀は終わる。式が終わったあと、預選者たちには選歌となったことを証する宮内庁長官の証状が手渡される。また、選歌にはならなかったものの選歌に次ぐ優れた短歌も、昭和三十七年から佳作として発表されることになった。選歌や佳作を含めたすべては都道府県別に整理して製本され、後日、天皇陛下のお手もとに届けられる。

また、歌会始の儀の当日には、次の年のお題も発表される。お題はいくつかの案の中から選者会議で二つに絞り、最後は天皇陛下がそのうちの一つを選ばれる。お題は昭和二十一年までは「松上雪《しょうじょうのゆき》」といった「山色新《さんしょくあらたなり》」といったものばかりだったが、その翌年からは「あけぼの、土、川、木」といった広がりのある詠みやすいものとなった。そのため、一般の人々の詠進歌は次第に増え、昭和三十九年には四万六千首にも達している。それが歴代の最高記録で、現在でも二万五千首前後で推移している。

歌会始の儀こそ、皇室と国民を結ぶ世界に類を見ない一大伝統行事なのである。

大膳課——宮中晩餐会の厨房

宮殿の大広間「豊明殿」で、国賓を迎えて天皇主催の晩餐会が始まった。すでに招待客は全員が席に着いているが、宮内庁楽部の人たちの奏でる音楽が静かに流れ始めると、やがて天皇陛下が国賓を案内して豊明殿にお入りになられる。

演奏は、天皇陛下と国賓が「謁見の間」にお出ましになったという職員の合図で始まり、両陛下と国賓ご夫妻が着席されるまで続けられる。曲目は古くはエルガーの「威風堂々」が演奏されたが、現在は宮内庁の元楽師で芸術院会員の芝祐靖氏の作曲した「親愛」か、国賓国の曲を歩きやすいように編曲した曲が演奏されている。

天皇陛下と国賓に続いて、皇后陛下と各皇族方が豊明殿にお入りになる。そして、それぞれの席に着かれると、いよいよ開宴である。すぐに乾杯用のシャンパンが注酌される。招待客のシャンパンはすでに注酌されている。

まず、国賓に対する天皇陛下の歓迎のお言葉があり、それが終わると一同起立となる。国賓国の国歌が奏され、天皇陛下が杯をお挙げになって、一同が乾杯する。次いで国賓の答辞があり、終わるとふたたび一同が起立する。それから日本の国歌「君が代」が奏される。そのあとに国賓が杯を挙げ、一同乾杯となる。

晩餐会はフランス料理のフルコースと決まっているが、配膳は酒係、大皿係、付属係、ソース係の四人が一組になり、だいたい七～八人を受け持つ。

酒係は乾杯用のシャンパンや食事中のワインや日本酒を注酌する役、大皿係は料理を配る役、付属係は付け合せの野菜を配ったり、ミネラルウォーターを注酌する役、ソース係は文字通りソースやデザートの際の砂糖やミルクを配る役である。そのほかにも、厨房から料理を運ぶ係や、宴席で皿を替える係も必要なため、とても大膳課の職員だけでは足りず、大人数の晩餐会の場合は配膳会から必要な人数だけ応援に来てもらう。

料理は、スープのあとに魚料理、冷製料理、肉料理、冷菓、果物と進む。その間、魚料理なら白ワインが、肉料理なら赤ワインが注酌される。食事が始まるとまた音楽が奏されるが、このあと魚、肉、デザートと供されるたびに異なる曲が演奏される。スープの時は、開宴直後ということもあって静かな曲を演奏する。料理が進むにつれて「早春賦」「荒城の月」「春の海」、日本民謡、雅楽を洋楽風に編曲した曲など、季節に合わせた曲が演奏される。

たいてい賓客国の曲も一、二曲、かならず入る。しかし国によって、演奏しない曲がある。たとえばロシアの場合、ロシア民謡として知られている旧ロシアの曲や紛争の続くグルジアの曲などだ。イギリスの場合も「庭の千草」など、スコットランド民謡やアイルランドなどの曲は演奏されない。また、東西ドイツが分かれていた時は、西ドイツの国賓が出席していてもメンデルスゾーンの曲は外された。それらを演奏したからといって、とくにクレームが来るわけではないようだが、少しでもお客様の気分を害させないために、事前にその国の大使館と曲目の打ち合わせまでするのだという。

ホテルの結婚披露宴などでは、食事の際の演奏は上げ下げするお皿の音を掻き消す意味もあるというが、宮中晩餐会では一つの料理が片付けられ、次の料理が供されるまでの間は、演奏されない。演奏は食事の間だけである。これは、次の料理までの間が、出席者同士の歓談のための時間でもあるからだ。

さて、この晩餐会の食事のすべてを用意するのが《大膳課》である。宮殿二階にある厨房では、白いコックコートを着て、帽子を被った料理人たちが忙しく立ち働いている。一人として手を休めている者はいない。この厨房で、御料牧場から運び込まれた野菜や肉、業者から納入された魚などが手際よく調理されていく。大膳課は〈主厨〉と呼ばれるこれら料理人と、配膳と事務を扱う〈主膳〉からなっている。

そのうち主厨は、専門ごとに五つの係に分かれている。第一係が和食、第二係が洋食、第三係が和菓子と洋菓子、第四係がパン、第五係が皇太子ご一家の担当である。ただし、洋菓子は第三係に入っているが、実際は洋食担当者が作っている。というのも、両陛下が御用邸にお出でになる時には和食と洋食の担当者が一人ずつ付いていくが、御用邸に来客があった場合、二人とも菓子が作れないと困るからだという。洋菓子といっても小菓子である。また、第五係は当然、東宮御所の厨房で料理を作ることになる。ただ、皇太子ご一家が召し上がるパンだけは、宮殿の厨房で作られている。

さて、晩餐会などのフルコースの料理なら、およそ二百人分の料理を作らなければならない。そのため厨房はかなり広い。和菓子、洋菓子、パンの厨房が、それぞれガラスで仕切られているのは、衛生上のこともあって肉や魚を扱う場所とははっきり分けられているのだ。

晩餐会の料理はかならずフランス料理と決まっているとはいえ、国によっては宗教上の理由などから口にできないものもあるため、献立は一律ではない。もちろん事前に、相手国と十分相談して決められ、およそ二ヵ月前から準備を始める。それでも、とくに肉料理は難しいという。通常は御料牧場産を使用するが、イスラム教徒には豚は禁止、ヒンズー教徒も牛肉や魚介類に制限がある。こうなると、鶏肉や野菜中心のメニューにせざるを得ない。イスラム国では羊の肉でさえも、イスラムの定めた方法で、神を讃える言葉を唱えながら処理する儀式を経たハラール・ミートと呼ばれる肉しか、口にしない。したがって、そうした儀式を経た肉であることを明記した証明書付きの肉を、専門業者から調達することになる。

献立が決まると、御料牧場と綿密な打ち合わせが行われる。これは普段の食事の用意の時も行われるが、百人分、二百人分の用意となれば特別だ。野菜にしても、献立に沿って計画的に栽培する必要があるからだ。さいわい、国賓の場合は何ヵ月も前からおよその日程が決まっているので、計画栽培が可能なのである。

宮中晩餐（スペイン元国王・王妃両陛下を迎えて）（宮内庁提供）

しかし、食材は野菜だけではない。魚やほとんどの果物は外の業者に頼らざるをえないため、それらの業者とも綿密に打ち合わせておかなければならない。しかも食材は、量だけ確保されれば問題が解決するわけではなく、じつは長さも太さもそろったものでなければならないのだ。根菜に限らず、大膳で調理される食材は、スープの中の四角い浮き身に至るまで、まるで型で抜いたように見事なまでにきちんとそろっている。まさに職人の技だが、これこそ大膳の主厨たちの基本なのである。

魚も鱗《うろこ》一枚残さず、小骨も一本一本すべてピンセットで取り除く。丸ごと魚を料理する時には、魚の口が開いてしまわないように結わえることまでしているのである。もちろん、肉もナイフで切りやすい柔らかさになるように調理するなど、その神経の遣いようは驚くばかりだ。それは、見栄えもさることながら、均一に火が通るようにするためでもあるのだ。そこには食材の味を楽しんでいただくだけでなく、安全で食べやすい料理を招待客にお出ししたいという心遣いがあるからである。

料理はスープのあと、魚料理、肉料理と続く。パンだけは、すでに豊明殿に招待客が入ってくる前から食卓の上に置かれる。パン皿には、宮中に伝わる古風のロールと、コッペというフランス・パンが盛られている。今風のバゲットではなく、スチームのかかっていない昔ながらのフランス・パンで、釜で一時間以上かけて焼いたものである。

食事の最後はデザートだが、洋菓子だけは外注である。冬のフルーツはメロンと苺、夏はメロンと葡萄を組み合わせて供される。メロンは八等分し、食べやすいようにすでにナイフが入れてある。葡萄は三～四粒を一房としたものが添えられ、かならず種無しと決まっている。こうした細かい心遣いは、晩餐会に限らない。午餐会や祝宴や茶会などにバナナを出す場合には、両端を切り落とし、色が変わらないように切り口をレモンで拭くことまでしているのである。

晩餐会では、使用される食器もまた重要な役割を果たす。それは単に飲食のための道具ではなく、さまざまな意匠や造形美を通じて文化の深みと用意する側の心遣いを伝えてくれるからなのだ。たしかに、わが国の洋食器は和食器に比べて歴史は浅いが、日本の優れた感性と技によって今や海外でも高い評価を得ている。用意される磁器、銀器、ガラス器はどれも、決して奇をてらってはいないし、いずれも公式の場にふさわしい品格にあふれている。

天皇主催の公式晩餐会用の食器には、すべて菊の御紋章と旗のついた御旗御紋付と呼ばれる一等食器が使われる。御所や東宮御所でお客様をもてなす時には、皇族それぞれのお印のついたものが使われる。ちなみに天皇陛下のお印は「栄」、皇后陛下は「白樺」、皇太子殿下は「梓」、雅子妃殿下は「ハマナス」である。

晩餐会は洋食と決まっているので、もちろん洋食担当の第二係がフル回転することになる。しかしその間、和食担当が暇になるわけではない。全員が応援に回り、食材の準備などに協力する。逆に、正月に和食が主になる時には、今度は洋食担当が応援する。忙しい時には、つねに総がかりなのだ。

とくに正月は、両陛下も三が日は三食とも和食だし、新年祝賀に来る方々のためのお祝い膳の用意もしなければならない。元日の朝、四方拝と歳旦祭を終えられた天皇陛下はいったん御所に戻られ、午前六時半頃、朝食として新年御祝御膳を召し上がる。

一般の家庭では正月の朝の食事といえば雑煮だが、宮中では雑煮ではなく、かならず菱葩《ひしはなびら》を召し上がる習慣がある。その由来ははっきりしないが、平安時代に歯固めとして長寿を願って供進された「祝い膳」の中の餅が発祥ではないかと見られている。薄い丸い白餅の間に、菱形の小豆餅と白味噌、牛蒡の甘煮が挟まれたものだ。もちろん陛下の御膳にも供され、かならず三個お出しすることになっている。

また、正月に欠かせないものに雉酒《きじざけ》がある。雉の胸肉に日本酒を注いだもので、なんとも滑らかな舌触りのお酒である。

御祝御膳は本膳と二の膳がある。菱葩のほかは、付焼小串鰤《ぶり》、浅々《あさあさ》大根、割伊勢海老、勝栗、御吸物という簡素なものである。朝食を済まされると天皇陛下はただちに宮殿に向かわれ、表御座所の「花の間」で、伝統の儀式、晴れの御膳に臨まれる。陛下のおつきになる御台盤（食卓）と呼ばれる台の上には、すでに鯛の切り身の照り焼きや蒲鉾、焼き合鴨などが盛り付けられている。これは陛下が実際に召し上がるわけではなく、「お真似」といって箸を立てる所作をされるだけで、儀式は十分足らずで終わる。しかしこのあとから次々と祝宴が続き、大膳課は息をつく暇もないほど忙しくなる。

午前十時からは、新年の祝賀にお出でになった皇族や元皇族の方々に菱葩や雉酒をお出しし、午前十一時からは内閣総理大臣や衆参両院議長、最高裁長官らの祝宴がある。さらに午後一時半からは元側近らが続き、午後二時半からは「石橋《しゃっきょう》の間」で外交使節団の祝宴が行われる。これらすべての用意もしなければならないのだ。しかし、こうした祝宴には両陛下はお出にならず、出席者もお祝いの御酒をいただくと、出された折詰めの料理をもってまもなく退出する。ただし両陛下は、これらの人々の祝賀はすべてお受けになるため、大膳課の元日は、まさに分刻みのスケジュールになるのである。

このため、元日の両陛下のご昼食は、午前十一時五十分から「萩の間」であわただしくおとりいただくことになる。すべての行事が終わってくつろがれるのは、元日も夕方になってからということになる。

御夕食は三が日とも御祝御膳、御祝菓子、入夜御盃をお出しすることになっている。御祝御膳は本膳、二の膳からなっており、いわば一般家庭でいうお節料理が並ぶ。その御膳を下げたあとには、御祝菓子を整えたお盆をお出しする。そこには、小さな於古志《おこし》三個と昆布五枚と和菓子が載っていて、和菓子は蒸し羊羹だが三日とも違う。元日は抜き型で作った鶴の模様の入った舞鶴、二日は山梔子《くちなし》の実で黄色に着色した水山吹、三日はやはり抜き型で作った雲と森をあしらった九重の春が、いずれも五個ずつお盆に載っている。

　御祝菓子のあと、お盆を引くと、煎茶をお出しする。そしてそのあと、もう一度お盆をお出しする。これは入夜御盃と呼ばれるもので、ここで初めて雑煮が登場する。御餅は焼かない丸餅で、白味噌仕立てになっているのは、京都に朝廷があった頃からの伝統なのだろう。そして最後に、果物と煎じ茶をお出しして夕食は終わる。

　ところが、両陛下のお正月は元日だけお忙しいのではない。両陛下（現上皇上皇后）は一般参賀の行われる一月二日は、午前と午後に合わせて七回（平成二十年は陛下の体調を考慮して五回）もベランダにお立ちになる。昼食は三回目の参賀が終わった午前十一時五十分頃から午後〇時四十分までのわずかな時間に、「萩の間」で召し上がる。しかし時間がないため、箱寿司が用意されることが多く、食後のお茶とお菓子は四回目の参賀が終わったあと、「千鳥・千草の間」でお出しするというあわただしさだ。

　正月と国賓を招く晩餐会以外に大膳課が大忙しになるのは、天皇誕生日と春と秋に催される園遊会だ。とくに園遊会は、千五百人から千六百人もの人たちが招待されるのだから大変だ。園遊会が開かれる赤坂御苑には、カナッペや巻き寿司、焼き鳥、ジンギスカンなどの模擬店が、広い会場のあちこちに設けられる。そのうち大膳課が受け持つのは、焼き鳥とジンギスカンだ。あとは出入りの業者にまかされるが、焼き鳥は和食係、ジンギスカンは洋食係の担当である。しかし、その焼き鳥の数も半端ではない。食べ頃の大きさに切り分けて用意するのは、一串に四個ずつ、およそ二千本である。つまり、切り分けた肉がおよそ八千個必要なのだ。

そのため、園遊会の三日前までに鶏肉が運び込まれていないと間に合わない。青い箱に氷詰めされた鶏肉が、御料牧場から何百羽と次々に到着する。洋食係の応援を得ても、処理しきれるものではない。この時ばかりは調理師会から派遣された人たちの手も借りることになる。まず精肉にして骨を取り、腿肉と胸肉に分ける作業が行われる。腿肉は赤く、胸肉は白いが、胸肉だけだと油気が少なくてパサつくので、双方二個ずつ、赤白赤白の順に四個を一串に刺していく。それを前日までに会場に運び込んでおいた備長炭で焼くのだから、うまいはずである。

一方、洋食係は和食係の応援に追われるかたわら、ジンギスカンも用意しなければならない。ジンギスカンは御料牧場で育てられた羊肉を使うので招待客には大人気だが、とくにその秘密はソースにあるようだ。これは前から仕込んであるものを使っているため、非常に味がまろやかで、市販のものとは明らかに違う。そのうえ、屋外の炭火で焼くのだから、その味は格別なものがあるのだろう。

両陛下をはじめ各皇族方は、ゆっくりと会場を回られる。これらの模擬店に立ち寄って、料理を口にされることはない。

ところで、両陛下の普段のお食事はどのようなものなのだろうか。もちろん、三食とも大膳課が作る。昭和天皇の朝食はほとんど、オートミール、トーストパンや小物パン、温野菜かサラダ、季節のフルーツと決まっていた。平成も朝食は洋食でメニューも同じだが、上皇はライ麦パンを召し上がっていたという。昼食と夕食は洋食と和食が交互に用意される。昼食が洋食なら夕食は和食で、翌日はその逆、つまり昼食が和食、夕食は洋食となる。

それぞれの係は、それらを日替わりで担当している。両陛下の献立は栄養のバランスを考え、カロリー計算までしたうえで担当が上司に提出する。前後の食事と献立がかたよらないように調整して、およそ二週間前にはでき上がる。当時、上皇陛下のお身体のことをつねに気遣われる上皇后さまから塩分や油脂分は控えめにしてほしいというご要望も、当然ながら考慮に入れて作成されたという。

そして、最後にその献立を侍医らがチェックしてOKが出ると、ただちに食材の発注が行われる。担当者は、それぞれ自分の作る献立にどのような食材がどの程度必要かをあらかじめ伝票に記入して、主膳に手配してもらうのだ。晩餐会の時と同じように野菜類は御料牧場で調達できるが、魚やほとんどの果物などは、あらかじめ業者に頼んでおかなければならないからだ。もちろん御所にも厨房はあるが、食事はすべて宮殿の厨房で下ごしらえされる。それを専用の運搬車で御所まで運び、お食事の時間に合わせて御所の厨房で最後の仕上げをして、お出ししているのである。

両陛下が席にお着きになると、配膳担当の主膳によって食堂に運ばれる。その日の料理の担当者は、両陛下がお代わりをされることがあるため、食堂の隣にある供進所で待機する。その時は、お食事がお口に合ったかどうか、お皿が下がるまで緊張するという。少しも残さずきれいに召し上がったことを確認した時はほっとするらしいが、残し具合はまた、ご健康の状態を確認するうえでも重要なのだ。

お皿は供進所で主膳によってきれいに洗われるため、お皿が下げられてからではどの程度召し上がったのかわからない。つまり担当者が供進所に控えるのは、お代わりのためだけではないのだ。当然ながら、陛下の健康チェックはもともと料理担当者の業務範囲ではない。その日の担当侍医が両陛下のお食事のあとに、まったく同じものを少しずつ食して、栄養面や塩加減、油加減などをチェックしている。

昔はお毒見があったから、陛下のお食事の前に毒がないか調べられた。現在、侍医が食するのは、あくまでも健康管理面でのことなのである。こうしたチェックは、地方に行幸啓された場合も同じである。行く先々のホテルや旅館にお泊りになることが多いが、その場合も決して豪華なお料理が出されるわけではない。もちろん当地の産物、旬のものを召し上がっていただきたいという要望は地元から出される。ただ、そうした意向と栄養面のバランスなどを加味したうえで、あらかじめホテルや旅館側から提出された献立表を元にして決められるのである。

両陛下がお泊りになった宿に陳列されている当日のメニューを目にすることもあるだろうが、簡素な献立に、むしろ驚かされることが多いだろう。皇室の方々は毎日高級なものばかり召し上がっていると思っている人がいるようだが、まったくの誤解だ。じつに質素で、むしろわれわれのほうが贅沢ではないかと思われるほどである。

誰でも毎日、フランス料理を出されたら嫌になるだろう。要は、いかに飽きのこない料理をお出しするかなのだ。もともと国費から支給される内廷費のうち、食費に割ける割合はきわめて少なく、その中でやりくりしなければならないのが皇室の実際の姿である。一般の家庭と違いがあるとすれば、専門の料理人が毎日のお食事を作っているということだけだ。

御料牧場——乗馬とラム肉

ＪＲ宇都宮駅から車で三十分ほど走ると、御料牧場の南門に到着する。その門を入ると、広々とした牧場と畑が目に飛び込んでくる。

御料牧場は、栃木県宇都宮市郊外の塩谷郡高根沢町と芳賀郡芳賀町にまたがる広大な土地だ。しかし、以前からこの地にあったわけではない。千葉県成田市郊外の三里塚に明治八年（一八七五）、内務省所管の下総御料牧場として始まった。かつてはこの牧場には軽便鉄道も走り、すばらしい桜の名所として、春には大勢の花見客でにぎわった土地である。だが、この牧場地を含めた場所に新東京国際空港（成田国際空港）が建設されることになったため、昭和四十四年（一九六九）九月に、代替地として現在の場所に移転したのである。三里塚の跡地は、今は小さな建物と数本の桜だけがわずかにその名残をとどめているにすぎない。

現在の御料牧場は三里塚にあった時よりひとまわり小さいが、それでも約二百五十ヘクタール、皇居の二倍強の広さがある。馬や牛、羊などの放牧地と、牧草の耕地が約百三十ヘクタール、周囲の樹林地が約七十ヘクタールなどで、南門から北門へ抜ける直線道路の右側には馬が、左側には牛や羊が放牧されている。また、この広い中央の道の両側には桜や辛夷《こぶし》、栃木県の県木である橡《とちのき》などが立ち並んでおり、春には花見客でにぎわう見事な並木道になっている。

この牧場が毎年一回、二日間だけ、大勢の外国人たちでにぎわう。長良川の御料鵜飼、埼玉県と千葉県での鴨場接待と並んで、在日外交団が楽しみにしている天皇主催の接待行事が、ここで行われるからである。天皇陛下がみずからお出ましになるわけではないが、陛下の御公務の日程を勘案しながら開催される、ほぼ丸一日のピクニックなのである。この行事は、春なら五月の連休明けに、秋なら九月末から十月にかけての二日間、二班に分けて行われる。

平成二十年の段階で、欧州委員会代表部を含め、在京大使館は百四十六にのぼるが、そのうち毎年半数以上の大使館から大公使やその家族、大使館員ら二百五十人前後が参加する。

招待された人たちは、当日の午前七時半頃から皇居の宮内庁の庁舎前に集まりはじめ、接待にあたる宮内庁式部職の職員の出迎えを受ける。そして全員がそろったところで、用意されたバスに乗り、パトカーの先導で上野駅に到着してから列車に乗り換える。列車といっても東北新幹線ではなく、特別編成の臨時列車で、宝積寺駅までおよそ二時間ののんびりとした旅である。

宝積寺駅前でふたたびバスに分乗して約十分。御料牧場の集会場の前に到着し、いよいよ数時間のピクニックが始まる。集会場では、その日のスケジュールと手順について簡単な説明が行われ、その間に集合場の前には六台の馬車が用意される。

普通馬車と呼ばれる幌馬車四台と、箱馬車二台である。いずれも明治から大正にかけて外国から輸入されたものだが、よく整備がゆきとどいており、時代物という感じがしない。幌馬車に四人、箱馬車に六人ずつが乗り、牧場内をおよそ十五分かけて一周する。人数が多いため、四～五周することになる。いずれの馬車も二頭曳きだが、馬車を曳く馬（輓馬）と乗馬用も含めた全部で十八頭の馬は、宮内庁にある廐舎から二週間前に運び込まれる。

すべてこの御料牧場で生まれた馬だが、かならず周回コースを何回もまわって練習をする。生まれ故郷とはいえ、長い年月のために忘れてしまっているからで、コースに馴れさせる必要があるのだ。当日も、朝からウォーミングアップをさせる。最初はゆっくりと、そして次第にスピードを上げると、馬も調子が出てくる。招待客の人たちが到着する頃には、身体ができあがっているというわけである。

御者は主として宮内庁車馬課の主馬班が務めるが、御料牧場詰めの職員も加わる。もちろん、馬の状態ばかりではなく馬車の装具やブレーキなども入念にチェックされる。

また、実際に馬に乗ってみたいという人達のために、乗馬用の馬も用意されている。宮内庁の廐舎から運ばれた七頭のほか、御料牧場にいる馬も使われる。乗馬を希望するのは女性が多いというが、どんなに上手な人でも係員が手綱を持つ曳き馬に乗ってもらうことになっている。なぜなら、馬は速く走る馬がいるといっしょに走りたいという本能があるため、初心者を乗せた馬が急に走り出す恐れがあるからだという。

馬車や乗馬とともに人気が高いのが、サイクリングだ。サイクリング用の自転車は八十台用意されている。それも、あっという間になくなってしまう。また、バドミントンや輪投げなどに興ずる人たちもいる。こうして思い思いの時を過ごしたあとは、招待客が楽しみにしている午餐だ。

午餐会は、集会所前に用意された大きなテントの中で行われる。肉も野菜も、食材は御料牧場で生産されたものばかりである。人気のメニューはなんといってもジンギスカンで、牧場職員の夫人たちが手際よく次々とラム肉を焼き上げていく。熱したジンギスカン鍋からかぐわしい匂いが立ち上ると、焼き上げられたラム肉はいっしょに焼いた椎茸《しいたけ》や野菜とともに招待客が持つ皿に盛られ、特製のタレがかけられる。もっとも人だかりのするコーナーである。また、焼き鳥とボンレスハムのステーキも好評だ。こちらは専門のコックたちがサービスしてくれるが、これらメインディッシュは、オードブルやサラダなどとは別のコーナーで供される。

こうして、席に着いた招待客たちのにぎやかな歓談の一時が過ぎていき、午餐が終わると、今度は集会所前の広い芝生で車馬課主馬班の人たちによる古式馬術の母衣引が披露される。母衣引については「古式馬術」の章でくわしく紹介したが、緑と白、紅と白の母衣が見事になびく姿は息を飲むような美しさがある。母衣引も、あらかじめ何回も何回も芝生を周回して、馬に馴れさせる。

こうして、ほぼ半日のピクニックを堪能した招待客たちが、午後三時頃に牧場をあとにすると、牧場はまたもとの静けさをとりもどす。

御料牧場は、乗馬や輓馬の育成をはじめ、皇室の方々や内外の賓客を招待するための食をまかなう農

御料牧場の羊たち（宮内庁提供）

畜産場で、北に那須連山、西に日光連山、東に筑波山を望む標高百四十五メートルの丘陵地帯にある。平成二十年末現在、馬が四十二頭、乳牛三十頭、綿羊二百七十四頭、豚八十三頭、鶏千三百九羽が飼育されている。

宮内庁下総御料牧場の当時に比べて、馬が六十九頭から四十二頭に減っているのは、昭和四十四年に現在地へ移転するのを機に、サラブレット種の生産をやめたからである。一方、乳牛や豚、鶏の数がほとんど変わらないのに対して、綿羊は百十三頭から二百七十四頭と大幅に増えている。これは外国からの賓客が増え、接待にラム肉を使うことが多くなったからである。そのほかに、宮中の正月料理には欠かせない雉《きじ》なども飼育されている。

これら動物を飼育するうえで一番気を遣うのは健康管理で、とくに家畜の伝染病に対する防疫対策には万全を期しているという。また、家畜にストレスを与えないために放牧を積極的に取り入れているが、防疫上のこともあって一般の人々の見学はいっさい認められていない。こうした動物の飼育管理をしているのは御料牧場の畜産課で、ここでは畜産品の生産も行っている。

牛乳はもちろん、バター、クリーム、カルグルト、ヨーグルト、チーズの加工品は、ほぼ毎日作られている。ここで作られたカルグルトは昭和天皇が大変お好きだったということで、私も試食させてもらったことがあるが、ヨーグルトをもっと濃厚にしたような、舌にとろけるような美味であった。

また、豚肉やハム、ソーセージ、ベーコン、缶詰、燻製の肉加工品、鶏卵、食鶏などの生産も行われている。

一方、牧草や野菜の生産を行っているのは農産課である。オーチャードグラスやリードカナリーグラスなどの牧草や、トマト、レタス、大根その他、約二十種類の蔬菜《そさい》を栽培している。蔬菜はすべて有機栽培で、雑草も丁寧に手で除くのだから、丘陵地帯とはいえ、とくに真夏の作業は大変である。

御料牧場で飼育、栽培されたこれらの野菜や肉類、鶏卵、乳製品は、週に三回、保冷トラックに積まれ、皇居や赤坂御用地に運ばれる。もちろん、国賓を迎えての晩餐会が開かれる時には、大膳課からの注文の品々も運ばれる。

このように、つねに新鮮な食材を提供するために御料牧場の職員たちは、細心の注意を払っているのである。

御親蚕——歴代の皇后による養蚕

夏の日に音たて桑を食《は》みゐし蚕ら
　繭《まゆ》ごもり季節しづかに移る

これは、昭和四十一年（一九六六）に上皇后さまが詠まれた御歌である。何万という蚕が一斉に桑の葉を食む時のサワサワという音に、いとおしそうに耳を傾けられる上皇后さまのお姿が目に浮かぶ。

歴代の皇后によって受け継がれてきた御養蚕は現在、宮内庁の庁舎裏手にある小高い丘の上に立つ紅葉山《もみじやま》御養蚕所で行われている。わが国の養蚕がいつ頃から始まったかは定かではないが、千五百年以上前の西暦四五〇年頃に、雄略天皇が皇后に蚕を飼うように勧めたという記述が『日本書紀』に見られる。このことから、皇室と養蚕とが深い関わりを持つようになったのはこの頃と見て間違いなさそうである。

しかしその後、長い歴史の中で御養蚕は幾度となく中断され、復活したのは明治四年（一八七一）、明治天皇のお后（のちの昭憲皇太后）が吹上御苑で始められてからであった。以来、「皇后御親蚕《ごしんさん》」と呼ばれ、皇后のご公務として貞明皇后、香淳皇后、上皇后、そして現在の皇后さまへと、絶えることなく続けられているのである。

明治四年、宮中の御養蚕を復活するにあたり、皇后は当時の政府官吏だった渋沢栄一を召され、いろいろとご下問された。その結果、養蚕の盛んだった群馬県佐位郡島村（現・伊勢崎市）の田島武平が世話役として推挙され、四人の婦人奉仕者とともに参上した田島の補佐で、吹上御苑での御養蚕が始まった。御養蚕所を新築することも検討されたが、それには及ばずということで、吹上御苑内にあった茶室の一つが蚕室に充てられた。

しかしその後、蚕室が火災で焼失してしまったため、明治末期までは青山御所に新築された御養蚕所で、大正三年（一九一四）からは皇居の紅葉山に建てられた現在の木造二階建ての御養蚕所で、続けられている。皇室の御養蚕が始まった明治四年といえば、外国との貿易が盛んになり始めた頃で、鎖国政策を解いたわが国にとって生糸は群を抜く輸出品であった。

このため、生糸を殖産興業と外貨獲得の両面から国の最重要産業と位置づけた明治政府は、現在の金額に換算して約七千億円もの巨費を投じて、群馬県の富岡に官営富岡製糸場をわずか一年半で完成させた。総煉瓦造りで、現在は世界遺産にも暫定登録されているこの工場は当時、世界最大規模を誇る製糸場であった。そこへ明治六年、明治天皇の意を受けて母御、英照皇太后（孝明天皇の后）と皇后がおそろいで行幸された。皇居での皇后の御養蚕と相まって、生糸への国民の関心は一気に高まったのである。

現在、紅葉山御養蚕所では、日中交雑種、欧中交雑種、そして「小石丸」と呼ばれる純日本種の三種類が飼育されている。小石丸は、明治十年代から三十年頃にかけて普及した純日本種だが、蚕種家によってさまざまな呼称で売られていたため、いつ頃まで飼育されていたかは定かではない。もともと小石丸は丈夫で飼育しやすく、非常に良質の糸を生み出すものの、繭《まゆ》の両端が薄くて糸のほぐれが悪いために、繰糸に手間がかかった。しかも現在飼育されている普及種に比べて、小石丸は糸の太さが六十％、長さが三分の一、重さが二分の一しかないため、取れる繭の量も少ない。さらに、大正期になって二つの品種を掛け合わせた一代交雑種の有用性が立証されるという一代革命がもたらされた。

こうしたことも重なって、小石丸は明治の半ば頃をピークに次第に衰退し、今ではどこの養蚕農家でもまったく飼育されなくなってしまったのである。宮中でも飼育に手間がかかることもあって、昭和六十年代前半にはとうとう小石丸の飼育中止が検討されるようになった。平成二年で五千頭（蚕は頭と数える）、全生産量の一・八％にしか過ぎなくなってしまったのである。

しかし、その危機を救ったのは「繭の形が愛らしいし、糸も繊細で美しい。日本の純粋種である小石丸をもう少し育ててみましょう」という上皇后さまのお言葉であった。こうして細々ながら飼育が続けられることになった。古いものをできるだけ残したいという上皇后さまのお気持ちが通じたのか、やがて小石丸は正倉院の宝物復元という大きな役割を担うことになったのである。

奈良の東大寺正倉院には、聖武天皇と光明皇后ゆかりの品々が収蔵されている。その復元模造品を作るのに、小石丸を使わせていただきたいという正倉院事務所の要望を、上皇后さまが受け入れられたからである。しかしいかんせん、紅葉山御養蚕所の小石丸は少なすぎて復元にはとても及ばない。そこで急遽、増産態勢がとられ、小石丸が五万三千頭、黄色い繭ができる欧中交雑種が二万頭、白い繭ができる日中交雑種が八万頭と、小石丸の占める割合が全体の三分の一以上にまで一気に引き上げられた。

もちろん上皇后さまも小石丸の飼育にいっそう力を入れられた。養蚕は一般には春から秋にかけて行われるが、皇居では上皇后さまの海外へのお出かけとぶつからない限り、春蚕飼育が行われる。春蚕がもっとも飼育しやすく、でき上がる生糸も良質で美しいからである。

蚕の発育は大変早く、わずか一ヵ月足らずで繭を作る。通常、御養蚕は五月の初めに孵化したての蚕を蚕座紙の上に掃き下ろし（掃立て）、細かく刻んだ桑の葉を与えて飼育を始める神事《御養蚕始《はじめ》の儀》で始まる。この儀式のほか、上皇后さまが桑の葉を与える〈御給桑《ごきゅうそう》〉が二回、繭を作るまでに成熟した蚕（熟蚕《じゅくさん》）を一頭ずつ拾い取り、みずから編まれた藁蔟《わらまぶし》（蚕が繭を作る場所）に一頭ずつ移す〈上蔟《じょうぞく》〉と呼ばれる作業、できあがった繭を蔟《まぶし》から掻《か》きとる〈初繭掻き〉、そして六月末に行われる神事《御養蚕納《おさめ》の儀》まで、合わせて六回、御公務としてお出ましになる。

実際に上皇后さまは、ご公務の合間を縫って足繁くお出でになり、ご自分で桑園に出て、若い飼育助手たちといっしょに桑の葉を摘んだりもされる。桑園は、上皇陛下がお田植えされた水田の脇など、皇居の中の三ヵ所と、赤坂御用地にある。皇居の分だけで面積は六十アールもあり、十分まかなえる。三ヵ所で合わせて三千六百本の桑が植えられているが、赤坂御用地の桑園は皇居の桑が万一不足した場合に備えたものである。

蚕の一生は約四週間で、掃立て直後の蚕を一齢《れい》と呼び、その後は眠《みん》（脱皮前に桑の葉を食べず静止する）

上皇后陛下の御給桑（宮内庁提供）

と脱皮を四回繰り返し、五齢まで成長する。食欲は成長とともに高まり、五齢に入って三日目ぐらいからの数日間がもっとも旺盛で、一日に三回も給桑《きゅうそう》しなければならない。総給桑の八十％は五齢に与えるのだ。五齢の最盛期には、一頭の蚕が一日に食べる桑は約三グラム。御養蚕所全体で、じつに一日四百キロもの桑の葉を収穫しなければならないのだ。

時に上皇后さまが手伝われるとはいえ、主任を含めてもわずか五人の奉仕者で、これだけの桑の葉を収穫するのは大変な作業である。しかも桑の葉はしおれやすいため、朝夕二回収穫し、地下の貯桑庫《ちょそうこ》に入れなければならない。その際、堆積熱が桑の葉にこもらないように畝《うね》にして積んだうえ、葉が乾かないように周囲に水をまき、上から寒冷紗《さ》という薄い布を掛けておくのだという。しかし、葉そのものが濡れてはいけないのだ。濡れていると桑の質が悪化し、病気になったりするからである。翌日が雨の予報の時には余分に収穫するが、それでも雨の中で収穫しなければならない時には、貯桑室に入れる前に乾かすという手間が加わってしまうのだ。

最初に桑を与える掃立て直後は、蚕がまだ小さいため食べやすいように桑の葉を細かく刻んで与えるが、大きくなってからは手間を省くために枝ごと与える（条桑育《じょうそういく》）のが一般的である。体が小さいため、これまでは上蔟まで桑の葉をもいで蚕箔《さんぱく》（平籠《ひらかご》）で飼育されてきたが、最近は飼育量が増えてすべてを蚕箔で育てることは施設の面でも労力の面でも難しくなってきた。そこで五齢からは、より省力的な条桑育と従来の蚕箔育の二通りの方法になっている。しかし、もともと小石丸は五齢の飼育期間が短く、およそ六日で桑の葉を食べるのをやめ、体が次第に飴色に透けてくる。この状態を熟蚕といい、繭作りの準備が完了したことを示している。この時の蚕は、生まれた時のじつに一万倍にも成長しているのである。

熟蚕は一頭ずつ拾い集められ、蔟に移してやる。現在はビニール製の蔟が広く普及し、藁でできた藁蔟はほとんど見られなくなった。しかし上皇后さまは「古くからのものは残しておきましょう」とおっしゃって、平成九年からは一部だが、御自身で編まれている。そして上蔟の時には、上皇后さまは熟蚕を一頭ずつ、その藁蔟の谷間に入れられるのだ。一つの藁蔟には約三百頭の小石丸が入るが、小石丸は二頭で一つの繭を作ってしまいやすいため、熟蚕が片寄らないように丁寧に作業を進めなければならない。なにしろ小石丸だけで五万頭以上いるのだから、大変な作業である。しかも上皇后さまは、藁蔟作りから繭の毛羽取り、蛾が繭から出やすいように繭の両端を切り落とす作業から採種まで、あらゆる工程に加わっておられるのだ。蚕はその姿から、直接触れることをためらう人が少なくないが、上皇后さまにはまったくそのような様子はなく、一頭ずつ、いかにもいとおしそうに扱われる。

上蔟の翌日には、もう蚕が糸を吐き始める。その姿は見ていて飽きない。次第に蚕の姿は見えなくなり、二、三日で繭になる。真ん中のくびれた俵型の小石丸の繭が、蔟の中に並ぶ姿はなんとも美しい。繭を作ってから二、三日すると、蚕は繭の中で脱皮し、蛹《さなぎ》になる。蛹化後、約五日ほどで繭を蔟から外す収繭（または繭掻き）が行われる。その最初の繭掻きをなさるのは上皇后さまだ。この繭掻きの際に、幼い頃（学習院初等科四、五年生頃）の秋篠宮家の眞子さまと佳子さまが手伝われたことがある。その時の上皇后さまは、ことのほかうれしそうだったという。

しかし、収繭ですべてが終わるわけではない。今度は毛羽取り機を使って繭の周りについている毛羽をとる作業があるが、時としてこれも上皇后さまがなさることがあった。この毛羽は、蚕が繭を作る時に藁に足場としてかけるもので、やはり繊維としては使えないために取り除かなければならないものだ。そのあと、糸を繰るのに適さない汚れた繭や奇形をさらに除いて出荷される。小石丸は翌年の種繭として五百粒を残して、あとはすべて御下賜になるのである。ちなみに小石丸以外の一般種は、大日本蚕糸会から生糸として納入される。小石丸も、大日本蚕糸会を経て特定業者のもとで絹織物になる。

最後に、種繭を羽化させ、交尾と産卵をさせる。小石丸は一頭で、約五百粒の芥子粒《けしつぶ》ほどの卵をびっしり産みおとす。卵はそのまま冬を越し、翌年の春、また卵から孵《かえ》ってあの美しい絹糸へと生まれ変わってゆくのだ。およそ二ヵ月にわたった御親蚕は、その年の収穫量を奉告する神事《御養蚕納の儀》ですべてが終わる。

こうして丹精こめてでき上がった繭は製糸工場に送られ、繊細で美しくしっとりとした光沢の生糸に生まれ変わる。毎年、上皇后さまから御下賜される四十キロもの小石丸によって、平成六年から「正倉院宝物染織品復元十ヵ年計画」がスタートし、次々と天平時代の絹織物が蘇ったのである。その十ヵ年計画が終わったあとも、小石丸はさらに龍村美術織物の手によって、三ヵ年計画で、やはり宝物の一つである袈裟《けさ》の復元にも寄与している。袈裟は、伊勢神宮や皇居の三の丸尚蔵館の絹織物の復元にも使われているのだ。また、愛子さまの産着も小石丸から作られている。

桑といえば紅葉山御養蚕所の右側にある、大正七年に建てられた御休所の正面左右に、二本の枝垂れ桑の古木が植えられている。春にはたくさんの実をつけ、上皇后さまが時折りその実をとって口に運ばれ、かたわらの女官にも勧められることがあったという。そこで職員が、桑の実のなる品種で酸味の強いカクネオ、中程度の甘さの大唐桑、糖度が高く着果数の多い小左衛門など、五十株を生物学御研究所そばの桑園に植えたところ、上皇后さまは大変お喜びになったという。戦時中、養蚕の盛んだった群馬県の館林に学童疎開されていた上皇后さまは、当時のことを懐かしく思い出されたことだろう。

蚕に対する特別な想いも、あるいはその頃の思い出につながっているのかもしれない。

なお、御親蚕は令和元年から新皇后雅子さまに引き継がれている。

衣紋道――さまざまな装束の着付け

御所といえば、忘れてはならないものに衣紋道《えもんどう》がある。わかりやすい言葉でいうと、装束の着付けの仕方ということになる。皇室と装束とは、切っても切れない関係があるのだ。

天皇の即位の礼や大嘗祭、皇族の方々の結婚の儀での十二単など、昔ながらの衣装は、日本人なら目にする機会が多い。

かつて公家が中心であった奈良、平安時代には柔らかい装束が好まれ、一人で着ることができた。平安末期頃から次第に武家の勢力が強くなるにつれて装束も大きく変化し、糊を張ったごわごわしたものになっていった。以前の装束を〈萎《なえ》（柔）装束〉、堅い装束を〈強《こわ》（剛《こわ》）装束〉と呼んで区別するようになった。強装束は一人で着るのが難しく、ほかの者に着付けをしてもらう必要が出てきたのである。

当然、着付けにも技術が必要になる。その技術と知識を整理したのが衣紋道で、装束の着こなしを〈衣紋〉、着付けることを〈衣紋を上げる〉、着付ける人を〈衣紋者《えもんじゃ》〉と呼ぶ。

衣紋の創始者は、七十一代後三条天皇の孫である第三王子輔仁《すけひと》親王の長男、源有仁《ありひと》だといわれている。彼はそれまでの宮中の儀式に精通した人物だったが、その没後、流儀は藤原師輔《もろすけ》の第三子兼家の五世の孫、大炊御門経宗《おおいのみかどつねむね》と師輔の第六子公季《きみすえ》の五世の孫、徳大寺実能《さねよし》に伝えられた。

大炊御門家に伝わった衣紋道はその後、八世の孫冬信で後継者が絶えたため高倉家十八代永季《ながすえ》に引き継がれ、以後、〈高倉流〉として今日に至っている。とくに十九代永行《ながゆき》は衣紋装束の研究に努め、衣紋道の中興の祖といわれる人物である。

一方、徳大寺家に伝わった衣紋道は、実能の子公親《きみちか》の猶子《ゆうし》となった実教《さねのり》がその後、山科家を興したことから、それ以後、〈山科流〉として伝えられることになったのである。したがって、宮廷の衣紋道は高倉流と山科流が存続していくことになったが、源が同じだから相違点はほとんどない。強いて言えば、とんぼと呼ばれる袍《ほう》の襟留めを縫いつける糸の形や袖の取り方その他、若干の違いがある程度である。一般的には、高倉流は地味で簡素、実働的といわれ、山科流は華美で優美な反面、動きにくく崩れやすい傾向があるといわれる。これは、高倉流が着装としての本来の衣紋道を重んじたのに対して、山科流が晴れ（公）の装束としての見た目の美しさを追求したところに違いが現れたものと思われる。

そもそも応神天皇の時代に初めて朝鮮との交通が開け、次第に交流の範囲が拡がり、朝鮮ばかりでなく唐などからも次々とその文化が伝わるようになってくると、わが国の服飾も大きな影響を受けるようになる。やがて唐にならって、礼服《らい》、朝服《ちょう》、制服という衣服令が制定された。礼服は大嘗祭や元旦、即位礼などの大礼の際に五位以上が着る儀服であり、朝服は有位者が宮廷に上がる時の服であり、制服は無位の官人および庶民の服と定められたのである。

しかし、それも平安中期に遣唐使が廃止され、大陸文化が入ってこなくなると、次第にわが国独自の和様化が進んだ。その代表的なものが、男子服の衣冠束帯であり、女子服の五衣《いつつぎぬ》、唐衣《からぎぬ》、裳《も》（十二単）などであった。それと同時に、唐制をまねた礼服は次第に着用されなくなり、細々と続いてはいたものの、明治維新とともに長い歴史を閉じることになった。

ところが一方で、せっかく和様化が進み始めた十五世紀の後半、応仁の乱の頃には、宮廷が疲弊したため儀式も減り、それにともなって装束も一時衰退してしまったのである。それが勢いをとりもどしたのは江戸時代に入ってからで、宮廷のさまざまな伝統行事が復活するとともに、装束も平安朝以来の姿を考証し復元されるようになった。現在、皇室で用いられているさまざまな装束類は、この頃に復元されたものである。

また、神事に用いる服装については別の制があり、斎服《さいふく》、狩衣《かりぎぬ》、帛衣《はくい》、明衣《みょうえ》、浄衣《じょうえ》、襅《ちはや》、小《お》忌衣《みごろも》、青《あお》摺衣《ずりごろも》など、祭祀によって使い分けていた。その後、束帯、衣冠、布衣《ほい》なども、神事用の服として着用されるようになった。それが明治維新によって服飾の世界にも洋風が入り込み、明治五年（一八七二）に洋服が採用されて、「大礼服および礼服の制」が発布されると、衣冠は祭祀専用の服となった。さらに明治六年に、狩衣、直垂《ひたたれ》、浄衣も、衣冠の代用服とされるに及んで、平安朝以降千年以上ものあいだ着用され続けてきた装束の類は、ことごとく神事専用の服となってしまったのである。

また女子の装束に至っては、一時は完全に姿を消してしまった。しかし、やがて神社などで女子を任用し始めたことから、やっと陽の目を見るようになったのである。皇室では現在、皇后をはじめ、女官などが神事用の服として装束を着用しているが、装束はもともと古くは平安朝において発達したわが国特有の男子服と女子服の総称で、現在は主として神事の際に着用される服のことなのである。

しかし神事でなくとも、即位の礼や大嘗祭などの儀式の際にも装束は着用される。衣紋に使われる装束にはすべて、冬の料《りょう》（冬用）と夏の料（夏用）があり、冬の料には主要な服に裏地が付いているが、夏の料にはない。

皇室の衣替えの時期はかつては四月一日と十月一日であったが、現在は立夏と立冬となり、夏の料と冬の料を使い分けている。

男子の服には、おもに次のようなものがある。

束帯の類　縫腋袍《ほうえきほう》、闕腋袍《けってきほう》

衣冠の類　衣冠単《ひとえ》、斎服、明衣、布衫《ふさん》

直衣の類　直衣《のうし》、引直衣《ひきのうし》、小直衣《こ》

狩衣の類　狩衣、浄衣、麻浄衣、布衣《ほい》、水干《すいかん》、半尻《はんじり》、褐衣《かちえ》、退紅《たいこう》、黄衣《おうえ》、雑色《ぞうしき》、如木《にょぼく》、白張《はくちょう》

一方、女子の服には、おもに次のような種類がある。

五衣・唐衣・裳（十二単）

五衣・小袿《こうちぎ》・長袴

小袿・長袴

束帯黒袍（左）と五衣・唐衣・裳（右）（宮内庁提供）

袿袴《うちぎ》、細長《ほそなが》、水干、汗衫《かざみ》、舞衣《まいぎぬ》
采女《うねめ》服

このうち男子の服では、縫腋袍と闕腋袍が正装で、衣冠単と狩衣が略装、女子の服では五衣と唐衣と裳のいわゆる十二単が正装、小袿と呼ばれる五衣と小袿と長袴が略装である。

また両陛下、皇太子同妃両殿下のお召しになる装束には、次のようなものがある。

〈天皇陛下〉御祭《ごさい》服、帛御袍《はくのごほう》、黄櫨染御袍《こうろぜんのごほう》、
御引直衣《おひきのうし》、御直衣《おのうし》、御小《おこ》直衣
〈皇后陛下〉帛御袍《はくおほう》、御五衣《おんいつつぎぬ》、御唐衣、御裳、
御小袿、御長袴
〈皇太子〉斎服、黄丹袍《おうにのほう》、衣冠単、直衣
〈皇太子妃〉五衣・唐衣・裳、五衣・小袿・
長袴、小袿・長袴、袿袴

これらの装束は、祭事や儀式によって使い分けられる。御斎服は御神事用の御服のうちでもっと

も清浄なものであり、大嘗祭で着用される。帛御袍は御祭服に次ぐ御服で、即位の礼の翌日に賢所大前の儀で着用される。黄櫨染御袍は皇室の祭祀でもっとも多く用いられるもので、宮中三殿で執り行われる恒例の祭祀や即位の礼関連の儀式に着用される。御引直衣は勅使発遣の儀の際に着用される。また、衣冠は束帯の略式として用いられ、公事でない場合の参内に用いられるほか、大祭など主要な祭祀の際、勅使や御代拝、一般の神職が着用するものである。

しかし装束は、着用する衣装によってさまざまなものを身に着けなければならない。たとえば束帯では、縫腋袍《ほうえきほう》の場合、冠（立纓《りゅうえい》か垂纓《すいえい》）大口《おおくち》、表袴《うえのはかま》、単、衵《あこめ》、下襲《したがさね》、裾《きよ》、袍《ほう》、石帯《せきたい》、剣《たち》、平緒《ひらお》、垂《たれ》、襪《しとうず》、履《くつ》、帖紙《たとう》、檜扇《ひおうぎ》、笏《しゃく》が必要となる。闕腋袍《けってきほう》の場合は、冠（巻纓《かんえい》）、老掛《おいかけ》、大口、表袴、単、衵、下襲、裾、半《はん》臂《び》、忘緒《わすれお》、袍、石帯《せきたい》、剣、平緒、垂、襪、履、帖紙、檜扇、笏、弓、胡籙《やなぐい》となる。十二単の場合は、髪《かみ》上具《あげのぐ》、帯、長袴、単、五衣、打衣《うちぎぬ》、表着《うわぎ》、唐衣、裳、襪、履、帖紙、檜扇となる。その数の多さには驚かされる。

もう一つ注目しなければならないのは、襲《かさね》色目だ。あの艶《あで》やかな十二単の色合いを見れば、色目の持つ意味合いがわかるだろう。貴族社会は大きく二つの場面に分かれるが、公の場を「晴れ」、日常の場を「褻《け》」の場といい、装束もそれに合わせて分かれていた。褻の装束、つまり日常の装束である直衣や狩衣、袿、単などに変化が起こり始め、やがて定められた以外の色を使用するようになっていった。

装束はもともと威儀を正すものとして欠かすことができないものであったが、平安時代の後期には装飾に重きが置かれて色彩の華やかさが当たり前となり、「合わせ色」とか「重ね色」といった配色の美しさを競うようになったのである。それが襲色目であり、冬の防寒のために生まれた重ね着が、気候風土や四季に応じて配色の妙を凝らす美意識を育んでいったと考えられている。そして次第に衣の色を組み合わせることによって、季節感を表すようになった。十二単を見てもわかるように、とくに女性の装束は装飾に主眼が置かれ、やがて必要以上に重ね着をするようになった。

当然、重いものにならざるを得ない。中に着る五衣だけでも手に持ってさえ重いのだから、長時間着ていたら、さぞ肩が凝ることだろう。五衣は見える部分は五色の重ねになっているが、じつはそれ以外のところには裏地が入っていないので薄くなっている。とはいえ、袖の部分がまた厚くなっているので、どうしても重くなるのだ。その点、上に着る男子用の装束はそれほど重くない。とくに夏の料は紗《しゃ》なので軽いが、着崩れしないように紐できつく締めるので、軽いからといって決して楽ではない。

袴も裏打ちしてあるものとないものがあるが、袴自体が結構重いのだ。もちろん女性用も同じで、お手洗いに行かないようにするために、着る前はあまり水を飲まないようにしなければならない。

こう見てくると、装束の着付けには長い時間がかかりそうだが、実際は二十分もあればできるという。ところが女性の場合は、髪に時間がかかるのだ。おすべらかしに結うにしても、今は自毛ではなく鬘《かつら》を使用し、以前のように椿油で固めるようなことはしないという。それでも、さまざまな飾りをつけなければならない。

衣紋道は先にご紹介したように、高倉流と山科流の二つがあり、今でもそれぞれの当主がその流派を継いでいる。だが、いずれも宮中で実際に衣紋を上げる、つまり着付けを行っているわけではない。その二つの流派を継承して衣紋を上げているのは、じつは宮廷に奉仕した人たちの流れを汲む宮内庁京都事務所の管理課管理係の人たちなのである。職務規定の中にはっきりと衣紋講習に関する項目があり、現在は京都事務所の男女十六人を対象に年数回の講習が行われ、その継承に務めている。

装束の着付けは一人ではできない。前と後ろから二人がかりでやらなければならないのである。そのため、職員を高倉流と山科流の二つの流派に分けて講習を行っている。着付けるには、衣紋に対する関心と手先の器用さが求められるが、講習は男女の別なく行われる。ただし男性は男の装束だけ、女性は十二単はもちろん男女両方の装束を学ぶ。男性は女性の装束の着付けをすることができないからだ。講習では、着付けだけではなく色目、地質、紋様についても学ばなければならない。

今でも京都事務所の職員が受け継いでいるのは、明治以降に皇居が東京に移ったあとも御大礼は明治、大正、昭和と京都御所で行われ、いずれも京都事務所の職員が装束の着付けに奉仕してきたからである。宮廷文化の地として平安時代以来千年ものあいだ宮廷に奉仕してきた人たちが、有職故実《ゆうそくこじつ》を残すために代々受け継いできたのが、衣紋道なのである。

したがって、これからも御大礼や御大葬などが東京で行われても、装束の着付けは京都事務所の職員が受け持つことになるだろう。現在、宮中祭祀の際の着付けは、男性の場合は侍従が、女性の場合は女官が行っている。しかし職員である以上は異動は避けられないから、新しい人が来るたびに、また最初から講習をやらなければならない。宮中祭祀がいつまでも続くことを考えると、専門の部署や専門職の人がいてもいいように思う。

蹴鞠——勝敗はないが高度な技術

「ポーン、ポーン」という気持ちの良い音とともに、蹴り上げられた白い鞠が宙に舞う。

京都御所では春と秋にそれぞれ一般公開されるが、その際に装束を身につけた人たちが鞠を蹴りあう雅《みやび》な球技を披露するのが蹴鞠《けまり》である。

正式には蹴鞠《しゅうきく》と読み、皇室と深いかかわり合いがある。蹴鞠は一般的な名称で、この古典的な球技は、現在では京都に本拠を置く蹴鞠保存会によって受け継がれ、保存されている。

蹴鞠には勝ち負けがない。六人または八人で、鞠を地面に落とさず蹴り続けるというきわめてシンプルな遊びである。勝負を競うのではなく、鞠足《まりあし》（蹴鞠の競技者）たちが一体感を楽しむもので、その雅な姿は日本の伝統がそこに息づいていることを感じさせる。

正式に鞠装束を着けて行う蹴鞠を〈晴会《はれかい》〉と呼び、京都御所で披露されるのはその晴会の一つなのである。蹴鞠は今からおよそ千四百年もの昔、仏教とともに中国から伝えられたものといわれているが、今やその中国はもとより、中国から伝わった周辺諸国でも衰え、独自の発達を遂げたわが国にしか残っていない。

誰でも幼い頃に石を蹴ったりして遊んだ記憶があるだろう。物を蹴るというのは人間の本能らしく、サッカーやフットボールなど、昔から世界各地にさまざまな蹴るスポーツがあった。蹴鞠もその一つで、聖徳太子が蹴鞠を楽しんだという記録もあるし、奈良の元興寺《がんごうじ》で行われた蹴鞠がきっかけで中大兄皇子と藤原鎌足が親しくなり、大化の改新を成し遂げたという故事もある。わが国で独自に発達した蹴鞠は、すでに七世紀には盛んだったようだ。

その後、蹴鞠を愛好した後鳥羽上皇の時代にもっとも隆盛をきわめ、蹴鞠のさまざまな儀式や制度がほぼ完成した。御鳥羽上皇はまた、蹴鞠の家元制度も定めた。公家の中でも名足《めいそく》（蹴鞠の名手）として当時名高かった「飛鳥井《あすかい》」「難波」「御子左《みこひだり》」の三家を家元としたのである。家元に入門しないと蹴鞠をすることさえ許されず、階級が一つ上がるたびに免許料を徴収させるという厳しいもので、例外はいっさい認めなかった。

以来、土御門、順徳、伏見など歴代の天皇がしばしば鞠の会を催し、「歌鞠《かきく》両道」といわれるほど、和歌とともに公家たちの必須のたしなみとなった。さらに鎌倉時代には、源頼家や実朝がわざわざ京都から師範を迎えたり、戦に明け暮れた戦国時代でさえ、織田信長や豊臣秀吉が蹴鞠を奨励しているほどであった。

江戸時代に入ると、次第に一般民衆も各地の蹴鞠道場に通うようになり、まさに階級に関係なく老若男女で楽しめる一大スポーツになったのである。また蹴鞠は、謡曲、狂言、浮世草子などさまざまな分野で題材となった。これは、階級意識のきわめて強かった時代に民衆をなだめるための方策だったのではないかとも思われる。

しかしこれほど盛んだった蹴鞠も、明治に入ると一気に衰退してしまった。西洋化の波に呑まれて、日本古来の伝統文化が軽んじられるようになったためで、蹴鞠も例外ではなかった。ところが日清戦争の時、広島の大本営に行幸された明治天皇をお慰めしようと、京都の公家たちが出向いて蹴鞠をご覧に入れたところ、いたく気に入られ、蹴鞠を保存するようにというご下命があったのだ。お若い頃にはまだ世の中で盛んだった蹴鞠を明治天皇は当然ご存じだったはずだし、みずからも楽しまれたであろう。その蹴鞠がなくなってしまうことを憂慮されたのかもしれない。

こうして明治天皇からの御下賜金と相当数の装束をもとに、公家たちによって蹴鞠保存会が設立されたのは明治三十六年（一九〇三）であった。皇室と蹴鞠をつなぐ大切な架け橋である蹴鞠保存会の会長は、これまで公家の子爵以上の家系の者が継いでいる。現在でも毎年、天皇陛下から御下賜金を賜っており、上皇陛下も京都に行幸された際などには、しばしばご覧になっている。

また現天皇陛下も、ご成婚前の独身時代に、ワイシャツ姿でズボンの裾をまくり、蹴鞠用の沓《くつ》だけを履いて鞠を蹴られたことがある。陛下は大変興味をもたれ、「面白いものですね」と感想をもらされたという。

蹴鞠は一見すると固い鞠を蹴り合っているように見えるかもしれないが、鞠は蹴り方が悪いとへこんでしまうほど柔らかい。中空の大きなゴム鞠を想像していただければいいだろう。二枚の鹿皮を円形にし、毛のあるほうを内側にして、その境目を馬の皮で閉じてある。そして縫い目の脇にある小さな穴（切り口）から大麦の穀粒を詰め込み、内側をいっぱいにふくらませる。そして外側に鉛白を塗って白い鞠にしたあと、ふたたび小穴から大麦の穀粒を抜き出し、最後に小穴をふさいでようやく完成する。

しかし穴が小さいだけに、穀粒を入れるのも大変だし、取り出すのも一仕事だ。鞠は蹴っているうちに次第に弾力がなくなり弾まなくなるが、その場合はまた穀粒を入れて搗《つ》きなおせば何回でも使える。ちなみに、中国で使われていた鞠はサッカーボールのように固かったと考えられており、蹴鞠の基本的なルールはまねたものの、日本人は鞠については自分たちに合うものを考え出したようだ。

さて、鞠は蹴るためだけではない。蹴鞠が普及するにつれて御鞠師《おんまりし》という鞠作りの専門職が現れ、金や銀、紅白に塗って床の間に飾る「飾り鞠」や二枚の板の間に鞠を挟んで上から吊るす「鞠鋏み」なども作られた。

晴会に身に着ける鞠装束もユニークだ。鞠水干《まりすいかん》（上衣）や鞠袴《まりばかま》（下衣）、烏帽子にも、さまざまな種類や色がある。これらは階級によって異なっており、装束を見ただけでその人がどのくらいの技量を持っているかがわかるのだ。これも、後鳥羽上皇が決められたものである。袴は葛袴とも呼ばれ、葛の繊維から作られている。葛は「腰」が強く、「張り」があるからで、昔から武士の裃や乗馬用の袴は葛が最良とされてきた。現在では、静岡県の掛川市でしか生産されていない貴重なものである。

沓《くつ》も固いものではない。沓と韈《たび》を縫い合わせたものを履き、足首のところで紐でしっかり縛っている。

蹴鞠

韈とは、指先の割れていない足袋だと思えばいいだろう。昔は沓を履き、紐を沓の下から回して結わえるだけだった。ただ、これだと鞠を摺り足で蹴るために擦り切れてしまうのだ。そこで考え出されたのが、沓と韈を縫い合わせてしまうことだったのである。

こうして身支度が整うと、いよいよ鞠庭《まりにわ》（蹴鞠を行う場所で「鞠場」、「鞠懸かり」ともいう）に入ることになる。蹴鞠はあくまでも優雅であることが求められるから、蹴る時の姿勢が大切になる。自分のほうに飛んできた鞠の落下地点に小走りで素早く移動し、まさに地面に落ちる寸前に鞠を足の甲に当てて蹴り上げる。

その際、腰や膝を曲げず、背筋をぴんと伸ばしていなければいけない。ちょうど水鳥が上体を動かすことなく、水面を滑り泳ぐかのような姿勢が求められるのである。膝を曲げずに足の甲で蹴るのだから、当然のごとく摺り足になる。しかし、この摺り足こそが蹴鞠の基本中の基本なのである。そもそも膝を曲げて蹴ると、鞠が回転しないであらぬ方向に飛んでいってしまうはずだ。膝を曲げずに足の甲で蹴るとスピンがかかり、鞠はきれいな放物線を描く。回転のことを「いろ」というが、「いろ」をつけすぎても相手は蹴りにくい。その加減が肝心なのだが、素人にとっては相手に向かって蹴ること自体が大変難しい。

蹴り上げた足の高さも、足裏が見えない程度でなければならない。しかも足は右、左、右の順で繰り出すので、左利きの人も右足から蹴るように矯正される。蹴鞠の蹴り足は、右足のみである。

こうした基本姿勢と足の出し方などの動作を習得するために、蹴鞠保存会では月に二回、御所にほど近い白峯《しらみね》神宮の鞠庭で、稽古を行っている。白峯神宮は、明治天皇が飛鳥井家の邸宅跡に崇徳《すとく》天皇と淳仁《じゅんにん》天皇を祀って建立されたもので、蹴鞠の神である精大《せいだい》明神も祀られている。この地は飛鳥井家の跡だが、近年は鞠（ボール）を扱うスポーツ全般の守護神として広く知られるようになった。プロサッカーの選手たちも参拝に訪れるという。

さて、摺り足が終わると、今度は軒から吊るした鞠を蹴る練習がある。これは、意図した方向に鞠を蹴ることができるようにすることと、蹴る姿勢を正すための練習で、「吊り鞠三年」といわれるほど難しい。私も試しに蹴ってみたが、思わぬ方向に飛ぶばかりでなかなかまっすぐには飛ばない。現在、保存会の会員は三十五人。職業も住む場所もさまざまで、稽古日には東京や名古屋から新幹線で駆けつける人もいる。

勝ち負けがないとはいえ、蹴鞠には当然、技の優劣が出てくる。そのため戦後は、下は八級から上は十段まで二十三もの階級が設けられた。技はもとより、稽古の熱心さ、晴会への出席率などを見て段級が与えられるという。

さて、鞠庭はおよそ十五メートル四方が標準で、地下三メートルまで掘り下げて石を並べ、その上に砂をかぶせて水捌けを良くしてある。鞠庭の下五十センチのところには、蹴った鞠の音の反響を良くするために四隅と真ん中に合わせて五個の壺が埋めてある。このため、鞠を摺り足で正確に蹴り上げたときには「ポン」という澄んだ音がする。

平安後期には、藤原成道という希代の名足が現れた。目が覚めている間中ずっと鞠を蹴り続け、ついに千日間の鞠を達成した時のことである。額に金文字で「夏安林」（アリ）、「春陽花」（ヤウ）、「秋園」（オウ）と書かれた三匹の神猿が、夢に現れた。神猿は彼の精進を讃えるとともに「これからおまえが蹴鞠をする時には、かならず応援に行こう。その時は、われわれの名を称え（掛け声）加護を乞うように。ただし、われわれは猿身なので、拠り所として式木《しきぼく》を立ててほしい」と告げた。この故事にちなんで、これを懸かりの木（神が宿る木）または式木（四季木）という。後述する枝鞠《えだまり》という鞠を挟む枝のことである。

普通は四季を表す松、桜、柳、楓《かえで》の四本で、およそ高さ四メートル。その地上三十センチほどのところで二股に枝分かれしている双生樹を使うが、四本とも松の鞠庭が最高級とされる。

さて、蹴鞠は八人または六人の鞠足で一座を組む。鞠足たちは鞠庭を八方位か六方位に分けた位置にそれぞれ立つ。北西の位置を「一」の懸かり、または「軒《のき》」といい、ここに立つ人が長老で、座に加わったすべての人に蹴る機会があるようにつねに気配りをする。以下、南東を「二」、北東を「三」、南西を「四」と呼ぶ。この四人が柱となり、「五」以下の者は「詰《つめ》」といって、外れた鞠を鞠場に蹴りもどす役目を担う。

神前または晴会で行う時には、まず「枝鞠《えだまり》」と呼ばれる枝に鞠を挟んで捧げ、持ち神に祈念する儀式が行われる。鞠庭に入る際にも膝を折って一礼するなど、厳しい作法がある。すべてが端正に優雅に行われるのである。枝から鞠を外す「解鞠《ときまり》」のあと、いよいよ開始となる。

蹴鞠はかならず「軒」が蹴った鞠から始まる。鞠を蹴るには、受け手が受けやすい高さに蹴るのが理想で、背丈のおよそ二・五倍、四メートルぐらいが限度とされている。蹴る時に「アリ」「ヤウ」「オウ」という三つの声を掛け合うのは、蹴鞠をする時には三匹の神猿の名前を呼ぶようにというお告げによるものだが、掛け声の長短や抑揚によって鞠の受け渡しの意思を表す。たとえば「アリー」「ヤー」と長く伸ばした時には、もう一度自分が蹴ることを意味し、「アリ」と短く発した時には、誰かのところに行くという合図なのだ。

鞠が自分のところに飛んでくると思った者は、「アリ」または「オウ」と応じて、受ける意思を示す。声を出した者は、かならず受けなければならないのが決まりだ。逆に声を掛け合わないと、鞠を奪い合ってぶつかったり、お互いに遠慮して受け損なったりしてしまうからだ。もし隣り合う二人の真ん中に鞠が飛んできた場合には、右足に近いほうが蹴ることになっている。鞠を地面に落とすことなく次から次へと蹴りつないでいくのはたやすいことではない。一座の呼吸が合っていることが必要なのである。鞠は最後に「二」から「軒」に渡り、一座が終わる。一座に要する時間はおよそ十五分から二十分。しばらく休息をとったあと二座に移るが、興がのってくると三座、四座と、鞠足のメンバーを入れ替えて続けられる。

鞠の高さ、回転、音と、三拍子そろった時が良い鞠とされ、難しい鞠をうまく蹴り止め、蹴り上げた時は恍惚感に浸るという。相手より技術が優れているとか、相手を負かした優越感に浸るのではなく、相手に対していかに蹴りやすい鞠を蹴ってあげられるかが、本当の蹴鞠道とされている。しかし、蹴鞠が一般市民の間でも盛んに行われていた時代には大勢いたはずの御鞠師も、今はすっかりいなくなり、鞠そのものも保存会の会員たちの手作りと聞いては、蹴鞠の前途には厳しいものがありそうだ。

皇宮警察――皇宮護衛官の資格と職務

皇居の大手門を入った〈三の丸尚蔵館〉の向かい側、その生垣の内側に、皇宮警察本部がある。

一番手前の大きな建物は、昭和八年（一九三三）に上皇陛下のご誕生を祝って竣工した皇宮護衛官の柔剣道の道場〈済寧館《さいねいかん》〉である。高床式の切妻千鳥破風《はふ》造りで、武道場としては日本で唯一である。そこには天皇陛下がご覧になる御席「玉座」が設けられ、陛下がお使いになる玄関「御車寄」もある。

皇宮護衛官は、天皇皇后両陛下や各皇族方の身辺の安全を確保する護衛任務に当たるほか、国賓が来日し、皇居に参内される際や外国大使が日本に赴任した時の信任状捧呈式に、騎馬や側車（サイドカー）で大使や公使の護衛を行う、まさに護衛のプロフェッショナルである。信任状捧呈式とは、外国大使や公使が日本駐在に着任した際に、天皇陛下に信任状を捧呈する儀式である。

現在、皇宮警察には十四頭の馬がいる。信任状捧呈式が馬車列で行われる場合には、まず警視庁の騎馬が先導し、皇宮警察の騎馬が続く。さらにそのあとに新任の大使が乗った宮内庁車馬課の二頭引きの馬車、皇宮警察の二頭、車馬官の馬、大使のお付きの人が乗った供奉馬車、警視庁の騎馬、という車列になる。この馬車列は年に数回行われるが、運がよければ皇居前広場で誰でも見ることができる。

皇宮護衛官は馬の護衛はもちろん、側車で護衛に当たることもある。側車には黒色と白色があり、黒色は国賓の送迎や国家的な大きな行事の際に使用される。ご成婚パレードも黒である。一方、白色は両陛下の地方への行幸啓の際に使用され、御料車に付いて護衛する。

したがって、彼らは日頃から厳しい訓練を積むことになる。皇宮護衛官の定員は九百四十四人と決められており、定年などで欠員が生じた数に応じて採用人員が決められる。そのため年によって採用人員が十人だったり、二十人前後だったりする。

試験に合格して採用されると、皇居内にある全寮制の皇宮警察学校に入校し、大卒は六ヵ月、高卒は十ヵ月の教養訓練を受けることになっている。その内容は、憲法や行政法などの基礎学科のほか、当然のことながら皇室に関するさまざまな知識を身につけなければならない。護衛官として必要な逮捕術や拳銃の扱い方ばかりでなく、柔剣道やジョギング、水泳などで頑強な身体を作ることも求められる。

また、一般教養として和歌や書道、華道、茶道、英会話も必須だ。これは情操教育の面もあるが、いずれ両陛下ならびに各皇族方の身辺警護に就いた場合、ご公務でどこにお越しになるかわからないからである。一般教養は、男女の別なく全員が修得する。しかも、これらすべてをわずか六ヵ月〜十ヵ月で修得するのだから、朝六時の起床から夜十一時の消灯までスケジュールはびっしり詰まっている。皇宮警察学校を卒業すると、初めは皇居などの警備を担当する護衛署に配属される。そこでさらに七ヵ月から八ヵ月、先輩と行動をともにしながら実習を重ねることになる。

皇居正門で毎日、皇宮護衛官の交代式が行われているのをご存じだろうか。もちろん普段は一般の人たちが二重橋を渡ることはできないが、正門の左右の詰め所（ボックス）脇に直立不動で立っている皇宮護衛官は〈儀仗《ぎじょう》〉と呼ばれ、二人一組でほぼ一時間ごとに交代する。イギリスのバッキンガム宮殿の衛兵交代のような派手さはないが、きびきびした動作は見ていて気持ちがいい。正門の警備は主として皇宮警察学校を卒業して数年の、若い護衛官が当たるという。また新年の一般参賀などの時、両陛下をはじめ各皇族方がお立ちになる長和殿のベランダの下に儀礼服姿で立っているのも、彼らである。

皇宮護衛署は一般の警察署に相当するもので、四つに分かれている。皇居のうち、宮殿や皇居東御苑などの区域の護衛警備を担当する〈坂下護衛署〉、両陛下のお住まいや御所、賢所など宮中三殿の区域を担当する〈吹上護衛署〉、東宮御所や各宮邸のある赤坂御用地、常陸宮同妃両殿下がお住まいになる常盤松御用邸を担当する〈赤坂護衛署〉、それに京都御所、京都大宮御所、仙洞御所、桂離宮、修学院離宮および奈良の正倉院を担当する〈京都護衛署〉から成り立っている。なお那須、葉山、須崎の三つの御用邸は、護衛署ではなく警備部が担当している。

皇宮警察は明治十九年（一八八六）五月一日に宮内省主殿寮に創設されたのが始まりだが、数々の変遷を経て現在に至っている。戦後、昭和二十二年（一九四七）には一時、警視庁に移管された。しかし翌二十三年になると国家地方警察本部に付置、さらに昭和二十九年七月の「警察法」制定とともに国家公安委員会の下、警察庁の附属機関となったが、警察官ではなく皇宮護衛官と呼ばれ、独自の試験を受けて入ってくる。

皇宮護衛官には、普通の警察官と同じように司法警察職員としての権限が与えられており、両陛下や各皇族方に対する犯罪や、皇居などにおける犯罪が発生した場合には、必要な捜査を行う。とくに皇居での事件は社会全体に計り知れない影響を与えるため、より迅速かつ的確な捜査が必要になる。こうした事件発生に備えたさまざまな訓練も行われている。皇宮警察学校での逮捕術や拳銃の扱い方の実習も、その一貫である。また、不審者や不審物の発見のための警備犬（警察犬とはいわない）も、皇居のほか那須と須崎の御用邸に配備され、毎日訓練が行われている。

不慮の事態といえば、火災への対応も皇宮護衛官の重要な任務の一つである。通常は警察署と消防署は別々だが、皇宮警察の場合は全員が警防（消防）訓練を受け、警防操法（ポンプ操法）ができる。もちろん皇居内にも赤坂御用地にも、警防車（消防車）は配備されている。しかし、火災に対してはすべて皇宮護衛官だけで消火活動をするのではなく、消防署から消防車が到着するまでの初期消火のためである。

一方、前述した騎馬隊や側車の運転は、全員の任務ではない。まして高卒では運転免許証もない人が多く、あくまでも本人の希望と適正を見たうえで決められる。

もう一つ、希望者によるものに音楽隊がある。サンフランシスコ平和条約が締結された昭和二十七年（一九五二）、皇室の国家的儀礼などにおける演奏を目的に創設された隊長以下二十一人で構成される吹奏楽団である。この楽団は、両陛下主催の春秋の園遊会や記念式典などで演奏するためのものである。

国賓が皇居に参内する時に、皇居正門の内側、鉄橋のたもとで、おもに行進曲でお迎えするのも、この音楽隊である。

しかし音楽隊員は専従ではなく、毎日の勤務の合間を縫って練習に参加しているのだという。彼らは公式行事の時だけではなく、年に数回、東御苑の芝生の上で一般入苑者のための演奏会も開いており、皇室と国民とのあいだの音の架け橋の役目も果たしているのである。

第三部　皇居と御用地

皇居と赤坂御用地――二重橋と宮殿

東京の代表的な観光名所である皇居前広場には、一年を通して観光客が絶えることがない。そして多くの人が例外なく、二重橋をカメラに収めて帰っていく。

しかし厳密には、二重橋という橋は過去にはあったが、現在は存在しない。一般には皇居の正門に架かる石橋とその奥に見える鉄橋を二重橋と呼んではいるが、よくよく考えてみれば、二つ橋ならわかるが二重橋なら二つが重なっていなければならないはずだ。

たしかに二つの橋は、江戸城が築かれた時からすでにあった。将軍の隠居所ともいうべき西の丸御殿が現在の宮殿のあたりにあり、そこへの出入口として二つの橋が架かっていたからである。位置も今と同じで、もちろん二つとも木の橋であった。西の丸御殿が完成したのは文禄二年（一五九三）である。架橋は、それよりあとの慶長年間（一五九六～一六一四）と伝えられている。

それから約三百年、明治十九年（一八八七）になって鉄橋に架け替えられるが、その少し前の写真を見ると、奥の橋は弓形に反った美しい二重の橋であったことがわかる。下の濠の水面から十五メートル近くも高い石垣の上に架けられている。しかし江戸時代の当時、それだけの橋脚を立てる技術はなかったはずだ。じつは水面から七メートルほど上に石垣を両側に築き、そこにまず橋を架け、その橋の上にさらに約八メートルの橋脚を立てて、また橋を架けたのである。これならたしかに二重構造だし、江戸っ子たちが二重橋と呼んだ理由もうなずける。

橋は江戸の三百年間に何回も架け替えられたが、それが現在のような鉄橋になったのは、明治宮殿の建設と深くかかわりがある。江戸城は明治元年（一八六八）十月十三日、明治天皇が京都から東京に遷《うつ》って西の丸御殿に入られると東京城と呼ばれたが、いったん京都に戻られた明治天皇がふたたび東京へお着きになった翌二年三月二十八日に、皇城と改められた。

しかしそれも束の間、明治六年五月五日、女官房からの失火で西の丸御殿が全焼してしまった。そこで天皇は現在の赤坂御用地にあった赤坂離宮に移られ、そこが仮皇居となってからは、皇城は名ばかりのものとなってしまった。もちろん、ただちに再建計画が立てられたが、多額の費用を要するために明治天皇はきわめて慎重であった。しかもまだ政情が安定しておらず、佐賀の乱、神風連の乱、萩の乱、西南戦争などの士族の反乱が各地で勃発したため、それどころではなくなってしまったのである。

そしてようやく落ち着いた明治十二年（一八七九）、ようやく新宮殿の建設計画が本格化した。その時に、二つの橋も架け替えられることになったのである。当初は少し橋幅を広げるだけの木の橋にする案だった。しかし、諸外国に肩を並べるような宮殿を作ろうと考えていた伊藤博文が宮内卿に就任すると、その案は一蹴される。橋もまた新宮殿にふさわしいものにするため、手前の橋を石造りに、奥の二重橋を鉄橋にすることに決まったのである。この決定によって、本当の意味での二重橋は姿を消すことになったのだ。

しかし当時の技術では、手前の橋は架け替えられても奥の鉄橋は無理であった。そこで白羽の矢が立ったのは、ドイツのハルクールトという鉄工会社であった。鉄橋の橋材は船便で日本に運ばれ、着工からわずか三ヵ月あまりの明治二十年（一八八七）三月二十六日には竣工する。四基の装飾灯もドイツ製で、そのうちの一基は一時、東御苑の一角に記念として据えられていたが、現在は東京の立川にある昭和記念公園に移されている。

完成した鉄橋は長さ二十四メートルで、従来の木の橋に比べて長さは五メートル短くなったものの幅は四メートル広くなった。中央には幅六メートルの車道と両側に二メートルずつの歩道が設けられた。そしてこの鉄橋を架ける際、下の段の木の橋を架けるために築かれていた一方の石垣は、取り除かれた。重量テストでも上々の成績をあげた鉄橋は、明治二十二年一月十一日、十六年あまりを赤坂の仮皇居で過ごされた明治天皇の馬車列が渡る、晴れのデビューを迎えたのである。

それ以後、石橋と鉄橋は明治、大正、昭和と激動する日本の姿を見つめ続けてきたが、一般国民が初めてこの橋を渡ったのは昭和二十三年（一九四八）の元日であった。この日から一般参賀が始まったのだが、かつては皇居に入ることなど夢想だにしていなかった国民の関心は高く、当日の新聞は参賀の人波が七万人にも達したと報じている。しかし皇居に入った人たちが目にしたものは、戦火で荒廃した無

皇居の二重橋（宮内庁提供）

残な宮殿の焼け跡だけであった。宮殿とは、もちろん明治宮殿である。

その後、一般参賀は恒例となり、新年と天皇誕生日に行われるようになった。元日は新年祝賀の儀などが目白押しになるため、新年の一般参賀は一月二日となった。しかし、悲劇も起きている。昭和二十九年新年の一般参賀の際、正門に入る石橋の上で人波が崩れ、死者十六人、負傷者六十四人を出すという大惨事が起きてしまったのである。これは、奥の鉄橋の負荷重を考えて通行人数を制限していたため、石橋のところに群集が詰まってしまったことも一因と見られた。この大惨事を機に、新しい宮殿の造営計画が進みはじめていたこともあって、鉄橋を架け替えることになったのである。

もちろん、今度はわが国の技術が生かされた。鉄橋は間組《はざまぐみ》と横河橋梁《よこかわきょうりょう》製作所によって昭和三十八年（一九六三）五月十日に着工し、わずか一年後の昭和三十九年五月二十八日に完成している。二代目の鉄橋は、初代の橋と比べて幅は十メートルと変わっていないが、長さは一・五メートル長い二十五・五メートルとなった。車道の幅は二メートル広くなって八メートルとなった。しかし橋の外観そのものはほとんど変わっていない。これが現在、観光客がカメラに収める鉄橋の歴史なのである。

今でこそ皇居は、旧江戸城の本丸跡、二の丸跡、三の丸跡、現在宮殿の建っている宮殿地区、御所のある吹上御苑を含めた総面積百十五万平方メートルという広大な面積を占めているが、当時の江戸城はどのくらいの広さがあったのだろうか。江戸の古地図を見ると、江戸城の周囲は二重の堀がめぐらされ、前面に海が広がっていたことがわかる。吹上御苑のあたりからは、以前から貝殻や土器の破片が発掘されていることから、太古から人が住んでいたことは間違いないし、なによりも海辺であったことの証でもある。

ちなみに吹上という名前は、目の前の海から風が吹き上げることからそう呼ばれるようになったともいわれている。徳川家康が江戸城に入った頃は、十六の寺院があったという。それをほかに移し、跡地を尾張、紀伊、水戸の御三家や幕臣たちの邸宅地とした。明暦の大火後、五代将軍の綱吉が、そこにあったすべての邸宅を城外に出し、火除け地として苑にしたのが吹上御苑である。その後、歴代の将軍の手によって次々と茶室が建てられ、庭園として整備され、現在でももっとも江戸時代の面影を残している場所である。

現在は旧江戸城のうち、内濠に囲まれた一画を皇居と呼んでいる。四ツ谷から市ヶ谷と飯田橋にかけて残っている御濠や、八丁堀という地名からもわかるように、もう一つ外側にも堀（外濠）が巡らされており、江戸城とその周辺がいかに大きかったかがうかがえる。たくさんのしび（海草をからませる小枝）が立っていたところから日比谷という地名になったともいわれるように、丸の内も銀座もかつては海だった。江戸城が天然の要塞だったのはこうした理由からで、江戸前という言葉はまさに江戸城の前の豊かな海産物を指していたのである。

実際に皇居内を歩いてみると、かなりの高台であったことがわかる。武蔵野台地の東のはずれを利用して江戸城が築かれたのである。この地に目をつけて築城したのは太田道灌だが、その生存中にすべてが完成したわけではない。基本的なところはたしかに太田道灌だが、永い間、さまざまな手が加えられてきている。

明治天皇が上京して入られた西の丸御殿も、二代将軍秀忠が創建し、三代将軍家光が改修して将軍の隠居所にしたものである。その西の丸御殿が焼けたあと、明治宮殿を建てる際に問題になったのは、改めてどこに建てるかであった。本丸跡にするべきだと主張する人々と、焼けた西の丸御殿の跡に建てるべきだと主張する人々が対立し、やっと西の丸跡に落ち着いて着工にこぎつけたのは、明治十七年（一八八四）四月のことであった。十年あまりももめ続けた明治宮殿建設は四年あまりの歳月を費やして、明治二十一年十月に竣工し、十月二十七日の宮内省告示で今度は宮城と称することになった。

宮殿の外観は和風で、建物の配置を見ると、紫宸殿を中心とした京都御所を参考にしたことがうかがえる。当初は洋風宮殿にする案もあったが、調査の結果、石造りの洋風建築を建てるには地盤が悪く、しかも膨大な費用がかかることがわかったため、最終的に和風建築に落ち着いたのである。しかし内部の、とくに儀式や外国の賓客に謁見される表宮殿は、絨毯敷《じゅうたんじき》で暖炉やガラス入りの扉や建具などが入り、シャンデリアが吊るされるという、和洋折衷型であった。

総建坪は約四万一千九百九十四平方メートルという広大なもので、造営費は約三百九十六万八千余円と、当時の官報に記載されている。そのうちには約三十万円にものぼる国民からの献金も含まれており、勤労奉仕の希望者もあとを絶たなかったというから、新宮殿に寄せる国民の期待の大きさが偲ばれる。

こうして完成した明治宮殿は表宮殿と奥宮殿に分かれており、表宮殿は東京大空襲で焼失するまで五十六年五ヵ月のあいだ、国の儀式の場、内外の賓客の接遇の場となった。一方、奥宮殿は両陛下の御住居で、中庭をはさんで山里と呼ばれる道灌濠側にあった。奥御殿は、漆喰や金箔を施したきらびやかな表御殿とはうって変わって、素木造の御部屋が道灌濠越しに緑豊かな吹上御苑を望む位置に配置されており、激務の日々を送られる両陛下におくつろぎいただくための配慮がうかがわれる。

奥宮殿の床の高さは六段階に分かれており、天皇陛下のおられる聖上御常御殿がもっとも高く、皇后のおられる皇后宮御常御殿はそれより約三センチ低くなっていた。また床も使用目的によって、聖上御常御殿と表宮殿に通ずる廊下は畳の上に敷物を敷いたほか、畳敷、板張、板張の上にも敷物を敷くなど、さまざまであった。また、聖上御常御殿と皇后宮御常御殿の屋根だけが銅瓦葺で、あとはすべて瓦葺であった。表宮殿の正殿や豊明殿をはじめ、東西の溜之間、千草、牡丹、竹の間、西一、二の間、東一、二の間は、すべて格天井《ごうてんじょう》となっており、格子ごとの花模様の絵柄が、室全体にいっそうの華やかさを与えていた。

　しかし昭和に入ると、各地で防空演習が行われるようになり、昭和十二年（一九三七）四月に防空法が公布されると、当時の宮内省は明治宮殿が爆撃を受けた場合を想定して、真剣に防空施設を考え始めた。そして、まず赤坂の大宮御所にお住まいだった昭和天皇の母、貞明皇后のために、御文庫と呼ばれた防空室を造った。いわゆる戦争中の防空壕に相当するものである。続いて昭和天皇のための防空室を造ろうとしたが、天皇ご自身が時期尚早だとしてなかなか許されなかった。

　しかし途中で太平洋戦争が始まったため、昼夜兼行の大工事のすえ、吹上の御文庫は翌昭和十七年末に完成した。時局はまだそれほど切迫してはいなかったが、両陛下は昭和十八年一月八日に宮殿からこの吹上の御文庫に生活の場を移された。それまで天皇が執務される表御座所とお住まいとは同じ建物の中にあったが、この時から御座所とお住まいが離れることになったのである。

　御文庫は北側に御車寄（正面玄関）があり、入るとかなり広いホールになっていた。そこにはスクリーンが設けられており、毎週定期的にニュースが上映されたほか、時として昭和天皇がお好きだった自然を扱ったドキュメンタリー映画が上映されたこともあったという。

　またこのホールでは、毎週土曜日の夕食の際、側近の侍従たちが天皇陛下のお食事のお相手をするご相伴が行われていた。しかし夕食といっても戦時下とあって献立は粗末なもので、国民と同じものをと仰る昭和天皇の強いご意向で、やがて水団《すいとん》や芋などの代用品が中心になっていった。ホールの西側は両陛下のプライベート・ゾーンで、東側に天皇の御座所が南向きのベランダに面してあった。

当然、避難所は地下に設けられていた。御文庫が最初に危険にさらされたのは、昭和二十年三月十日の東京大空襲の時だった。雨あられと降り注ぐ米軍の焼夷弾の火が、御文庫の前の枯れ草に燃え移ったのである。宮城を守っていた近衛歩兵の懸命の消火活動によって危うく難を逃れたものの、枯野の焼失面積は二万四千平方メートルにも及び、完全に鎮火するまでに三時間も要したという。

昭和二十年五月二十五日から二十六日未明にかけても、東京大空襲があった。この時は飛び火で明治宮殿が焼失したが、陛下はわざわざ御文庫に足を運ばれた。出火の知らせを聞かれた陛下は、「正殿に火がついたか。正殿に。あの建物には明治陛下が、たいそう大事になさった品々がある。大事なものばかりだ。なんとかして消し止めたいものだ」と、大変残念そうだった。しかしその望みが絶たれると、「御殿は焼けても致し方ない。それよりも局たちの御殿にまだ火がついていないならば、全力を尽くして助けてもらいたい。局の御殿がなくなったら、明日から困るだろう」と心配された。そしてついに宮殿が焼け落ちたという知らせを受けられると、「そうか、焼けたか。これでやっとみんなと同じになったね」と、側近につぶやくように漏らされたという。相次ぐ空襲で家を失った人々のことが、つねに心から離れなかったのだろう。

また皇居の広芝は、かつて広々とした芝生に覆われ、昭和天皇がゴルフを楽しまれた九ホールのゴルフコースがあったところである。昭和十二年七月七日に盧溝橋事件が起き、日中戦争へと戦争が拡大すると、昭和天皇は広芝にはいっさい手入れをしないようにと命じ、ゴルフもやめられた。ちなみに、昭和天皇は大正六年頃からゴルフを始め、週に二、三回は側近とプレイされ、「ゴルフというのは落ち着きを作るにはまことに良い。クラブで打つ時は、どうしても無心にならなければうまくいかない」と言われるほど打ち込まれ、やめられたときのハンディは二十ぐらいだったという。

その広芝に作られた防空施設は、地上一階、地下二階、間口七十五メートル、奥行二十メートルだった。この防空施設もまた、その目的を隠すために、吹上の御文庫と呼ばれることになった。なにしろ両陛下の身を守る必要があるため、五百キロ爆弾にも耐えられるような堅固なものとなった。天井は、厚さ一メートルの鉄筋コンクリートの上にやはり厚さ一メートルの砂を盛り、さらにその上をさらに鉄筋コンクリートで固めるという念の入れようだった。爆弾が直撃しても砂がクッションの役割を果たし、衝撃をやわらげる工夫が凝らされていたのである。

また、御文庫のほかに防空室というものがあった。風雲急を告げた昭和十六年(一九四一)六月、すでに御文庫では不十分と考えた時の陸軍大臣東条英機は、吹上御文庫のそばにさらに堅固な防空室を構築するよう命じた。また賢所の御神体の避難所が先だという昭和天皇の思し召しを受けて、賢所と両陛下の防空室の建設は同時に始まった。場所は吹上御苑のほぼ中央、広芝と呼ばれる武蔵野の面影を残す雑木林の一画である。この防空室は御文庫の工事と並行して行われたが、七月に着工して昼夜兼行の作業のすえ、わずか二ヵ月あまりで完成している。

ここは大本営付属室として、その後に完成する御文庫とは地下の通路でつながっていた。防空室である以上、対爆強度は絶対条件であったが、米軍側ではわずか数年間で航空機の性能が飛躍的に向上し、爆弾も大型化したため、昭和二十年七月に急遽、防空室の大規模な補強工事が行われた。すでにこの頃には、日本の敗色は濃くなっていた。わずかお濠一つ隔てたところに敵国のイギリス大使館があって、どんなに目隠ししたところで防空補強工事の進捗状況は筒抜けになっていたはずだが、もうそれどころではなかったのだろう。

防空室が完成して、昭和天皇が初めてその部屋に入られたのは八月二日。それからわずか二週間足らずのあいだに重要な会議が次々とここで開かれた。昭和天皇が戦争終結のご聖断を下されたのは、まさにこの部屋だったのである。あれから六十有余年、朽ち果てたその部屋にはもう誰も入ることはできない。

戦後、昭和二十七年（一九五二）、サンフランシスコ平和条約が発効し、日本がふたたび世界の仲間入りを果たしたことから、あらためて宮殿の必要性が高まった。明治宮殿が焼け落ちたままだったため、焼け残った宮内庁庁舎の三階を仮宮殿に充てることにして、改装のすえに同年十月七日、完成した。そして翌月の十一月十日には、皇太子明仁親王殿下（現天皇）の〈成年式〉と〈立太子の礼〉が現在の講堂の「北の間」で、十一月二十八日には正仁親王殿下（常陸宮）の〈成年式〉が「西の間」で行われた。ちなみに「西の間」は、平成十六年十二月三十日に現天皇の妹、清子内親王殿下と黒田慶樹さんの御婚約内定の記者会見が行われた部屋でもある。

また「東の間」は、当時の皇太子殿下と正田美智子さんのご結婚を認める皇室会議が開かれた部屋であり、昭和三十四年（一九五九）四月十日の挙式後にお二人おそろいで姿をお見せになったのは、現在の宮内庁の正面玄関であった。昭和天皇が初めてそこに立たれたのは、昭和二十五年四月二十九日の天皇誕生日の一般参賀の時だが、翌二十六（一九五一）年の新年一般参賀からは皇后（香淳皇后）もごいっしょにお立ちになった。

正面玄関ホール真上の、現在は宮内庁長官の応接室になっている部屋が、国賓などと公式にお会いになる「謁見の間」とされた。そこに最初に国賓待遇で迎えたのは、昭和二十八年十一月十五日に来日したアメリカのニクソン副大統領であった。現在は庁舎三階の廊下のアーチ型の梁と天井の吊り照明に、わずかに仮宮殿の面影を見ることができるだけである。

宮内庁庁舎が仮宮殿となったことで、正面玄関は御車寄となり、一般職員は東玄関から出入りすることになった。昭和四十三年（一九六八）に現在の宮殿が落成するまで、上皇上皇后両陛下が一般参賀の人々にお応えになっていたのは、この正面玄関の張り出したコンクリートの屋根の上であった。また正面玄関ホール真上の、現在は宮内庁長官の応接室になっている部屋が、国賓などと公式にお会いになる謁見の間とされた。

さて、吹上御文庫はもともと防空施設だったため、日当たりが悪く湿度も高いという、居住空間としてはまったく不向きな建物であった。そこで健康問題も考慮に入れ、昭和天皇が還暦を迎えられるのを機に、南側に新館を建てる計画が具体化し、昭和三十六年（一九六一）十一月二十七日に完成した。この新館は〈吹上御所〉と呼ばれることになったが、その建設の際にも昭和天皇は、「工事で事故を起こすことのないように。また、贅沢をしないこと。一坪でも減らすように」などと注文をつけられている。昭和天皇は崩御されるまで、旧御文庫と廊下でつながっていたこの御所にお住まいになっていた。

吹上御所が完成してからは、昭和天皇が御所から宮内庁庁舎の仮皇居の御座所に通われる日が長らく続いた。しかし昭和三十九年に東京オリンピックが開催されることが決まり、各国からの賓客が急増することが予想されたため、政府は昭和三十五年一月二十九日、新宮殿の造営を閣議決定した。そして同三十九年五月に正門の鉄橋の架け替え工事が終わったのを受けて、同年六月に、宮殿造営の起工式が行われた。

四年五ヵ月の歳月をかけた新宮殿は、昭和四十三年（一九六八）十一月十四日に落成式が行われた。昭和天皇はその年の夏の記者会見で、「新宮殿ができるのは国民生活が安定し、国の経済が発展した表れと思い、大変うれしい」とご感想を述べられ、同四十四年一月二日に行われた一般参賀で、その喜びを次のような御製に詠まれている。

あらたまの年をむかえて人々の
　こえにぎわしきにい（新）宮の庭

新宮殿の建築面積は、一万二千百六十九平方メートル。鉄骨鉄筋コンクリート造りで、一階部分が一般の家の二階に相当するような高い造りになっている。中庭を挟んでぐるりと一周できるようになっている。新宮殿でよく知られているのは「長和殿」だろう。宮殿の一番東側にある建物で、南北に延びる長いベランダがあり、一般参賀の際に両陛下や各皇族方がそこにお立ちになって、人々の祝賀にお応えになる場所である。

しかし昭和四十四年一月二日、祝福すべき新宮殿での初めての一般参賀で、とんでもない事件が起きた。パチンコ玉が四発、天皇めがけて発射されたのだ。さいわい陛下には当たらず、何ごともなかったかのように手を振り続けられた。しかしこの日は発炎筒が焚かれる騒ぎもあり、当時すべて開け放たれていたベランダは、それ以後はお立ちになる場所に強化ガラスがはめられることになったのである。

その長和殿の向かって左手にある玄関が、「南車寄」と呼ばれる宮殿の表玄関で、天皇陛下が賓客をお出迎えなさるところである。南車寄を入るとすぐに、「南溜」と呼ばれる広間がある。いわば玄関ホールともいうべき部屋で、床は黒の御影石張り、天上からは薄紫色のシャンデリアが二基下がっている。

そこから一段高くなっているところがロビーで、東山魁夷の「朝明けの潮」の壁画があるところから「波の間」と呼ばれ、拝謁の間としても使われている。その隣の部屋が「松風の間」で、国賓を招いた宮中晩餐会の時は、ここで天皇陛下が国賓をお迎えになる。

これらはいずれも長和殿にある部屋だが、なかでももっとも大きいのが中央にある「春秋の間」という大広間である。広さは六百八平方メートルもある。ここは晩餐会の際の後席の間でもあるが、昭和五十五年（一九八〇）二月二十三日、誕生日の日に、現天皇陛下の〈成年式〉が行われている。

さらにその隣が、宮中午餐会の時に天皇陛下が賓客の挨拶を受けられる「石橋の間」である。これは長和殿のもう一つの玄関である北車寄から入ってすぐのところにあり、前田青邨の「石橋」があるところから名付けられた部屋だ。「石橋の間」を出て中庭沿いに左に折れたところにあるのが、宮殿最大の部屋「豊明殿」である。広さは九百十五平方メートルもある。ここが国賓を迎えて宮中晩餐会や天皇誕生日の祝宴が開かれるところで、正面の壁面には中村岳陵作の綴織、「豊幡雲」が飾られている。

豊明殿の奥、西側に突き出す形の部屋が「連翠《れんすい》」で、窓からは道灌濠を見下ろすことができる。おもに外国の大公使や閣僚、学士院・芸術院の会員などをお招きになって午餐会場を開く際に使われる。電動式の間仕切りで二つの部屋に分けることができ、その場合は北側が食堂、南側が後席の間となる。

中庭を挟んで長和殿と向き合うように建っている建物が「正殿」で、宮殿の中でもっとも格式が高く、棟の上には一対の瑞鳥が据えられている。正殿は三つの間に分かれている。中央が「松の間」で、新年祝賀の儀、勲章親授式、文化勲章伝達式、内閣総理大臣の親任式、新年歌会始など、重要な儀式が行われる部屋である。平成二年（一九九〇）十一月十二日、天皇陛下（現上皇）の〈即位の礼〉が行われたのもこの部屋である。その両隣は、天皇皇后両陛下が国賓や公賓と会見される「竹の間」と、皇后のご誕生日の祝賀などに使われる「梅の間」となっている。

そして宮殿の一番奥にあるのが、正殿の儀式に参列する人たちの控え室、「千鳥の間」「千草の間」である。そして、その部屋から東に延びているのが、正殿と長和殿をつなぐ長さ七十四メートルの「回廊」となっている。いずれにしても正殿は、荘厳のなかにも随所に日本の伝統美を感じさせるすばらしい宮殿である。

天皇陛下（現上皇）は天気がよければ毎日、お住まいである〈御所〉から宮殿の表御座所へ徒歩でお出でになる。御所は、吹上御苑の中に平成五年に完成した。地上二階、地下一階の建物で、十七の私室のほか、お客様を迎えるためのスペースや宮内庁職員の執務部屋などがあり、部屋の広さは合わせると八百七十平方メートルある。

御所は、昭和天皇がかつてゴルフを楽しまれていた吹上御苑の広芝の林の中に建てられたが、吹上御苑だけでも約五千平方メートルある。昭和天皇が昭和十二年にゴルフをおやめになる際に、いっさいこの一帯には手を加えないようにと指示されたこともあって、以後七十年余、吹上御苑には椎《しい》、樫《かし》、タブノキなど、もともとあった樹齢二百年から三百年という常緑広葉樹や、新しい木々が生い茂る、見事な自然が息づいている。

また、中国原産のフウ（楓）やアメリカの古生物学者チェニー博士が発見し献上した「生きた化石」といわれるメタセコイヤの苗木が見事に成長している。昭和天皇は昭和六十二年の歌会始で、曙杉《あけぼのすぎ》という和名で次のような御製を詠まれている。

わが国のたちなほり来し年々に
あけぼのすぎの木はのびにけり

そのほか、喜多見や白金にあった御料地から移植した野草が咲き乱れ、蕨《わらび》や土筆《つくし》が顔を出すほか、夏には水辺に蛍が飛び交う。

これだけの大自然ならば鳥の種類も多く、約七十種が生息しているといわれている。昭和四十三年の四月初めには、中国大陸にいるはずのヤツガシラが吹上御所の庭先に飛来し、その姿を確認された上皇上皇后両陛下も大変喜ばれたという。また、人間の作った巣箱では雛を孵《かえ》すことはないといわれるほど警戒心の非常に強い鴛鴦《おしどり》が、雛を孵したことが確認されたのも、吹上御苑であった。その吹上御苑の様子を、随筆家でもあった入江相政元侍従長は次のように記している。

「武蔵野に生える日本在来の植物にはなにかしら『たしなみ』のようなものがあって、それぞれ自由に生息しながら、決して一つのものがやたらにはびこったりしない。互いに分を守って、他の邪魔をせず共存を楽しむようなところがある」

その吹上御苑は、一部ではあるが、平成十九年から一般に公開されている。

皇居の狸――保たれた自然

皇居は、都心とは思えないほど緑に覆われたまさにオアシスだが、昆虫や生物にとっても貴重な楽園だ。

国立科学博物館が平成八年（一九九六）から平成十二年までの五年間に行った皇居内の生物調査では、いまや都心ではほとんど見られなくなった絶滅危惧種も含めて、三千六百三十八種の動物と、千三百六十六種の植物が確認されている。驚くべき種類の豊富さである。

哺乳類ではアズマモグラ、アブラコウモリ、ハクビシンのほか、なんと狸《たぬき》も含まれている。狸については平成十九年六月に、天皇陛下も「皇居における狸の食性とその季節変動」という論文を、ほかの四人の学者との共同執筆で発表されている。

皇居の狸は、皇居が宮城といわれていた戦前には普通にいたようだが、戦後になって都心から緑が消えるにつれて、見られなくなってしまったという。しかし、昭和四十年代の前半頃から次第に目撃情報が現れ、平成に入ってからはとくにその数が増えてきた。

狸は夜行性のため、夜間も警戒にあたる皇宮護衛官による目撃情報が多かったようだ。皇居内に定住している可能性が高まったため、平成十八年四月から翌年十二月にかけて、生息状況を把握するための大がかりな調査が行われた。専門家の話によると、狸には特定の場所で糞をする習性があるため、いわゆる「ため糞」と呼ばれる場所を調査し、その糞を分析すれば、狸の行動範囲や何を餌にしているかがわかるのだという。

調査の結果、皇居全域で合わせて三十ヵ所の「ため糞」場が確認された。糞をしてからまだ一日経過していないと思われるものは、圧倒的に吹上地区が多かったという。吹上地区は、御所が建っているところで、皇居の中でももっとも緑の多い場所である。当然、狸の餌である動植物が豊富だ。

この時の調査では実際に糞を採取して、狸が何を食べたかも調べたという。糞を細かい茶越しのようなものに入れ、丁寧に水洗いして溶かし、糞の中に入っている未消化物の分析を行う。肉眼ではわからなくても顕微鏡で見ると、昆虫の脚や羽根、植物の種などが認められ、食べたものが特定できるのだ。

調査期間中に採取された百六十九個の糞を分析した結果、百六十四個から動物質が、百六十一個から植物質が検出され、あらためて狸が雑食性であることが裏づけられた。

一方、人工物は二十一個からしか検出されなかったことから、皇居内では残飯類がないこと、ビニール片やティッシュ、レジ袋など、都市にはかならず氾濫している化学物質がほとんど検出されなかったことがわかった。皇居では、掃除が行き届いているうえに、自然によるゴミ分解が完全に行われていることがうかがえる。

このことから、狸が皇居内の自然の食物だけで十分に生息できることがわかる。糞からもっとも多く検出された昆虫類も、一月から三月にかけての冬場には少ないなど、季節によって大きく変動することや、同じ昆虫でも動きの鈍いものが多いこともわかった。現在、六匹の狸に発信機が取りつけられ、行動範囲についての調査も行われている。「ため糞」場や糞の数などから、皇居には十匹前後は生息しているのではないかと見られている。

狸は警戒心が強いため調査は容易ではないが、周囲を濠で囲まれた皇居は、狸だけでなく、ほかの動物も観察できるという意味で、きわめて貴重な場所なのである。

皇居東御苑——皇居散策案内

「皇居に入ってみたいのですが、無理でしょうか」。こんな質問を受けることがある。両陛下のお住まいである御所や宮中三殿のあたりは無理だが、皇居を訪れることができる機会は少なくない。

まず、正月二日と天皇誕生日の一般参賀が挙げられる。ガラス越しではあるが、宮殿の東庭に面した長和殿のベランダにお出ましになる天皇皇后両陛下をはじめ、各皇族の方々のお姿を目の前で拝見できる。また、二重橋や宮殿前などを巡る参観コースも設けられており、月曜から金曜まで（年末年始、休日、行事などで支障のある日を除く）一日二回、宮内庁の職員の説明付きで巡ることができる。さらに上皇陛下の御発意で、平成十九年から御所のある吹上御苑の一角も参観できるようになった。もちろん人員には制限があり、事前の申し込みが必要である。

そのほか、年齢や団体という条件はあるが、皇居勤労奉仕団に加わるという方法もある。草むしりなどの清掃に携わるもので、その時にならないと皇居のどの地区を担当するかはわからない。御所や宮中三殿周辺を指示されることもあるし、時として上皇上皇后両陛下や天皇皇后両陛下の御会釈を賜ることもある。

しかしこうした手続きが要らず、誰でも自由に入れるのが、皇居の東地区にある《東御苑》である。月曜と金曜は休苑日だが、入場は無料だ。東御苑は、昭和三十五年（一九六〇）に新宮殿を造営することが閣議決定された際、あわせて旧江戸城本丸、二の丸、三の丸地区（一部を除く）を皇居付属庭園として整備のうえ、宮中行事に支障のない限り原則として公開することが決められた。これを受けて庭園の整備が行われ、新宮殿が完成した昭和四十三年（一九六八）から、皇居東庭園として公開されている。広さは、皇居全体（約百十五万平方メートル）の約十八％に当たる、約二十一万平方メートルある。

東御苑には大手門、平川門、北桔橋《きたはねばし》門の三ヵ所から入苑できるが、ぜひ〈大手門〉から入ることをお勧めする。というのも、大手門こそ江戸城の正門だったからだ。諸大名が登城したこの門の門前には、明治初期の写真を見ると、木造の大手門橋がかかっていたことがわかる。この橋は大正年間に埋め立てられたが、今はコンクリート道を進むと、左右の控え柱の上にも屋根を葺いた一の門である「高麗門」があるのがわかる。高麗門をくぐると、四角い枡形の広場に出る。決して広くはないが、周囲の白壁と右側にそびえ立つ重厚な二の門である「渡櫓《わたりやぐら》門」のために、閉塞感と威圧感に襲われる。

高い渡櫓門と枡形の広場の構造は、安土桃山時代に発達した典型的な城門の形で、敵の直進を防ぐためのものであった。渡櫓門を閉じ、枡形で行き場を失った敵を、渡櫓の上から狙撃しようというのである。そのための狭間《はざま》と呼ばれる「銃眼」が櫓門の上に並んでいる。

江戸時代、正門である大手門の警護は十万石以上の譜代大名が受け持ち、鉄砲三十丁、弓十張、長柄槍二十筋など、大量の武器が常備されていたという。櫓《やぐら》そのものが「矢倉」ともいわれるように、武器を納めておく倉でもあったのだ。

しかしこの大手門は、明暦の大火（一六五七）で焼け落ち、翌々年の万治二年に再建されたが、関東大震災でも大きな被害を受けて倒壊してしまった。明暦の大火とは明暦三年一月十八日に、本郷の本妙寺から出火したもので、二日二晩燃え続け、大手門はもちろん、江戸城全体が火に包まれてしまった大火事である。娘の供養のために燃やした振袖が火元とされたところから、振袖火事ともいわれている。枡形の左隅に置かれている鯱《しゃち》の頭部には、うっすらと残っている「明暦三年酉」という文字を読み取ることができる。この鯱は、大手門が再建された時に新たに作られたものと見られている。

さあ、いよいよ皇居の中に入ろう。渡櫓門を入って左側に曲がったところにある受付で、札を受け取る。入苑は無料だし、出る時にその札を返せばよい。夏場は木が生い茂っているが、葉の落ちる冬場には、受付正面の木の間隠れに、コンクリートの白い二階建ての建物を垣間見ることができる。宮内庁病院である。

「私はとある倉庫で生まれました」

現天皇陛下は、学習院大学に進学された時に、こんなユーモラスな自己紹介をされた。昭和三十五年（一九六〇）、美智子妃殿下のご出産のために急遽改装されたものの、たしかにそれまで倉庫として使われていた建物である。

それ以降は、小さいながら皇族用の病院として整備され、現在は内科、外科、産婦人科、眼科、皮膚泌尿器科、耳鼻咽喉科、放射線科、そして歯科の、八つの科を持つ総合病院になっている。愛子さまもここでお生まれになった。この病院は、天皇陛下および皇族方の診察を主目的にしているが、宮内庁職員や皇宮警察本部職員、これらの職員たちから紹介を受けた一般の人も、受診できる。

また東御苑は、さまざまな花を愛でることができる。大手門の受付のすぐ前には、秋から春にかけて咲く十月桜が、またその先には、天皇の衣服の黄色に似ているところから御衣黄と呼ばれる緑黄色の里桜が、入苑者を迎えてくれる。

受付から入ってすぐ右手の建物は、皇室に代々受け継がれてきた美術品を保存管理する《三の丸尚蔵館》である。また、左手の生垣の中は皇宮警察の本部である。

江戸城内には警護上たくさんの門があったが、次に正面に見えてくるのが〈大手三の門〉である。〈大手下乗門〉ともいい、尾張、紀伊、水戸の御三家以外の大名はここで駕籠《かご》を降ろされ、検問を受けなければならなかった。門の脇には、警護にあたる与力と同心が詰める〈同心番所〉がある。その屋根瓦の一番高いところには徳川家の葵御紋が、手前の瓦には皇室の菊の御紋があり、歴史の流れを感じさせる建物である。

この同じ番所の左手に、長さ五十メートルにも及ぶ長い建物が現れる。本丸に入る前の最大の検問所〈百人番所〉で、鉄砲百人組と呼ばれた根来《ねごろ》組、伊賀組、甲賀組、二十五騎組の四組が交代で二十四時間警備にあたっていた。各組とも二十人の与力、百人の同心が配属されていたが、入城してきた諸大名には大変な威圧感を与えたことだろう。

百人番所の前には、切石がきれいに積み上げられた石垣があり、かつてその上には櫓や多門が見下ろすように建ち並んでいたという。多門とは、長屋造りの櫓の一種で武器庫である。その石垣の中央にあったのが〈中之門〉で、江戸時代のままの「塼《せん》」と呼ばれる石畳の両端には、丸い門柱が立っていた穴が今も残っている。中之門の内側には、入ってすぐ右手にもう一つの検問所〈大番所〉があり、ここにもさらに位の高い与力と同心が控えていた。

そこから、ゆるやかな上り坂になる。坂を上りきったところが〈中雀門跡〉で、両脇の石垣に目をやると、ぼろぼろになっているのがわかる。それまでのきれいな石垣とはあまりにも対象的で、裂け目のあるもの、何か模様のように見えるものなど、さまざまである。色も黒味がかっている。これは文久三年（一八六三）の火災によって焼けた跡だと見られており、火の勢いがいかにすさまじいものであったかをうかがわせる。

その石垣を抜けたところが江戸城の本丸跡で、広々とした芝生庭園となっている。ふと左手に目をやると、数本の若木が整然と植えられている。これは生産性が悪くなったりして今は栽培されなくなってしまった果樹である。これらを植えておけば、訪れる人々にも興味深いのではないかという今上天皇の思し召しで誕生した〈果樹古品種園〉だ。平成二十年四月十一日に、天皇陛下が三宝柑、クネンボ、紀州蜜柑の、柑橘三品種を、皇后さまが淡雪、大古河、類産梨の、梨三品種の苗木を、お手植えになったところである。

皇居東御苑にある躑躅《つつじ》（宮内庁提供）

その後、果樹研究所に保存されていて苗が入手できる品種のうち、地域性や相性などを勘案して、梨、桃、柑橘、柿、和林檎の五種類、二十二品種が、順次植えられている。これらの果樹は実を採るためではなく、果樹がどのように変化してきたかを見るために植えられている。数年後には、今では見られなくなった珍しい果実を見ることができるだろう。

その果樹園の左脇を進むと、木の間隠れに三層の櫓が見えてくる。江戸城の本丸で現存する唯一の櫓〈富士見櫓〉で、おそらく当時はその名の通り、富士山が遠望できたことだろう。万治二年（一六五九）に建てられたこの櫓は、関東大震災で倒壊し、その後、主要な部分の木材をそのまま再利用して再建された。一時は焼失した天守閣の代わりとして使用されていたこともあった。どこから見ても同じように見えることから〈八方正面の櫓〉とも呼ばれている。ただし、手前の柵までしか近寄ることはできない。

さて、そこから戻って左へ道に沿って進むと、鬱蒼とした林の中に〈松之大廊下跡〉と刻まれた石標に気づくだろう。元禄十四年（一七〇一）三月十四日、赤穂藩主浅野内匠頭が吉良上野介に斬りかかったのが、この場所だったといわれている。事件は江戸城内の真ん中あたりの廊下で起きたと思っている人が多いようで、現場に案内するとほとんどの人が「こんな端のほうだったんですか」と一様に驚く。

当時は現在の大芝生広場一帯にびっしりと建物が建ち並んでおり、畳敷きのこの松之大廊下は西へ十九メートル、北へ三十一メートルもあった。江戸城内では二番目に長い廊下で、本丸の大広間と、将軍が大名らと対面する白書院をつないでいた。松を主題とした障壁画が描かれていたことから〈松の大廊下〉と呼ばれていたのである。

斬りつけた内匠頭はその日のうちに切腹、赤穂藩は廃藩になったが、家老の大石内蔵助ら四十七士が翌年の十二月十五日未明、江戸本所の吉良邸に討ち入って本懐を遂げたことは、あまりにも有名である。

本丸は約十三万平方メートル（四万坪）もあり、現在、その大部分に芝生が敷きつめられている。戦時中の食糧不足の頃には、一部が野菜畑として利用されただけで荒れていた。ここがその後に東御苑として整備される前は、その中央部分に「呉竹寮」という質素な木造平屋建ての建物があった。昭和天皇の内親王方のための施設であった。

また本丸は、わが国の気象台発祥の地でもあった。大芝生の中に〈午砲台跡〉という横長の石標がある。このあたりに気象台の官舎があり、正午になると近衛兵が時報代わりの空砲を撃った場所である。

その音は東京市中で聞こえたことから、昭和四年（一九二九）四月一日に廃止されるまでの五十八年間、「昼のドン（午砲）」として東京府民に親しまれていた。

大芝生の左手には近年、傾斜地を利用して茶畑が設けられたほか、上皇陛下のお考えで、吹上御苑から移植されたバラ園もあり、皇后陛下のお印であるハマナスや、秋篠宮眞子様のお印のモッコウバラなど、さまざまなバラを楽しむことができる。

さらにその先には、木立の中に頑丈な石組みの石室がある。江戸城の抜け穴だったという説もあるが、城の外に出るには近くにある深い濠の下をくぐらなければならない。当時の技術をもってしても、それが抜け穴とまでは考えにくい。石室の厚い天井が屋根の役目を果たしていることや、入口の小さな穴の跡から推察して扉があったらしいことなどから、非常時に大奥の調度品や貴重な文書類をしまうための「富士見御宝蔵」と呼ばれる倉庫だったのではないかと見られている。小さいながらも、今に残る江戸城の遺構の一つである。近くには竹林があり、国産や中国産のシホウチク、カンザンチクなどさまざまな種類の竹が植えられている。

その先に見えてくる堂々たる石積みが〈天守台〉である。天守台とは、その上に立つ天守閣の土台のことだ。前述した明暦の大火によって天主閣が焼失した翌年、加賀前田藩によって築き直されたものである。しかし土台ができ上がったところで天守閣の建設は延期され、その後二度とその威容を見ることはなかった。

じつは天守閣は、明暦の大火より前にも二度建て替えられていた。最初の天守閣は慶長十一年（一六〇六)、今の天守台よりも南西の位置に建てられ、今の国会議事堂とほぼ同じ高さだったという。しかし元和八年(一六二二)、二代将軍秀忠の時に撤去し、少し東北寄りに、さらに高い天守閣が建てられた。

ところがそれから十六年後の寛永十五年、三代将軍家光の時に、現存の天守台の上に金の鯱《しゃち》を載せた高さ約五十一メートルの五層の天守閣に、またも建て替えられたのである。それまでの天守閣が白壁だったのに対し、汚れの目立たないよう黒っぽい壁にしたといわれている。明暦の大火で焼け落ちたのはこの天守閣だったのである。

では、天守台ができたというのに、なぜ天守閣の建設は見送られたのであろうか。天守閣は、建設するとなると莫大な費用がかかる。時の幕府の重臣で四代将軍家綱の叔父、保科正之《ほしなまさゆき》が、戦国時代の象徴である天守閣は時代遅れであり、それより城下の復興に金を使うべきだと言った提言が通ったからであった。これによって江戸の町は整備されたのだから、まさに慧眼というべき英断だろう。

こうして天守閣は幻となったが、天守台への上り口に四角い石で囲われた場所がある。敵に攻められて籠城した時のための井戸で〈金明水〉と呼ばれ、今でも水が湧き出している。また、天主台の上の幅広い石垣の東南の隅には、わが国最初の三角点がある。この上からの景観はすばらしい。南側には大芝生が広がっており、中央を横切る道から手前が、大奥だったところである。

江戸城の本丸は、政務を執る「表」、将軍の私的な場所の「小姓」、近習など男性だけが奉仕した「中奥」、正妻御台所をはじめ女性だけが住む「大奥」の三つに分かれる。大奥だけでも三千人もいたのだから、さぞかし建物もびっしり並んでいたことだろう。今は一面の芝生になっているが、平成二年十一月にはここで、天皇に即位された現上皇の最初の新嘗祭《大嘗祭》が執り行われた。

北側に目を転ずると、東御苑への出入口の一つ〈北桔橋門〉と、その向こうに、かつては江戸城の一角だった〈北の丸〉（今は公園になっている）の森を望むことができる。北桔橋はその名の通り、普段は桔《は》ねあげてあり、江戸城本丸への通行を遮断していたが、本丸に近いために、このあたりの石垣は江戸城でももっとも高く、濠も深い。おそらくこの濠は敵の侵入を防ぐとともに、いざという時の逃げ口だったとも考えられており、今でも門には桔ねあげるための金具が残っている。また、江戸城内にはもう一つ、〈西桔橋〉という本丸と吹上を結ぶ桔橋があった。

天主台から目を東に転ずると、美しいタイル張りの八角形の壁面を持つ建物が眼下に見える。昭和四十一年（一九六六）に香淳皇后の還暦のお祝いのために建てられた〈音楽堂〉である。香淳皇后の誕生日が三月六日だったことと日本画の雅号が「桃苑」だったことから〈桃華楽堂〉と名づけられ、主として洋楽の演奏などがここで行われている。毎年三月に行われる音楽大学の卒業生たちによる演奏会には、上皇后さまもお出かけになる。

よく見ると、正面玄関の屋根の上に一対の金色に輝く雛人形が飾られている。これも香淳皇后のお誕生日にちなんだものだ。この建物は故今井兼次氏が設計したもので、屋根は鉄扇の八枚の花びらをかたどっている。壁は八面のどの面にも、大きく羽ばたく鳥が描かれている。そして絵柄はそれぞれ違っており、日月星、衣食住、風水火、春夏秋冬、鶴亀、雪月花、楽の音、松竹梅となっている。残念ながら表に面した三～四面しか見ることはできないが、よく見ると、陶器の皿などが巧みにはめ込まれている。

九谷焼や有田焼の窯元で出た陶器を集めたものだというが、見ていて楽しく、正統的な皇居内の建物に比べて異彩を放っている。

その桃華楽堂と棟続きの緑色の屋根の建物が、〈宮内庁楽部〉である。そばを通ると時折り、練習中の雅楽器の音色が聞こえてくるのは、この建物である。その脇の急坂は、〈汐見坂〉と呼ばれている。今は大手町のビル街になっているが、古地図を見ると銀座あたりまで海が拡がっていることから、その名の通り、江戸湾を一望できたのだろう。

桃華楽堂の前を左側に回りこんだところにあるのが、〈書陵部〉の建物である。玄関の上の軒下には梟《ふくろう》が飾ってある。古文書などを保管する書陵部については、すでに別項に書いたのでご参照願いたい。ちなみに、書陵部の前身である「図書寮」の責任者である図書頭を大正六年から五年間務めたのは、森鷗外であった。書陵部の前を通り過ぎてその建物の陰にひっそりと建っているのが、東京管区気象台がこのあたりにあったことを示す〈地震計〉である。

その先は〈梅林坂〉と呼ばれる急な坂になっており、五十本あまりの梅の木が植えられている。早咲きの冬至梅や白加賀などは、年の内から咲き始める。石垣の上には大きな櫨《はぜ》の木があり、遠目にもはっきりと見える色づいた葉は、東御苑の秋の深まりを知らせてくれる。

坂を降りきって左に行くと、東御苑のもう一つの出入口である〈平川門〉、右に行くと〈二の丸庭園〉だ。平川門には、ほかの門とは違った特徴がある。よく見ると、門の脇にもう一つ小さな門がある。〈帯曲輪門《おびくるわもん》〉と呼ばれ、城内で罪人や死人が出た時にここから出されたことから〈不浄門〉ともいわれている。生きてここから出されたのは、浅野内匠頭と絵島だけだという。

絵島は七代将軍家継の生母、月光院に気に入られ、大奥年寄として羽振りを利かせていた。ところが正徳四年（一七一四）正月、芝増上寺に六代将軍家宣の墓参りに行った帰り、当時人気の高かった歌舞伎役者の生島新五郎と会ったため城の門限に遅れ、密通していたとして厳しい取調べのすえ、信州高遠城に幽閉されてしまったのである。その絵島が不浄門から引き出された時は、素足だったといわれている。

さて梅林坂下に戻り、そのまままっすぐ進むと、右手に濠、左手に見事な雑木林が見えてくる。濠は〈白鳥濠〉といい、かつてはほかの濠ともつながっていたが、寛永十二年（一六三五）に二の丸の拡張工事に伴って、この濠だけを残して埋め立てられてしまったのである。

その白鳥濠の向かいにあるのが〈二の丸雑木林〉である。開発のために次々と失われていく近郊の雑木林を案じられた昭和天皇のご発意で、昭和五十八年（一九八三）から三年がかりで、それまでの西洋式の庭園から作り替えられたのである。その際、武蔵野特有の植生を復元することを目的に造成整備することになり、東京都町田市と神奈川県相模原市にあった数ヵ所の雑木林の土壌（表土）を、生えている植物ごと運んだ。こうしてわずか数年で、もともとその地にあったかのような武蔵野の面影を残す雑木林に生まれ変わった。秋にはドングリの実を拾うこともできる。また、メジロやヤマガラ、シジュウカラがさえずる、まさに野鳥の天国でもある。

この雑木林は平成十四年（二〇〇二）にさらに拡張され、小川も作られたため、水辺の植物も増えてきている。またその一角には、上皇陛下のご発意で、それまでばらばらに植えられていた秋の七草が一ヵ所にまとめられ、今や都心ではほとんど見かけなくなった女郎花《おみなえし》や藤袴《ふじばかま》などを見ることができる。さらに、万葉仮名で書かれた山上憶良の歌を入れた解説板も設置された。

雑木林を抜けると、広々とした庭園が拡がっている。慶応三年（一八六七）にここにあった二の丸御殿が焼失してからは廃材置き場になったり、車馬課の厩舎が建てられるなど、まったく省みられないできた。ところが東御苑を整備するにあたり、九代将軍家重の時代の絵図面を調べているうちに、ここに小堀遠州作の池があったことがわかった。それがきっかけでここは、その池を中心とした回遊式庭園として蘇ったのである。池には、インドネシアの鰭長鯉《ひれながこい》と日本の錦鯉《にしきごい》を交配してつくった、金魚のように鰭や尻尾の長い「鰭長錦鯉」が悠々と泳いでいる。

また池の周辺には、十八種類の桜や躑躅《つつじ》、皐《さつき》、藤、明治神宮の菖蒲田から株分けされた八十四種の花菖蒲、シャガといったさまざまな花々が咲き競う。池の北側には、緑青色の屋根を持つ〈諏訪の茶屋〉が東御苑の整備にあたって吹上御苑から移築され、ずっと昔からそこにあったかのように周囲に溶け込んでいる。

四季折々にさまざまな姿を見せる東御苑は、江戸城を偲ばせる史跡が数多く残っている、まさに都心のオアシスなのである。

三の丸尚蔵館――九千五百点の宝物たち

大手門を入るとすぐ右手に、ゆるやかな勾配の大屋根、見事な白壁造りの建物が目に飛び込んでくる。《三の丸尚蔵館》である。

尚蔵とは、昔、中国で貴人の持ち物を収蔵しておくところをそう呼んだことに由来しており、江戸城の三の丸跡に建てられたことから三の丸尚蔵館と名づけられたのである。

昭和天皇が崩御されたあと、上皇陛下は、それまで代々皇室に受け継がれてきた貴重な宝物の中からおよそ六千三百点の絵画や書、工芸品を国に寄贈された。これを受けて、環境の整った施設でそれらを大切に保存し管理することを目的に、平成四年（一九九二）八月に竣工したのが、延床面積千六百三十五平方メートルのこの建物である。

さらに翌年十一月三日には、その内部に展示室がオープンし、一般にも公開されるようになった。残念ながら展示室としてはやや狭い感は否めないが、年に数回の展示替えを楽しみにする人がどんどん増え、開館以来の入館者が三百万人を超えているほどの人気である。入館は無料だ。

建物の一階は展示室と事務室のほかは収蔵庫、二階は一部を学芸室としており、ほかはすべて収蔵庫になっている。収蔵品は、平成八年十月に故秩父宮妃の御遺贈品およそ千七百点が、同十三年四月には香淳皇后の御遺贈品およそ三百点、同十七年十月には故高松宮妃の御遺贈品およそ千二百点が国に寄贈され、上皇陛下が寄贈された分を合わせると、その数は現在およそ九千五百点にも達している。このため、三の丸尚蔵館も手狭になりつつあり、いずれ増築について検討する必要が出てくるだろうという。

また、一般公開するといっても一回にせいぜい五十点しか展示できないから、すべてを公開するとなると何十年とかかりそうだ。どの作品を展示するか、どういうテーマのもとに展示するかは、現在五人いる学芸員が相談して、三年ほど前から検討に入る。そして担当者を決めたうえで、ほぼ一年前に三の丸尚蔵館懇談会に諮り、最終的な準備を進めるという。学芸員は、ほかの美術館で研鑽を積んだ人もいれば、大学で美術史を専攻して卒業後すぐにここに入った人もいる。

当然、五人ともそれぞれが得意とする専門分野を持っているが、収蔵品が多岐にわたるため、専門以外の分野も受け持っている。それは、幅広い性格の作品を調査する必要があるためだが、自分の専門分野以外のことはわからないということにならないようにするためでもある。また、見学に来た人に少しでも親しんでもらい、理解してもらえるようにするためにはどのように展示すればいいのかを、五人が同じ土俵で話し合えるようにするためでもある。

収蔵品は絵画や書や工芸品が中心だが、制作年代は古代から現代まで、また制作地もわが国だけではなく世界各国に及んでいる。というのも、皇室が諸外国の人々と交流されるなかで、元首や王族から贈られた品物や御慶事の際にお祝いとして献上された品々が多数含まれているからだ。そうした皇室ならではの貴重な品々を一般の方々にも見てもらうために、海外の作品だけを特集した展覧会もこれまで四回（第十、十四、二十、三十六回）開催されている。

ところで皇室は、いつの世にあってもさまざまな形でわが国の芸術文化を大切にされてきたが、千年もの長きにわたって守られてきた正倉院宝物や江戸時代初期の後西天皇以降の品々を集めた東山御文庫などを見ると、文化史上に残された皇室の足跡の偉大さがわかるだろう。現在、三の丸尚蔵館に収蔵されているのは、日本画や油彩画などの絵画がおよそ二千四百点、書跡およそ千点、彫刻およそ三百点、漆工や陶磁器などの工芸品およそ四千三百点などとなっており、数量的には圧倒的に近代以降の作品が多い。

それは、近代以前の作品が、残念ながら京都御所の幾度もの火災によって焼失してしまったためである。それだけに、平成元年に国に寄贈された品々の中に含まれている、旧桂宮家に伝えられた作品や京都御所で使われていた屛風や文具などの調度品のうち火災を免れたものは、きわめて貴重なものである。

明治以降になると、美術品に造詣が深かった明治天皇が美術工芸品を積極的にお買い上げになられたり、宮中の装飾のために帝室技芸員たちにさまざまな美術工芸品を制作させたりしたことも、近代の作品が多い理由である。明治初期には旧公家や大名、大寺院などからも、所持していた品々が相次いで献上されたようだ。また、所持者からの申し出によってお買い上げとなった作品もあったが、雲上人というイメージの強かった明治期には、天皇にお持ちいただくのが最高の栄誉という風潮もあったのだろう。

こうしてさまざまな経緯を経て、三の丸尚蔵館に収蔵されることになった作品には、歴史的にも美術的にもきわめて価値の高い名品が数多く含まれているのである。そのうちのいくつかを具体的にご紹介しておこう。

まず書跡だが、とくに平安時代から鎌倉時代にかけての名筆による古典書写本に優れたものが多く、その代表的なものとして加賀の前田家が所蔵していたことからその名のある『金沢本万葉集』が挙げられる。これは和製の唐紙に書かれたもので、平安時代書写の五本の『万葉集』のうちの一本という貴重なものだ。

また、粘葉装に仕上げられた『粘葉本和漢朗詠集』も、唐紙の美しさと筆致の優雅さで秀でている。そのほかにも、花鳥や七宝などの型文様を表した唐紙や色紙、打曇紙などの華麗な装飾料紙に美しい文字をしたためた『巻子本和漢朗詠集』や『安宅切本和漢朗詠集』は、藤原氏隆盛期の王朝文化の逸品だという。さらに、鎌倉時代の『更級日記』は、現存するすべての同本の書写本の祖本といわれる藤原定家の筆になるもので、江戸時代初期に後水尾天皇が所有されていたものだという。

一方、古筆類にも名品が多い。内裏を飾る屛風に漢詩を揮毫するために下書きした小野道風の『屛風土代』や、楷行草の三書体で書いた『玉泉帖』、藤原佐理の『恩命帖』、藤原行成の『敦康親王初覲関係文書』と、なんと三跡と称された三人の真筆がそろっているのである。

また三筆の一人、空海の書など、平安時代から鎌倉時代にかけてのほとんどの著名な筆跡もあり、漢

三の丸尚蔵館（宮内庁提供）

籍では王羲之《おうぎし》の『喪乱帖』も逸品である。

そのほか坂本龍馬をはじめとする幕末の尊皇派、勤皇の志士たちの遺墨が、献上によるとはいえ数多く皇室に残っていたのは驚きである。

絵画は、系統的に蒐集されたものではなかったために時代や流派がばらばらだが、それだけバラエティーに富んでいるともいえる。しかも先に触れたように、明治以降皇室が優れた作品をお買い上げになったこともあり、きわめて質が高い。制作年代でもっとも古いものは、鎌倉時代の作品で『小野道風画像』や、元寇を描写した絵巻『蒙古襲来絵図』がある。

また七百年ものあいだ全二十巻が一つも欠けることなく大切に保管されてきた『春日権現記絵』は、延慶二年（一三〇九）に春日大社に奉納され、明治初期に皇室に献上されたものである。これは日本美術史上屈指の名品といわれる奇跡の名作で、この作品が残っていたことの美術的、歴史的価値は計り知れないものがあるという。

三の丸尚蔵館では、ただ収蔵品を保管するだけでなく調査研究も行われ、必要なものには修理が施されているが、この作品も平成十六年から十五年計画で修復が行われている。そしてその表紙裂の復元にも、皇居の紅葉山御養蚕所で上皇后さまがお育てになっていた純国産種の蚕〈小石丸〉から採れた糸が使われているのである。

さらに桃山時代の代表的な作品としては、狩野永徳の『唐獅子図屏風』が挙げられる。この作品は通常の一・三倍もある大きな屏風で、六扇からなっている。各扇の継ぎ目の部分にごくわずかながら絵が切断されたような痕跡があるため、もとは貼りつけてあった可能性も残されているという。

同じ狩野派でも江戸時代を代表する狩野探幽筆の『源氏物語図屏風』は、旧桂宮家初期の八条宮家第二代智忠親王の婚礼に際して、徳川家から贈られたもので、探幽四十歳頃の名品である。

一方、早くから宮廷との関係が深かった土佐派の作品は、収蔵品の中では意外に少ないが、岩佐又兵衛の『小栗判官絵巻』はひときわ目を引く。全十五巻、全長三百二十四メートルに及ぶ古浄瑠璃絵巻群と呼ばれるものの一つである。顔や身体の表情は派手ではあるが、細部に至るまで綿密に描かれており、国文学者も注目するその詞書とともに貴重なものである。

土佐派に比して作品数の多いのは、円山四条派である。これは江戸時代中期以降、宮廷の御用を多く務めた円山応挙とその弟子たちの作品で、やはり注目すべきは応挙自身の作品だろう。応挙は寛政二年（一七九〇）に寛政度内裏造りに参加しており、すでにそれ以前に、天明元年（一七八一）の光格天皇の即位の礼のための屏風絵を描くなど、宮廷の御用を行っている。三の丸尚蔵館の収蔵品の中にある『源氏四季図屏風』はそうしたなかで描かれた名品だが、『群獣図屏風』や『江州日野村落図屏風』などもよく知られた名品である。

こうした錚々《そうそう》たる絵師たちとともに忘れてはならないのが、俵屋宗達である。なかでも八曲一双の『扇面散屏風』はその名の通り、扇面図を金箔地の上に散らして貼りつけたあと、数色の扇骨を描き、いかにも扇がちりばめられたように見える作品である。各扇に三枚ずつ、片隻二十四枚、一双で四十八枚の扇面が散らしてあるが、宗達を含めた優れた工房絵師の描いた扇絵をある時期に屏風に仕立て上げたものだろうという。

このように見てくると、収蔵品の中にはまさに国宝級、重要文化財級の作品が数多く含まれていることがわかる。伊藤若冲の『動植綵絵』も名品の一つである。これは三十幅からなる大作で、今も京都の相国寺に伝わる若冲筆の『釈迦三尊像』を荘厳するために若冲みずからが草花、鳥、虫、魚などの生命あるものを描き、相国寺に寄進したものだ。しかし明治初期の廃仏毀釈で困窮したため、相国寺が皇室に献上し、御下賜金を賜ったという作品である。

若冲については、近年急速に人々の関心が高まっており、平成十八年三月二十五日から九月十日まで「花鳥——愛でる心、彩る技」と題した若冲作品中心の展示には、期間中じつに二十二万五千人あまりもの人たちが三の丸尚蔵館に足を運んでいる。

そのほか、酒井抱一、葛飾北斎、下村観山、横山大観ら錚々たる画家の、各時代を代表する貴重な作品が数多く収蔵されている。

工芸品も絵画同様、近代以降のものが圧倒的に多い。とりわけ日常使用されていた調度品などは、破損した時に処分してしまったりしたために、古いものが残りにくかったであろうと容易に想像できる。まして明治時代の人々にとっては江戸時代といってもわずか数十年前の時代に過ぎず、古いものに対する希少価値を認める人は少なかったであろう。したがって収蔵品は、明治以降のご下命品、お買い上げ品、献上品がおもである。

そうしたなか、最近の調査で鳳凰模様が判明した飛鳥時代の『金銅製四鐶壺』と、天平宝字四年（七六〇）に鋳造された金銭『開基勝宝』などは、古い時代のものとして大変貴重な遺品である。

また漆工品は、比較的数多くの作品が伝わり、『蔦細道蒔絵文台　硯箱』などの文具や香道具に、伝統的な文様や技法に見るべきものが多い。

明治期になると、皇室も西欧化の激しい波を被ることになったが、伝統的な儀式や装束の様子が次第に姿を変えていくことを憂いた当時の宮内省は、せめて記録にとどめようと努力したのであろうか、朝廷の儀式などを描いた絵画史料もいくつか残されている。

そのほか、陶磁器や龍笛、箏、琵琶などの楽器、刀剣、江戸時代の印籠、寺院から献上された仏具などもあるが、収蔵品の中には意外なものが含まれている。それは写真だ。それもかなりの数にのぼる。写真そのものは古典美術作品の範疇には入らないが、当時にあってもすでに美術にきわめて近い視覚表現の一つと考えられていたのだろう。しかもそれは、明治初期の油絵重視の風潮と無縁ではなかったと思われる。というのも、当時の油彩画が対象を見たままに描写するという高い写実性を重視していた点に、写真と軌を一にするところがあるからだ。

これは、天皇の全国御巡幸と深いかかわりがあったようだ。今でも全国各地で明治天皇の御巡幸記念碑を見ることができる。各地の実情を把握するために、明治天皇は精力的に全国に足を運ばれた。そうした御巡幸の際には画家が随行し、御訪問地の様子を描いていたという。天皇はすべての地にお出かけになれたわけではない。その時には画家や写真家だけが出かけていって油絵に描いたり、写真に撮ったりして、天皇にお見せしていたらしい。臨場感豊かに表現されたそれらの油絵や写真は、宮中にいながら御巡幸と同じ効果を出せる道具立てとして、重要な役割を果たしていたのだろうという。

そう聞けば、収蔵品に明治期の油絵が想像以上に多いのもうなずける。一方、明治維新以降、国粋主義の風潮が強まるなかで、当然油絵をはじめとする洋風絵画を排斥する動きもあったようだ。それが日本美術協会という形になって現れた。伝統的な調度の品として、驚くほど多くの絵画や工芸品をこの協会を通してまとめてお買い上げになっている。

しかし、やがてあまりにも保守的な体質に疑問を抱き始めた若手らが次々と協会を離れ、大正八年（一九一九）に文部省美術展覧会が帝国美術院展覧会（帝展）へと組織換えすると、そちらに出展するようになった。皇室も日本美術協会の出品作を、お買い上げの対象から外していったようである。この宮内省の作品買い上げ方針の大転換以降、川合玉堂、山口蓬春、横山大観らの作品も、皇室に収蔵されることになったのである。

しかしその一方で、皇室に収蔵されたがためにかえって埋もれてしまい、正当な美術的な評価がされないままになってしまったふしもあった。正倉院の宝物があれほど厳重に管理されてきたのに対して、皇室にあったこれらの名品が明治宮殿や離宮に飾られる装飾の一つとしてとらえられていたことと無縁ではなさそうである。とはいえ、これらの作品が三の丸尚蔵館に収蔵されるようになったことで、一気に調査研究が進みはじめた。もちろん、約九千五百点もの収蔵品の調査研究にはまだまだ多くの労力と時間を要するだろうが、献上品も含めて制作者や時期がはっきりしているものも多いだけに、今後大きな成果が期待できそうである。

普通の博物館や美術館の収蔵品は、何かのテーマに基づいて集めてある。たとえば上野の東京国立博物館は、明治期までの日本文化のもので西欧のものは持たないし、国立近代美術館は、日本のものでも明治以降のものを扱う。三の丸尚蔵館はご紹介したように、古いものからつい最近のものまでバリエーションに富んでいる。その意味からも、ほかの博物館や美術館とはまったく違う性格をもっているといえる。

三の丸尚蔵館は東御苑の中にあるため、東御苑の休苑日である月曜と金曜は休館となっている。まだあまり知られていないが、小さいながらも陳列替えのたびごとに足を運ぶだけの価値がある貴重な美術館だといえよう。

京都御所——宮殿と庭の参観コース

京都御所は、明治の初めに皇居が東京に遷るまで天皇のお住まいだったところである。しかしそれは、延暦十三年（七九四）に桓武天皇が平安京に遷都された時の場所ではない。

現在の京都御所は京都駅のほぼ真北にある。唐の長安にならって造られた南北五・三キロ、東西四・五キロの碁盤の目のように整然とした平安京は、それよりずっと西にあった。その中心を南北にまっすぐ延びていたのが、朱雀大路《すざくおおじ》である。現在の千本通だ。大路という言葉から受けるイメージとは違い、意外に狭く感じる。しかしそれは、今の車社会の道路と比較してしまうためかもしれない。その朱雀大路の右側を左京、左側を右京と呼んでいた。右と左が逆のように思われるかもしれないが、これは天皇のほうから見ての話である。

大内裏は南北一・四キロ、東西一・二キロあり、その中に天皇のお住まいである内裏、政務や儀式を行う朝堂院《ちょうどういん》、豊楽院、太政官その他の官庁が置かれていた。内裏は朝堂院の北東にあり、東西二百二十メートル、南北三百メートルの区域に、正殿である紫宸《ししん》殿、清涼《せいりょう》殿、弘徽《こき》殿、麗景《れいけい》殿、飛香舎《ひぎょうしゃ》などの建物が建ち並んでいた。「並んでいた」と過去形を使うのは、今はそれら当時の建物はまったく残っていないからだ。わずかに大内裏の中にあった正庁、大極殿を縮小して復元した平安神宮の社殿に、当時を偲ぶことができるだけである。

それではなぜ残っていないのだろうか。じつは遷都から百六十六年後の天徳四年（九六〇）に火災で焼失したのをはじめ、再建しては火災、再建しては火災という繰り返しで、ついに嘉禄三年（一二二七）の火災を最後に、再建されることなく廃墟になってしまったからである。

そのあいだ、天皇は隆盛を極めた有力な公家の邸宅を転々としながら内裏としていた。それを里内裏という。平安末期から鎌倉時代を通じて、里内裏は摂関家をはじめとする公家の邸宅をめまぐるしく移っていた。元弘元年（一三三一）、北朝の光厳《こうごん》天皇がやはり里内裏の一つであった土御《つちみ》門《かど》東洞院殿で践祚《せんそ》（皇位につくこと）されたのを機に、ようやくそこが後々まで内裏として落ち着くことになったのである。

それが現在の京都御所だが、当時の古地図を見ると、今は緑に覆われている京都御苑にはびっしりと公家たちの屋敷が軒をつらねていたことがわかる。幕末までに、じつに百四十四の堂上家《どうじょうけ》の屋敷があったという。しかし、最初から京都御所が今の規模を誇っていたのではない。

中世の頃は建物の数も少なく、相次ぐ戦乱で内裏も荒れ果てた状態が続いていた。だが豊臣秀吉が整備して以降、江戸時代に入ると急速に規模を拡大していった。しかし相変わらず火災による焼失が後を絶たず、江戸幕府が行った八回の内裏の造営のうち、じつに六回が火災後の再建であった。このため、現在の京都御所の建物も、ほとんどが安政二年（一八五五）の八度目の造営によるものである。

しかしここで注目すべきは、江戸時代の造営でありながら、その当時の建築様式ではなく平安時代の様式によって建てられている点である。これは天明八年（一七八八）の類焼による再建の際、朝廷からの強い要望もあって、平安時代の様式に戻す復古様式を採り入れたからである。戻すといっても容易なことではなかったが、有職故《ゆうそくこ》実《じつ》家裏松光世が平安京の大内裏の膨大な資料をまとめていたことが役立ったという。江戸幕府も朝廷の要望を受け入れ、老中松平定信を総奉行として復興に取り組み、ついに平安時代の内裏が蘇ることになったのである。

しかしこれらの建物も、嘉永七年（一八五四）にまた焼失してしまった。幕府が引き続き、復古様式によって再建するという考え方を踏襲したため、安政二年（一八五五）に再建されてからは、現在に至るまで平安時代の姿を保ち続けているのである。

面積は約十一万平方メートル。東西約二百五十メートル、南北約四百五十メートルの長方形で周囲は築地《ついじ》塀《べい》で囲まれている。門は全部で六ヵ所。南側に内裏の正門である建礼門、東側に朝使の出入口である建春《けんしゅん》門、北側に朔平《さくへい》門、西側には北から皇后門、清所《せいしょ》門、宜秋《ぎしゅう》門の三つがある。

京都御所は春と秋の一般公開以外にも申し込めば参観できるが、その参観コースに沿って見ていくことにしよう。参観者は清所門から入り、休憩所で概要をテレビで観た後、グループごとに宮内庁の職員がガイドしてくれる。説明はまず、公家たちの御所への入口だった宜秋門から始まる。その門のすぐ前にあるのが、檜皮葺の優雅な御車寄と呼ばれる玄関である。

昇殿を許された者はここから建物の中に入り、上に上がるとすぐに右手の部屋に通される。正式な用向きで参内した人の控えの間〈諸大夫の間〉で、参観者も外からだが見ることができる。もっとも格式の高い部屋は〈公卿の間〉、諸侯・所司代の〈殿上の間〉、それ以外の者の〈諸大夫の間〉の三つからなっている。部屋は襖によって仕切られているが、それぞれの襖に描かれた絵から〈虎の間〉〈鶴の間〉〈桜の間〉とも呼ばれている。

その建物に沿って南へ進むと、ぱっと視界が開け、正殿〈紫宸殿〉の横に出る。紫宸殿は、歴代天皇の即位の礼など重要な儀式を執り行ってきた、もっとも格式の高い、まさに京都御所を象徴する建物である。前面には白砂を敷きつめた〈南庭〉と呼ばれる庭が広がる。大正天皇・昭和天皇の即位の礼も、紫宸殿とこの南庭を使って行われた。

紫宸殿は間口三十三メートル、奥行二十三メートル、棟高二十・五四メートルの、檜皮葺・入母屋造りの大きな建物で、四方に高欄を付けた簀子が張り巡らされている。母屋には、床の上に厚い畳が二枚重ねて敷かれ、その上に天皇の御座〈高御座《たかみくら》〉と皇后の御座〈御帳台《みちょうだい》〉が置かれている。いずれも、大正四年の大正天皇の即位の礼に際して平安時代にならって造られたもので、八角形の黒塗りの高御座の屋根の上には鳳凰が、御帳台には鸞鳥《らんちょう》が置かれている。今上天皇の〈即位の礼〉が皇居宮殿〈松の間〉で行われたため、高御座も御帳台も、東京まで運ばれている。

南庭は、中央の壁を挟んでその内と外に廊下を設けた複廊形式の回廊によってぐるりと囲まれている。紫宸殿正面の丹塗りの承明門《じょうめいもん》から見た建物との一体感は、そこで行われた儀式がいかに荘厳なものであ

京都御所の紫宸殿（宮内庁京都事務所提供）

ったかを偲ばせるに十分である。紫宸殿の正面、十八段の階段の脇には、東に左近の桜、西に右近の橘が植えられている。

紫宸殿の回廊を回りこむようにして、今度は東側に出てみよう。回廊は、正面の承明門以外にも、東と西に対をなす日華門《にっかもん》と月華門《げっかもん》があって、東側の日華門の前の庭では春と秋の一般公開の際に、雅楽や蹴鞠が披露される。

そのそばに〈春興殿〉と呼ばれる小さな建物がある。大正天皇の即位の礼に合わせて建てられたもので、それ以前には内侍所と呼ばれる建物があった。この建物にある賢所こそ、皇居が東京に移るまで、三種の神器の一つ〈神鏡〉が安置されていた場所なのである。

春興殿の先を左折すると、かつての天皇の住まいであった〈清涼殿〉がある。紫宸殿の裏手に位置し、東に面して建っている。建物は紫宸殿と同じ入母屋檜皮葺の寝殿造りだが、以前は永いあいだ近世の書院造りであったらしい。それが江戸時代に復興された際に古い寝殿造りに戻したために、紫宸殿と見事に調和してはいるが、建物の内部を比較すると紫宸殿とは明らかに違う。紫宸殿が儀式に使用される性格上、大きな空間を確保しているのに対し、清涼殿は一時期、天皇の日常のお住まいだったため、床は低く間仕切りが非常に多くなっている。

清涼殿の中の東に面したところに、〈昼御座《ひのおまし》〉と呼ばれる天皇の昼間の御座所が置かれている。清涼殿はすべて床張りだが、この天皇の玉座だけは畳が敷かれ、向かって左隣には床を漆で塗り固めた石灰壇と呼ばれる一角がある。天皇が毎朝、御親拝を行っていた場所である。昼御座の奥には、御休息用の〈御帳台〉、周囲を壁で囲んだ御寝室〈夜御殿〉が配されている。さらに正面からはまったく見えないが、建物の西側には〈御湯殿上《おゆどののうえ》〉、〈御手水間《おちょうずのま》〉、〈朝餉間《あさがれいのま》〉と、読んで字のごとくの日常生活に関わりの深い部屋が連なっている。

清涼殿の東側には白砂を敷きつめた東庭が広がっており、建物の正面には呉竹が、南側の軒下には漢竹が植えられ、彩りを添えている。また建物の外、右隅には小さな滝口が設けられ、ささやかな流れを作っている。

清涼殿の前でUターンし、ふたたび元の所へ戻ってから少し北に進むと、池に面したところで、やはり入母屋檜皮葺の〈小御所〉の前に出る。小御所は平安朝の内裏にはなかった建物だが、成年式にあたる元服の儀式に使われたり、天皇が将軍や諸侯と対面される場所でもあった。また慶応三年（一八六七）十二月九日の夜、「王政復古の大号令」後の最初の重要な会議もここで行われた。しかし残念ながら昭和二十九年（一九五四）に焼失、昭和三十三年に復元された。京都御所のなかでは、もっとも新しい建物である。

建物の前は〈御池庭〉と呼ばれる回遊式の庭園になっており、小さな石を敷きつめた洲浜と、孤を描く欅橋とが、一体となって美しい景観をなしている。小御所よりはひとまわり小さいが、その北側の棟続きの建物が〈御学問所〉だ。学問だけでなく、目の前に広がる庭を眺めながら和歌の会などが催された。小御所とのあいだの四角い庭は、蹴鞠がよく行われたことから〈蹴鞠の庭〉と呼ばれている。装束を身にまとった公家たちがここで蹴鞠に興じる姿は、周囲の建物や景観と調和して、さぞ雅な雰囲気をかもし出していたことだろう。

御学問所を回り込むように進むと、ひときわ大きな建物が現れる。紫宸殿や清涼殿とは別棟の〈御常《おつね》御殿《ごてん》〉と呼ばれる建物である。清涼殿が天皇のお住まいだったことは前述したが、その内部は儀式や接見など天皇の公の部分と、常御殿と呼ばれる天皇の日常の生活の部分とにはっきりと分かれていた。しかし時代とともに手狭となり、十分な対応ができなくなったため、豊臣秀吉の行った天正の改装の際に、独立した建物として建てられたものである。

現在の建物は、安政二年（一八五五）に再建されたもので、十五の部屋に仕切られている。南側に対面や儀式の場、東側に普段の居所となる部屋、北側から西側にかけて女官たちの控える部屋が配され、中央部分には天皇の寝室がある。とくに特徴的なのは御殿南側で、上段、中段、下段と明らかに床に段差のつけられた三部屋が、東から一列に並んでいる。これは、厳しい階級社会であったことをうかがわせるものである。

清涼殿に比べると、はるかに実用性を重んじた機能的な建物になっているが、上段の間の背後には、三種の神器のうちの剣と勾玉を奉安する〈剣璽の間〉があった。この建物こそ、明治天皇が東京に遷都されるまでお住まいだったところである。見学コースはここまでで、残念ながら見学者は外からごく一部の部屋しか見ることができない。

しかし実際には、御常御殿よりさらに北にもう一つ、〈皇后宮常御殿〉がある。この建物には若宮・姫宮御殿も連なっており、皇后やお子様方の生活の場になっていた。ここには、藤の木が植えられた藤壺と呼ばれる小さな坪庭がある。源氏物語を彷彿とさせる一角である。

この〈皇后宮常御殿〉の渡り廊下の部分に〈御黒戸〉と呼ばれる場所があり、そこに仏壇があった。じつは明治以前、朝廷の儀式はすべて仏式で行われており、明治の廃仏毀釈によって、御黒戸も京都御所から移されることになったのである。その移転先が、前にも触れた、現在も皇室の菩提所となっている京都市東山区の御寺〈泉涌寺〉である。

仙洞御所——庭園美を堪能する

京都御所の正門〈建礼門〉の南西には、やはり築地塀に囲まれた一角がある。同じ京都御苑の中にあり、《仙洞御所《せんとうごしょ》》と呼ばれている。仙洞御所とは、皇位を退かれた天皇や皇后（上皇・院とも呼ぶ）の御所のことで、江戸時代初期の寛永七年（一六三〇）に、後水尾《ごみずのお》上皇の御所として現在地に建てられたものである。

その時、同時に、後水尾上皇の后、東福門院のための〈女院御所〉も、その北側に建てられた。両御所とも後水尾上皇のご存命中に三度も焼失し、そのつど再建されてきた。以後、霊元《れいげん》、中御門《なかみかど》、桜町、後桜町、光格の五代の上皇の仙洞御所として使用されてきたが、嘉永七年（一八五四）に、またしても京都御所とともに焼失してしまった。ちょうどその時は、上皇も女院もおられなかったこともあって、両御所とも再建されることはなかった。

したがって、現在、仙洞御所があった場所は松林になっており、わずかに庭園だったところに〈醒花《せいか》亭《てい》〉と〈又新亭《ゆうしんてい》〉という二つの茶室があるだけだ。かつて女院御所のあった場所には、慶応三年（一八六七）に孝明天皇の后である英照皇太后のために造営された〈大宮御所〉だけが建っている。大宮御所とは皇太后のお住まいのことだが、照憲皇太后が新しい皇居とともに東京に移られたのにともない、御常御殿だけを残して整理された。平成期は、上皇上皇后両陛下や天皇皇后両陛下が京都に行幸啓された時に宿泊されているほか、京都迎賓館ができるまでは、外国からの賓客の宿泊所として利用されたこともある。ちなみに、明治、大正、昭和の皇太后のお住まいである大宮御所は東京にあったことから、こちらは正しくは〈京都大宮御所〉という。

現在の仙洞御所は、この京都大宮御所を含む築地塀の内側を指す。申し込みさえすれば一日に数回、宮内庁の職員の案内で参観することができる。参観者は大宮御所の正門から入る。すると、いきなり目の前に唐破風屋根の大きな玄関が現れる。御車寄と呼ばれ、両陛下や賓客の車は正門から入って、この玄関に横付けされる。この建物が〈御常御殿〉である。畳の上には絨毯が敷かれ、洋式の生活ができるようになっている。もちろん建物の中は公開されていないし、厚いカーテンに仕切られて外からは中をうかがい知ることはできない。しかし、御車寄から右手に回り込み、庭先に入ることはできる。

南に面した庭には、正面の木の階段の両脇に紅梅と白梅が植えられ、竹林や松も配されていることから、〈松竹梅の庭〉とも呼ばれている。その庭の東側のくぐり戸を抜けると、見事な庭園が目の前にぱっと拡がる。しばし足を止めて見とれてしまうが、そこは案内の職員も心得たもので立ち止まってくれる。くぐり戸の脇にあるのが、茶室の一つ〈又新亭〉である。この茶室はかつて京都御苑の一角にあった近衛邸から明治十七年に献上、移築されたもので、茅葺《かやぶき》と柿葺《こけらぶき》の複雑な屋根と丸窓に特徴がある。茶室は四畳半で裏千家十一世玄々斎の好みといわれ、四つ目角垣で囲まれている。

この茶室の前面に広がる池は〈北池〉と呼ばれ、かつての女院御所の庭だったところである。東に目をやると、東山連峰を望むことができる。池には数ヵ所、船着場が設けられており、上皇も時としてみずから和舟を漕ぎ、上皇后さまを乗せて池を周回されることがあったという。天皇は奥日光への疎開中に和舟の漕ぎ方をマスターされており、大変お上手なのだ。和舟からは低い目線で景観を見渡せるだけに、また別の趣きがあることだろう。

北池の北西の隅には〈六枚橋〉と呼ばれる石橋が架かり、左側が小さな入り江になっている。山吹が咲き乱れる一角である。橋を渡り、左手の小山を見上げると小さな石碑が建っている。紀貫之邸跡と記されているが、本当にそこに邸があったかどうかは定かではないという。この庭を造園したのは各地に名園を残した小堀遠州であったが、その折おりの上皇の好みに合わせて幾度となく改造されてはいるものの、池の北側の汀線はおおらかな曲線を描き、見るものを飽きさせない。

その道をゆっくり進むと景観は一変し、土橋と石橋を渡って木々が生い茂る〈鷺島〉と呼ばれる中島へと入っていく。石橋は石材を二枚ずつずらして並べてあり、ここにも遠州のこまかいこだわりが感じられる。その石橋を渡ってすぐ、北池の東南の隅に小さな滝がある。〈雌滝〉と名づけられているが、滝というよりも遣《や》り水といったほうがいいほど、緩やかな斜面を曲がりながらゆっくり落ちる小さな流れだ。

このあたりから急に紅葉が増えてくる。その名の通り〈紅葉山〉と呼ばれる一帯で、秋には目を奪うような紅色に染まる紅葉の名所だ。紅葉山は東西に長く伸びていて、その中ほどに北池と南池をつなぐ掘割がある。

〈南池〉はかつて仙洞御所の庭だったところで、女院御所の庭だった北池とは別々だった。のちにこの掘割によって、一つにつながったのである。掘割には、欄干近くまで紅葉の垂れ下がった〈紅葉橋〉という土橋が架けられている。その橋を渡る頃から、南池の景観へと変わっていく。南池は二つの中島によって北と南に分かれ、西岸から藤棚で覆われた〈八つ橋〉、中島と中島をつなぐ〈石橋〉、さらに東岸に渡る〈反り橋〉と、それぞれ趣向の異なる橋が連なっている。八つ橋の藤棚は西半分が下がり藤、東半分が上がり藤で、同じ頃に花開く躑躅《つつじ》と競い合い、ゴールデンウィークにはもっともにぎわう場所である。

この八つ橋の正面、出島の付け根のあたりに、小さな滝を望むことができる。高さ百八十センチ、幅八十センチで、北池の雌滝に対して、こちらは雄滝と呼ばれ、引いてきた水を落としている。その滝の手前に、平たいかなり大きな石が張り出していて〈草子洗いの石〉と呼ばれる。小野小町が大伴黒主の和歌をしたためた料紙をここで洗い、盗作と見破ったとされる石である。出島は一面に芝が貼ってあり、西岸の水際には、雄滝から南にかけてさまざまな大きな石が組まれ、緩やかな出島の曲線を水際で力強く受け止めている。

ここから南池の南半分に目を転ずると、まったく違った景観が拡がっている。八つ橋から南にかけて

仙洞御所の庭園（宮内庁京都事務所提供）

粒のそろった楕円形の丸い石が岸辺から水中まで敷きつめられ、州浜を形成している。州浜の面積は約千三百平方メートルにも及んでいる。

これらの石は光格天皇の時に、小田原城主大久保忠真に献上させたといわれている。たしかに今でも、小田原市の酒匂川西岸から早川東岸にかけての広い砂浜では、これと同じような平たい石を見つけることができる。波打ち際からすぐに深くなる小田原の海岸は、打ち寄せる強い波によって、このような石ができやすい条件にあったのかもしれない。当時、小田原の海岸で集められた石は、一個当たり、米一升と取り替えられたところから、一升石ともいわれた。一個ずつ大切に綿で包んで、小田原から京都まで運ばれたという。

この州浜を対岸に望みながら東岸を進むと、一段高くなった小山の麓に出る。その小山の頂上には、かつて物見のための〈悠然台〉という小亭があった。仙洞御所では一番高いところにあり、ここからは葵祭などの行列も見え、晴れた日には遠く桃山城まで望むことができたという。

南池の南の端に建っているのが、仙洞御所に残っているもう一つの茶室、〈醒花亭〉である。北池のそばにあった〈又新亭〉よりもはるかに大きく、庭全体をながめるにはもっとも適したところに建っている。仙洞御所の火災の際に類焼し、御桜町上皇の文化五年（一八〇八）に再建されたもので、柿葺の数奇屋造りで壁は落ち着いた紅殻《べんがら》色。内部は土間、書院、水屋、台所、厠などからなり、面積は九十二平方メートルもある。単に茶室だけではなく、客人の接待にも使われたと思われる。醒花亭の名前の由来となった「夜来月下に臥し醒むれば花影雲飛して人の襟袖に満つ。雅なること魄を玉壺に濯ぐが如し」という漢詩文の拓本の額が、書院の欄間に飾られている。

書院から見た南庭の景色はすばらしく、いにしえの招かれた客人たちも飽くことなく、その景観に酔いしれたことだろう。仙洞御所はゆっくり廻っても小一時間だが、秋の紅葉の時期はもちろん、四季折り折りの変化を楽しめるお勧めのスポットである。

なお、退位された上皇上皇后のお住まいの名称を仙洞御所とするのは、先例にならったものである。

桂離宮と修学院離宮——宮廷貴族の別荘

離宮とは宮廷貴族の別荘のことで、平安時代には嵯峨天皇が嵯峨野に設けた嵯峨院や藤原良房《よしふさ》の白河別業《べつぎょう》（別荘）、藤原道長の桂山荘、白河法皇の鳥羽院などがあり、宮廷貴族が集まっては盛んに和歌や管絃の会を催したり、双六《すごろく》、碁などに興じたりしていた。しかし鎌倉時代になると次第に衰微してしまった。四世紀ほどの長い断絶ののち、久しぶりに貴族たちによって次々と別荘が建てられるようになったのは江戸時代の初期、世の中がようやく落ち着いてからのことだった。やがて寛永時代になると、宮廷文化サロンとして花開いたのであった。

戦前は皇室が財政的に豊かだったこともあり、各地に数多くの離宮があった。しかし現在、宮内庁が管理しているのは、いずれも京都にある《桂離宮》と《修学院《しゅうがくいん》離宮》の二つだけである。

桂離宮は、現在の京都御所から南西に七キロほどの桂川のほとりにある。広さは約六万九千平方メートルで、周りを竹藪や雑木林に囲まれ、中央の庭園部分は大半が複雑な汀《みぎわ》の池で占められており、それが、見る位置によってさまざまな景観を作り出している。池の周囲は起伏に富んでおり、西側の平坦な敷地に離宮のおもだった建物が並んでいる。

桂離宮は、江戸時代の初めに後陽成天皇の弟にあたる八条宮家の別荘として、宮家初代の智仁《としひと》親王によって建設が始まった。そして第二代の智忠《としただ》親王によって、ほぼ現在のような形に整えられたものである。智仁親王は十歳の時に秀吉の猶子《ゆうし》として豊臣家に迎えられたが、その後、側室に鶴松が誕生したため、親王を後継者にする計画をやめ、親王のために八条宮家を創設したのである。

別荘が営まれた土地は、その頃すでに八条宮家の領地になっていたが、『桂亭記《けいていき》』(一六二五)には、『源氏物語』に登場する光源氏の別荘〈桂御殿〉があった場所だと記されている。しかし光源氏そのものが物語上の人物だったことから、光源氏のモデルといわれる藤原道長の別荘「桂家《かつらや》」の跡だったのではないかと言われている。桂は古くから月の名所として知られ、多くの和歌が詠まれてきた。幼少の頃から学問文芸に秀でていた智仁親王が、月の名所と『源氏物語』の重なる桂の地に別荘を構え、王朝時代の文化を再興しようとしたであろうことは、容易に想像できる。

当初はきわめて簡素な山荘だったが、第二代智忠親王が次々と建物を造築し、庭園を整備していった。智忠親王は、加賀藩主前田利常《としつね》の娘と結婚し、宮家創設の際の所領三千石に加え、加賀前田家の援助もあって、経済的に恵まれていたと思われる。京都の豪商佐野紹益《じようえき》が書き残した『にぎはい草』によると、その庭は『源氏物語』に出てくる庭園にそっくりだったという。智忠親王がそこまで力を入れたのは、その桂の地に後水尾上皇を迎えるためであった。

後水尾上皇は智忠親王の従兄弟にあたるが、残念ながら上皇の御幸が実現したのは智忠の死後、第三代穏仁《やすひと》親王の時であった。迎える上皇を最大限にもてなし、くつろいでいただこうという想いが随所に見られる。それをもっとも強く感じさせるのが、三つの建物が連なっている書院群だ。智仁親王の時代に建てられた古書院に、第二代智忠親王が次々と増築していったものである。智忠親王は寛永十八年頃、古書院《こしょいん》の南西部を改造してその南に新王の御座《ござ》の間として〈中書院《ちゅうしょいん》〉を増築し、さらに寛文二年頃、その中書院に接続して〈楽器の間〉と〈新御殿《しんごてん》〉を造っている。古書院や中書院を書院と呼ぶのに対して、同じ棟続きでありながら御殿と呼ぶのは、その建物こそ後水尾上皇を迎えるために建てられたものだったからである。

池の方からこれらの建物を眺めると、正面の〈古書院〉から西奥に向けて、〈中書院〉〈楽器の間〉〈新御殿〉へと折れ曲がりながら連なっていることがよくわかる。雁の群れの飛翔《ひしょう》に似ていることから、雁行形《がんこうけい》と呼ばれている。各建物とも高床になっており、いずれも微妙に高さが違っている。屋根も柿葺《こけらぶき》で統一されながら、〈古書院〉は入母屋《いりもや》、〈中書院〉と〈新御殿〉は南北棟の入母屋、〈楽器の間〉は北を切妻《きりづま》、南を寄棟《よせむね》と変化をもたせている。しかも〈古書院〉と〈楽器の間〉は側回りと濡縁《ぬれえん》に、〈中書院〉と〈新御殿〉の側回りは明障子《あかり》になっているため、単調になりがちな外観の変化をいっそう際立たせている。

この建物群への入口は一ヵ所、古書院北側の御輿寄《おこしよせ》だけである。古書院は東西七間半、南北五間半で、大小八つの部屋がある。〈一の間〉は十畳、二の間は十五畳あり、その東側の庭に面して広縁が設けられている。縁先には池に向かって月見台が張り出しているが、竹簀の子の露台《ろだい》で屋根はなく前方の築山《つきやま》を低くおさえて月の出を鑑賞できるよう配慮されている。〈一の間〉の後ろには囲炉裏の間があり、〈中書院〉へのつなぎの部屋の役目を果たしている。

〈中書院〉は〈古書院〉より一回り小さく、東西四間半、南北四間半だが、親王の御座所であったことを考えると十分な広さだったのだろう。西側の裏には、親王のための御湯殿《おゆどの》も設けられている。〈楽器の間〉は、三畳一間と縁《えん》座敷と板縁だけの小さな建物である。三畳間も二枚の襖障子《ふすましょうじ》があてられ、小さな窓が一つあるだけだが、かつては「仕舞《しまい》の間」「御化粧の間」とも呼ばれていたことから、親王が衣服を整えるための部屋だったと考えられている。

南の板縁は幅が一間あり、〈新御殿〉への通路であった。〈新御殿〉は上皇を迎えるための部屋だけあって東西七間、南北七間と、桂離宮の中ではもっとも大きく、棟も高く、部屋も全部で九つある。二間四方の〈一の間〉は上段の床が一段高くなっており、天井も荷欅板の格天井《ごうてんじょう》になっていることから、上段に座る上皇と一段下に座る親王の対面がここで行われたのだろう。この部屋で注目したいのは、上段の西と南の面に設けられた違い棚である。地袋《じぶくろ》や袋棚《ふくろだな》などに大きさや高さの違う棚板を巧みに使い分けており、その板も黒檀《こくたん》、紫檀《したん》、伽羅《きゃら》など十八種類ある。当時でも珍しい中国や南方の銘木がふんだんに使われ、まさに贅を尽くした造りになっている。

また、銘木の黒柿で櫛形に縁取られた大きい付書院窓はほかに類がないとされ、文机ともども美しさを際立たせている。〈一の間〉の西には上皇のための寝室があり、隅には上皇の御剣を納める棚も用意

桂離宮の書院群（宮内庁京都事務所提供）

されている。もちろん御湯殿や厠《かわや》もついており、心ゆくまで上皇に滞在していただこうという細かい心遣いがゆきとどいている。

そのほか、桂離宮にはそれぞれ趣きの異なった四つの御茶屋が独立した建物として点在している。中央の池を隔てた古書院の対岸にあるのが四つの御茶屋の中でももっとも格式の高い〈松琴亭《しょうきんてい》〉である。築山を背にし、三方が池に面した草庵風の茶屋だが、この建物で目を引くのが〈一の間〉の市松模様の襖障子である。白い奉書《ほうしょ》紙と藍染紙を交互に貼ったもので、モダンなデザインは驚くばかりである。

松琴亭をあとに、飛石が点々と敷かれた山道の趣きをたたえた先にあるのが、桂離宮でもっとも高い小山の上に建つ〈賞花亭《しょうかてい》〉である。峠の茶屋とも呼ばれ、間口二間、奥行一間半の小さな建物だが、ここから見る雁行形の書院群の眺めはすばらしい。

その小山を下ったところにあるのが、〈笑意軒《しょういけん》〉である。茅葺の寄棟造りの屋根に、柿葺の庇がついた建物は、南側の大きな窓を開けると目の前には広々とした水田が広がるようになっている。ほかの茶室にはない光景が心をなごませてくれる。茶屋の前には舟着き場に下りる石段が設けられている。舟遊びを目的として造られた桂離宮には、そのほかにも古書院、松琴亭、賞花亭下と、合わせて四ヵ所の舟着き場があり、庭そのものが舟からの視線を考えて作られたといわれている。この笑意軒で、目を惹くのは〈中の間〉の腰壁《こしかべ》だ。金箔を貼り、斜めに裁断した黒や臙脂色のビロードを貼りつけたものだ。七代家仁《やかひと》親王の発案だといわれる、なんとも意表を衝くデザインである。

もう一つの茶室が、古書院のかたわらに建つ〈月波楼《げっぱろう》〉である。白楽天の「月は波心に点じて一顆《ひとつぶ》の珠《たま》」という詩から名づけられたもので、文字通り観月のための茶亭である。南西に三畳くらいの広さの板敷きの間があり、炉を切って水屋も備えている。古書院の月見台が月の出を鑑賞するのに対して、ここでは池面に映る中空の月影を愛でたのである。残念ながら夜の参観は許されていないため、ここでの月見を楽しむことはできないが、月見台や月波楼からは十分その風情を感じとることはできる。四つの茶室はそれぞれ、松琴亭が〈冬の亭〉、賞花亭が〈春の亭〉、笑意軒が〈夏の軒〉、月波楼が〈秋の楼〉と呼ばれていた。

桂離宮は、建物以外にも見るべきものが多い。まず、桂離宮の通用門〈黒御門〉に至る見事な竹垣だ。黒御門は参観者の入口でもあるが、上部を鋭く切った二つ割りの竹を等間隔に立て、その間に細い穂竹を組み込んだ竹穂垣《たけほがき》である。前を通るだけで、桂離宮への期待が高まってくる。

参観者は時計回りに池を一周するコースをたどることになる。最初に案内されるのが、土橋を渡ってまっすぐ延びる〈御幸道《みゆきみち》〉と呼ばれる一本道である。そこには桂川から採れた青黒い小石が敷き詰められていて、その先に〈御幸門〉がある。智忠親王が後水尾上皇を迎えるために設けた門で、普段は開けられることのない表門に通じている。

表門から御幸門までの間は、道幅が少しずつ広くなっている。これは、表門から入った時に、広さと長さを感じさせるためだという。このあたりは桂離宮の中でもっとも紅葉の多い場所で、季節にはまさに錦秋の言葉がぴったりの見事な景観となる。御幸道の途中から直角に延びる〈紅葉の馬場〉の道は、そのまま〈松琴亭〉に誘う道である。

〈松琴亭〉の待合いである外腰掛《そとこしかけ》の向かいには、薩摩の島津家から贈られた蘇鉄《そてつ》が植えられている。そして外腰掛前には、二メートル以上もある三個の切石と自然石を組み合わせた道〈延段《のべだん》〉が南へと延びていて、書道の行書《ぎょうしょ》を思わせることから〈行《ぎょう》の飛石〉と呼ばれている。その石の道を踏みしめて行くと、ぱっと視界が開け、池の端に沿って進む浜道に出る。岬に見立てた州浜の先の岬灯籠と、池の中央の中島にかかる〈天の橋立〉越しに〈松琴亭〉が見える。〈天の橋立〉は、もちろん宮津の名勝地だが、智忠親王の夫人が宮津藩主の娘だったため、そのゆかりとして造られたといわれている。

その先、京都の白川産の石橋〈白川橋〉を渡り切ったところに〈松琴亭〉がある。この白川橋は、松琴亭の躙口《にじりぐち》から見ると、その美しさが際立っている。松琴亭をあとにして土橋を渡ると、ゆるやかな上りになる。点々と敷かれた飛石を上りつめたところが〈賞花亭〉である。

今度はその山道を反対側に下り、土橋を渡って梅の馬場を左に折れたところに〈笑意軒〉がある。入口には木戸があるが、その木戸から始まる長さ十九メートルあまりの延段が、先ほどの〈行《ぎょう》の飛石〉に対して草書になぞらえて、〈草《そう》の飛石〉と呼ばれている道だ。建物は茅葺きの寄棟造りだが、何げない自然石による沓脱ぎ石や、下地《したじ》窓《まど》の意匠が、ほかの茶屋とはまた違った雰囲気をかもし出している。

このあと、参観最後の見所である書院群を外から眺めて中門を出ることになる。ドイツの名建築家ブルーノ・タウトが「涙が出るほど美しい永遠の美がここにある」と絶賛した桂離宮での一時間は、こうしてあっという間に過ぎてしまう。

後水尾上皇が桂離宮に初めて御幸されたのは、明暦四年（一六五八）三月十二日だったとされている。お忍びだったため、詳しい記録は残っていない。公式の御幸は、御殿、茶室、庭園のすべてが完成した五年後の寛文三年（一六六三）三月六日と十一月十日の二回であった。それは、上皇がかねてから強く望まれた御幸だった。この頃すでに《修学院離宮》の造営にとりかかっていた上皇としては、いろいろ参考にしたいと思われたのかもしれない。

《修学院離宮》は、東山三十六峰の一つ修学院山に造営された山荘で、万治二年（一六五九）に完成した。そして寛文三年（一六六三）に上《かみ》離宮が、さらに明治十八年（一八八五）に門跡寺院である林丘寺の建物と土地の一部が加わり、明治になって宮内省に返上されてからは中離宮も加わった。こうして、上中下《かみなかしも》三つの離宮からなる現在の姿になったのである。敷地の総面積は約十六万五千坪にも及び、下離宮から上離宮に向かう道の両側には水田が拡がる。桂離宮とはまったく違った趣きである。

しかし自然と人工美を巧みに融和させた、ほかに類を見ないこの壮大な山荘も、じつは江戸幕府の抑圧に苦しみ続けた後水尾上皇にとっては、せめてもの心やすまる憩いの場所であった。後水尾上皇は後陽成天皇の第三皇子で、慶長十六年、わずか十六歳で即位した。朝廷と幕府との融和をうたい文句に、じつは天皇家の外戚《がいせき》になることを狙った江戸幕府は、二代将軍秀忠の娘和子を彼の妻に強引に押しつけた。

この時、和子は十四歳であった。しかしその後は一度も江戸には帰らず、宮廷人になり切ろうと努めたこともあって、夫婦仲はよかったという。その和子とは二男五女の子宝に恵まれたが、徳川家の血を引く男児が生まれると、早くその子に譲位しろといわんばかりに、幕府は天皇の隠居所として仙洞《せんとう》御所の造営を始めた。

しかし皮肉なことに、二人の皇子はいずれも幼くして死んでしまった。それでもさまざまな手を使い、露骨な干渉を続ける幕府は、今度は禁中公家諸法度を制定して朝廷に圧力を加えたうえ、それまで朝廷が京都の有力寺院の高僧に対して紫色の法衣《ほうえ》や袈裟の着用を認めていたのを一方的に無効にし、幕府の許可制にしてしまった。

これが紫衣《しえ》事件といわれるものである。幕府はこれに抗議した僧侶たちを地方に流してしまうなど、強圧的な態度をとった。朝廷の威信を踏みつけ、権威の失墜を目論む幕府の露骨な抑圧に業を煮やした天皇は、突然、幕府に何ら相談することなく、わずか七歳の興子《おきこ》内親王に譲位してしまったのである。

これには幕府も困惑したようだが、この内親王が皇室典範の改正論議の際にも話題になった八人の女帝の一人、明正《めいしょう》天皇である。天皇は譲位して上皇になるとともに、妻和子も東福門院と号することになった。のちに修学院離宮に加えられた〈中離宮〉は、東福門院亡きあとの女院御所の建物の一部を移築拡張したものである。

現在の参観コースは、下離宮、中離宮、上離宮の順で行われる。明治期に宮内省の所管になるまでは周囲を囲む垣根も全周ではなく、開放的な山荘だったという。下離宮には、柿葺の屋根と花菱紋《はなびしもん》の透かし彫りのある板戸の御幸《みゆき》門から入る。すぐに小さな中門があるが、それをくぐると眼の前に庭園が拡がる。苔むした左手の緩やかな石段を上ったところにある建物が〈寿月観《じゆげつかん》〉である。〈一の間〉に掛けられた後水尾上皇の〈寿月観〉という宸筆《しんぴつ》がその名の由来だという。宸筆としてはもう一つ、「蔵六庵《ぞうろくあん》」という額が掛けられている。これは今はない別棟だった建物に、掛けられていたものである。〈一の間〉は十五畳で三畳の上段が設けられているが、そこにある飾り棚の戸袋には鶴の絵が、下の地袋には岩と蘭の絵が、描かれている。また、四枚の襖には虎渓三笑《こけいさんしょう》の絵が描かれており、後水尾上皇好みの菱形文様が多用されているのが特徴である。

建物の前を通って東門を出ると、大きく視界が開け、秋にはたわわに実った黄金色の稲穂を見ることができる。これは、景観を保存するために昭和三十九年（一九六四）に、上中下の各離宮の間に広がった八万平方メートルに及ぶ水田畑地を買い上げて修学院離宮の付属農地としたもので、現在は付近の農家の人たちが稲や種々な野菜を栽培している。この農地を左右に見ながら、右手に進んだところにある

修学院離宮（上離宮）（宮内庁京都事務所提供）

のが〈中離宮〉である。

表門を入った一段高いところに、〈楽只軒《らくしけん》〉と〈客殿〉の二棟の建物が建っている。楽只軒は、後水尾上皇の皇女朱宮光子《あけのみやてるこ》内親王が敷地を賜って建てた当初からの建物で、現在の修学院離宮のなかではもっとも古い。手前の六畳の〈一の間〉には吉野山の桜が、奥の〈二の間〉には竜田川の紅葉が描かれていて、床を低くとり、庭との一体感を深めた内親王の御所らしい優しさを秘めている。

この楽只軒と階段でつながっているのが〈客殿〉で、この建物が先に触れた東福門院が亡くなったあと、移築されたものである。〈一の間〉にある一間半の飾り棚は、互い違いに組み合わされた大小五枚の棚板がまるで霞がたなびくように見えることから「霞棚《かすみだな》」と呼ばれる。桂離宮の桂棚、三宝院の醍醐棚とともに、三名棚の一つに数えられている。全体として華やいだ雰囲気が感じられる建物だが、飾り金具には随所に葵の紋が見られ、東福門院の背後にある幕府が隠然たる力を誇示している様がうかがえる。

この客殿の杉戸に描かれた絵の中で目を惹くのは鯉の絵で、なぜか網が被せてある。これは、鯉が夜ごと抜け出して池で遊ぶため、あとから網だけ描き足したといわれている。そんな不思議な絵だが、よく見るとその網がところどころ破れており、私には幕府の抑圧から逃れたいという上皇の気持ちを代弁しようとしたと思われて仕方がない。

中離宮をあとにして途中から右へ曲がり、ゆるやかな松並木の道を上りつめると、〈上離宮〉である。この畦道は明治時代に整備され、松もその時に植えられたものだ。仙洞御所から二挺の駕籠《かご》で到着した上皇と東福門院は、下離宮で朝食をとったあと、間近で農民たちの働く姿を眺めながら、この道をゆっくりと上離宮に向かわれたことだろう。畦道には土筆《つくし》も出ており、春にはそれを摘んだり、秋には紅葉を愛でたり、松茸狩りも楽しまれたという。

御成門をくぐり、刈り込みの間を縫うようにして石段を上りつめると、突然、視界が開ける。刈り込みが身の丈以上もあるため、頂にある〈隣雲亭《りんうんてい》〉に着くまでわからない。それだけに衝撃的だ。眼の下には、山の尾根を崩して谷川を堰きとめて造った人造池が拡がっている。この池は〈浴龍池《よくりゅうち》〉と呼ばれ、池の周りを一周できる。そしてこの苑路《えんろ》のはるか向こうに、洛北の山々や京都の市街地を望むことができる。まるで空中に浮かんだ庭園のようだといわれるのもうなずける、すばらしい景観である。

〈隣雲亭〉は、六畳の〈一の間〉と三畳の〈二の間〉だけで、床も棚もない、いっさいの装飾を排した建物である。そこからの景観そのものが装飾なのだ。唯一装飾といえなくもないのが、軒下の三和土《たたき》に鴨川の黒石と鞍馬の赤石を一つ、二つ、三つと組み合わせて埋め込まれた、一二三石《ひふみいし》と呼ばれる小石だけである。

隣雲亭の裏手の小道を下る途中、切り石の壁を流れ落ちる高さ約六メートルの雄滝《おだき》を右手に望むことができる。この滝は音羽《おとわ》川の上流から、わざわざ水を引いて造ったものである。小道を下り切って、池のほとりに出ると、二つの島が見えてくる。中島と万松塢《ばんしょうう》で、二基の切石の橋脚の上に一枚石を渡した屋根付きの橋でつながっている。〈千歳橋《ちとせ》〉と呼ばれ、それぞれの橋脚の上には東側に、鳳凰が屋根に乗った鳳輦《ほうれん》になぞらえた宝形《ほうぎょう》造りの建物が、西側には寄棟の四阿《あずまや》が建っている。中国風の趣きのある建物だが、かつてイギリスのチャールズ皇太子とダイアナ妃が来日された時、興味深そうに渡られた橋であった。

手前の中島には、もう一つの茶屋〈窮邃《きゅうすい》亭〉がある。神楽を思わせる宝形造りで、掲げられている〈窮邃の扁額《へんがく》〉は奥深きをきわめるという意味の上皇の宸筆である。〈窮邃軒〉の脇を通り、土橋を渡ると、舟着き場がある。上皇はこの池を屋形船で周回しながら舟遊びを楽しみ、管絃や歌会などに興じた。八十五歳でその生涯を閉じるまで、東福門院を伴って、じつに三十数回も修学院離宮に行幸されている。離宮が完成した時、上皇はすでに六十八歳だったから、その回数の多さからも、いかにお気に入りの心の休まる憩いの場であったかがうかがわれる。上皇は晩年、仏教に帰依《きえ》して出家し、法皇になったが、東福門院が崩御すると、それを追うようにして二年後に崩御した。

昭和天皇は八十七歳で崩御されたが、上皇の八十五歳というのは、当時としては驚異的な長寿である。幕府の抑圧に苦しみながら、忍の一字で耐え抜いた天皇、上皇、法皇としての生涯は、修学院離宮での遊興《ゆうきょう》で憂さを晴らす以外になかったのだろう。しかしそれは皮肉にも、王朝文化の華を開かせることにもなった。しかし二人の崩御以後、文化の担い手は庶民に移り、京都での王朝文化はこの時代で幕を閉じることになってしまった。

このような目で見ると、修学院離宮への見方も変わってくるのである。

正倉院——宝物と開封

見るものを圧倒する奈良東大寺の大仏殿の裏に回りこむと、北西へ三百メートルほどのところに、こんもりとした森に囲まれた一角がある。係員の立つ入口から入ると、やがて目の前に歴史教科書で誰でも目にしたことのある建物が忽然と姿を現す。

校倉《あぜくら》造りで有名な《正倉院《しょうそういん》》の正倉である。正倉とは「倉」のことで、もともとは東大寺にはたくさんの正倉があったが、平安時代の末期までには次々と姿を消し、一番大きな倉だけが残ったのである。間口部分三十三メートル、奥行き九・四メートル、総高十四メートル、床下二・七メートルの巨大な高床式の倉庫である。

外からは一つに見えるが、内部は北倉、中倉、南倉の三つの部屋に分かれ、それぞれに一階と二階があり、いずれの部屋も隣とは隔絶されている。かつては屋根裏も部屋ごとに仕切りがあったが、その後に撤去され、現在は一つにつながっている。このうち、北倉と南倉はいわゆる校倉造りだが、中倉だけは外壁を板で造る板倉造りになっている。しかも当初は双倉と呼ばれていたことから、中倉はあとからつなげたのではないかという説もあった。近年の年輪年代法によって、床板や側壁、天井板が北倉、南倉の板と、ほぼ同年代であることがわかり、最初から今の形であったという結論に落ち着いたようだ。また、この正倉に関する文書の日付から、天平勝宝八年（七五六）頃までには、建物は完成していたのではないかと考えられている。

校倉について、これまで多くの人々は雨の日には木が水分を吸って膨張して隙間を塞ぎ、外の湿気が入るのを防いだことが宝物の保存に役立ったのだと説明されてきたはずだ。しかしその後の研究によって木材にはもともと調湿能力があり、広い室内では相対湿度の一日の変化の幅が外に比べて五分の一と著しく小さいことがわかってきたのだ。また宝物は床に直におかれていたのではなく、すべて二百六個にものぼる唐櫃に収められていたのだが、唐櫃の中ではさらに倉の中の十分の一、つまり外と比べると、じつにその五十分の一しか変化せず、事実上湿度がまったく変化していないのと同じだったことがわかったのである。しかも唐櫃は鼠の害や埃から守るという大きな効果もあったと思われる。

この校倉の正倉の中に崩御された聖武天皇ゆかりの品々が納められていたわけだが、現在残っている正倉がそうした宝物を収納するために建てられたかどうかは定かではない。これらの宝物が献納された時期と建物が完成したと思われる時期がきわめて近いことだけは間違いないが、他の何らかの目的で建てられたたくさんの正倉の一つに収納したかもしれないからである。

最初に献納されたのは天平勝宝八年（七五六）の六月二十一日。聖武天皇の七七忌（四九日）にあたる日であった。后であった光明皇太后から天皇の御遺愛の品が六百数十点。その目録である「国家珍宝帳」とともに東大寺本尊の盧舎那仏《るしゃなぶつ》に献納されたのである。また同じ日に病気に苦しむ人々の救済に用いるようにという趣旨を付して六十種の薬類も献納されているが、この薬は実際に平安初期までしばしば使われたことが文書として残っている。その後、同じ年の七月二十六日には屏風や花氈、履物などが、また二年後の天平宝字二年の六月一日には王羲之、王献之真跡の書一巻が、さらに十月一日には藤原不比等真跡の屏風二帖が献納されている。国家珍宝帳を含むこれら五通の献納目録は現在も伝わっており「東大寺献物帳」と総称されている。

しかし戦乱の際に武器として使われたり、必要に応じて貸し出されたものの、返還されなかったり、返還されても代替品だったりして残念ながら献納されたすべてが残っているわけではない。しかも正倉院に現在残っている宝物もじつは光明皇太后が献納されたものよりも、朝廷や東大寺で行われた儀式や行事に使われたりしたもののほうがはるかに多いのである。それらも宝物に記されている銘やいっしょに付いている木札などによっていつ、どのような儀式や行事に使われたものかがはっきりしているものが多い。

これらの宝物は帳外宝物と呼ばれ、光明皇后から献納された帳内宝物と区別しているが、それらすべてをあわせるとその数は約九千点にものぼる。代表的なものとしては帳内宝物として世界唯一の遺品でもある華麗な「五弦琵琶」や「鳥毛立女屏風《とりげりつじょびょうぶ》」、帳外宝物として東南アジア産の沈香で名香中の香といわれる「黄熟香《おうじゃくこう》」、シルクロードの旅路をしのばせるカットグラスの「白瑠璃碗《はくるりのわん》」、異国のさまざまな文様の描かれた「裂《きれ》（布地）」など貴重なものが少なからず残っている。当時隆盛を誇った中国の唐はもちろんのこと遠くペルシア、ギリシャ、ローマといった中近東や西欧諸国の影響を色濃く残している点からもこれらの宝物の世界性がわかるだろう。

これらの宝物は以前はすべて今に残る校倉造りの正倉に納められていたが、昭和二十八年にコンクリート製の空調の完備した東宝庫が、次いで昭和三十七年に西宝庫が完成してからはそちらに分散収納されており、今は校倉造りの正倉の中には宝物を入れてあった唐櫃と明治時代に宝物の一部を陳列してあったガラス戸棚しか残されていない。

新築された二つの宝庫のうち主要な宝物はすべて西宝庫に収められ、勅封になっている。勅封とは天皇の御親書の封のことで、それを西宝庫の鍵に結びつけて封印し、翌年の十月、ふたたび天皇の勅使立会いの下でその封が解かれ、宝庫内に異常がない事を確認する「御開封の儀」が終わるまで職員といえども中に入ることはできないのである。開封期間は約二ヵ月で、十一月末にはふたたび封をする閉封が行われる。

西宝庫は六つの倉からなっており、その扉ごとに封がつけてあるが、それぞれの倉も開封の際には勅使が確認してからはじめて中に入ることが許される。以前すべての宝物が校倉造りの正倉に納められていた時には北倉、中倉、南倉のすべてが勅封であったが、現在は西宝庫だけが勅封で、未整理品や修理中のものが収められている東宝庫のほうは正倉院事務所長の封だけである。従ってこちらは所長の一存でいつでも開封することができる。

かつて勅使立会いのもとで秋に開封されたのは曝涼《ばくりよう》といって風にあてるいわゆる虫干しのためにはもっとも適した季節だったからだが、空調が完備した今の建物に移されてからはその必要がないため曝涼は行われていない。しかし空調完備とはいっても宝庫の扉を開ければ外気の影響は避けられないので、今でも宝物にとってもっとも気候の適した秋に開封されるが、十ヵ月ぶりに西宝庫の六つの扉が開けられるとさっそく事務所の職員が中に入って入念なチェックが行われる。その際、埃がたたないように全員がゴム底のシューズに履き替え、白衣を着、その上大切な宝物に直接息がかからないようマスクを着用して作業にあたる。

まず最初に行われるのは、毎年開封の時期に合わせて奈良国立博物館で開催される「正倉院展」に出品される宝物の点検作業である。この展覧会は、千二百年もの永いあいだ大切に守られてきた宝物をじかに見られるとあって、大変な人気である。約九千点もある宝物の中から、毎年七十点前後を順繰りに出品している。一回展示された宝物は原則として十年間は出さないことにしているため、毎年行っても違ったものを見ることができるのだ。

この正倉院展への出品物の点検作業が終わると、いよいよ本格的な作業が始まる。宝物を大事に保存していくのが基本なので、当然、全点の点検作業がもっとも重要になる。点検の最中に少しでも弱っている部分が発見された場合は、様子を見ながら、どういう修理をしたらよいか慎重に方針を立てる。また空調が完備しているとはいえ、埃は避けられない。簡単に取り除かれるものはその場で刷毛や筆で取るが、取りにくいものは、無理にやると地が剝がれてしまう恐れがあるため、これも修理の領域になる。

これらの宝物については形のはっきりしているものについては、明治以来続けられてきた作業によってほぼ整理が終わっている。まだ残っているのが、宝物から出た破片や断片の整理だ。ほとんど塵のように見える中に、じつは布や織物の破片、古文書の切れ端、工芸品の小さな部品などが、たくさん混じっているのだ。それらもいずれかの宝物から出たもので、埃もまた宝の山なのである。なかには鼠の糞が混じっていたりするが、それらを取り除き、一つ一つ丁寧に選り分けて整理するという、気の遠くなるような根気のいる作業も続いているのだ。

こうした宝物もふくめた正倉院全体の調査は意外に古く、江戸時代から行われていたようで、慶長七年（一六〇二）に、徳川家康が宝庫の修理が必要かどうかの調査をさせたという記録が残っている。その調査に基づいて翌年修理が行われているほか、寛文六年（一六六六）、元禄六年（一六九三）、天保四年（一八三三）にも、宝庫の修理が行われた。その際、宝庫の修理だけではなく、中の宝物の点検と調査も行われたらしく、一部の宝物については絵師によって模写されている。

しかし、宝物がきちんと調査されるようになったのは明治二十五年（一八九二）、宮内省に御物整理係が置かれてからであった。また宝物を復元しようとする試みが盛んになったのもその頃だったようだ。しかし形や色は似ていても材質がまったく違うものなどがあり、今行われている復元模造品とは異なるものであった。あくまでも模造品であって、復元品ではなかった。

どんなにすばらしい宝物でも、未来永劫にその姿を保ち続けることは不可能だ。年を経るにしたがって、壊れたり、変色してしまうことも当然、念頭に置いておかなければならない。

模造品は、ただ似せて作るのではない。作られた当初の姿を復元することから、復元模造品と呼ぶ。その宝物と同じ技法、同じ素材、同じ染料を使おうというのだ。したがって、非常に高度な技術が必要になる。しかも宝物がどのようにできているかを研究すること自体が、技術の伝承にもなるのだ。また、宝物そのものを展示するのは、かなり限られた機会になってしまうが、模造品ならもっと広く一般の人々に見てもらうことも可能になる。将来、今の宝物がもっと弱くなり、本当に駄目になってしまった時に、この宝物が元はこうだったのだと知らしめることもできるのだ。

こうして、昭和二十三年（一九四八）から始まった宝物の特別調査と技術の研究が進んだこともあって、昭和四十七年（一九七二）には材質も技法もほぼ宝物と同じ復元模造品ができるようになったのである。復元模造品として最初に作られたのは、昭和四十七年の「白檀八角箱」であった。その後しばらくは机や脇息、筆などの工芸品であったが、昭和五十三年には、天平宝物筆の復元模造品が作られた。

正倉院の宝物の中には天平筆が十八本あるが、そのうちの一本が天平宝物筆と呼ばれる、並外れて大きな筆なのである。この筆は筆管に刻まれた銘文から天平勝宝四年（七五二）に行われた東大寺盧舎那仏（大仏）の開眼会、文治元年（一一八五）の鎌倉時代の開眼供養の際に、大仏の瞳に墨を入れるために使われたというのだから、大きいのも無理はない。

そもそも天平筆というのは天平時代に写経などに使われたもので、弘法大師が中国から持ち帰ったとされる巻筆と呼ばれる技法で作られた筆だ。芯を上質の和紙で巻き固め、その周りに毛を植えて穂を作るというものである。

それに対して現在、書道で使われているのは、水筆と呼ばれる江戸末期に中国から伝わった、紙を巻かない製法で作られた筆である。水筆が筆の根元まで墨をつけられるのに対して巻筆は芯を紙で堅く巻いてあるため、穂先の部分しか墨はつかない。たしかに巻筆のほうが、筆としてのまとまりがあるし弾力もある。だが、いかんせん墨の含みがないし、作るにも手間がかかる。

時代とともに水筆が巻筆にとってかわってしまったのは、ペンや鉛筆の代わりを務めていたと思われる巻筆にあまり利点がなかったからだろう。その伝統ある巻筆の技法を今に伝えているのが今やただ一人、雲平筆の名で知られる十五世藤野雲平だけである。

藤野雲平は現在、JR大津駅から車で五十分、中江藤樹のふるさと、滋賀県高島市安曇川町に攀桂堂という店を構え、そこで今も巻筆を作り続けている。雲平というのは藤野家で代々継承してきた名跡だが、そのはじまりは約四百年も前にさかのぼるという。一六一五年、彦根肥田城主の次男だった初代が京都で筆作りを始めたのが最初で、三代目が雲平を名乗り、以来、名跡として引き継がれている。

その後、代々京都で御所の御用を務める筆師だったが、十三世が初めて東京に出て店を構えた。しかし関東大震災で罹災したため、十三世の妻の実家である現在地に移り住んだという。巻筆を作るにはまず選別した毛の脂肪分をとるために油抜きをしなければならない。籾殻の灰の中に毛をまぶしてアイロンをかけ、熱くなった毛を鹿の皮に包んで揉みあげる。そして逆毛を一本一本丁寧に取り除いて芯毛を作る。そこで初めて上質の和紙を巻きつけるが、それで終わりではない。このあと、乾燥させた芯毛の周りにさまざまな毛を化粧毛としてつけていく。

白くて柔らかい山羊の毛、太くて硬い馬の毛、細いが強い狸や鼬《いたち》の毛、切れやすいが水含みの良い鹿の毛など、さまざまな毛が用途に応じて使われる。そして乾燥させた穂先の根元を麻糸できつく締め付けて、最後に軸に差して、やっと一本の巻筆ができ上がるのである。まさに熟練の技と根気のいる仕事なのである。

このような大変な工程を経て天平宝物筆の復元が行われ、筆管が約六十センチもあるという天平宝物筆の復元模造品を手がけたのが、十四世雲平であった。その技法は、昭和四十一年に滋賀県指定無形文化財の認定を受け、昭和天皇と香淳皇后、当時の皇太子ご夫妻（上皇上皇后両陛下）、平成になってからも天皇皇后両陛下が制作の様子をご覧になっている。

ちなみに皇族の中で巻筆を高く評価し、使用されたのは有栖川《ありすがわ》流の書道で知られる有栖川宮熾仁《たるひと》親王であった。親王は明治二十年に当時の十二世雲平に長さ二尺九寸、差し渡し三寸八分の筆の図をみずから書いて注文されており、今も残っている注文控えには「六十五円也」と記されている。現在なら一千万円は下らないだろうが、殿下からの注文書は直筆の書を添えて掛け軸に仕立てられ、藤野家の居間に飾られている。

一方、平成六年からは、正倉院で「正倉院宝物染織品復元十ヵ年計画」という壮大な復元作業が始まった。それまでにも「白橡綾錦几褥《しろつるばみあやにしきのきじょく》」や琵琶袋が復元されたが、材料が入手できず完全な復元とはいえなかった。それだけに可能な限り当時の材料や技術まで復元するという点で、初めての本格的な染織品の復元であった。糸作りから染め、織り、縫製と全工程を、個人に十年間も続けてもらうのは無理だとの判断から、大手織物メーカーの川島織物にすべてを依頼することになったのである。

これは川島織物が明治時代、天皇が諸外国に贈られたタペストリーなどの織物を制作したことがあるほか、宮殿や赤坂の迎賓館などの装飾品を制作したという経緯と実績を買われたからであった。ただちに川島織物の社内に「糸」「文様」「染色」「製織」「機綜」の各部門の七人の専門職人からなる復元特別プロジェクトが立ち上げられた。いずれもその道のエキスパートではあるが、後世に残る栄誉な仕事に携わることに大きな使命感を感じたという。

こうしてこの復元プロジェクトと正倉院事務所が協力し合って復元作業がスタートした。まず、何から復元していくかが問題であった。宝物といっても、もとはといえば庶民が作ったものである。そこで古代の人々がどのような思いで、またどのような技法で宝物を作ったのかを追求してゆくことが当時の暮らしを理解することになると考え、古代社会のもっとも基本的なものから復元しようということになった。

基本的なものとは、税だ。当時の人々が朝廷に税として納めていた調や庸から復元すれば奈良時代の生活が浮き彫りになるだろうという判断から、調絁《ちょうのあしぎぬ》（調として納められていた絁）をまず三年計画で復元することになった。

正倉院には全国から納められた調絁が四十数点伝わっている。その中から「讃岐の国調白絁《ちょうのしろあしぎぬ》」が選ばれた。長さは二メートルほどの端切れだが、破損がなかったからである。二年度は裂地の特徴がばらばらで産出国が異なるものという基準を設け、伯耆《ほうき》、伊豫《いよ》、武蔵、丹後、常陸、土佐の六ヵ国の調絁が選ばれた。そこまではいずれも白絁であったが、三年度からいよいよ染色の復元に取り組むことになり、「阿波国調黄絁」「伊豆国調緋絁」「紀伊国調橡絁」の復元をすることになった。

それ以降、四年度「小菱格子文羅」「子持並ビ三ツ菱文羅」、五年度「小菱格子文黄羅」「入子菱格子文赤茶羅」、六年度「小唐花文白綾」、七年度「八稜唐花文赤綾」、八年度「紫地花文錦」、九年度「赤地唐花文錦」、十年度「紫地鳳唐草丸文錦」となった。

このように復元していく品目は決まったが、まずどのような糸が、どのようにして織られているかを調べることから始まった。かといって、現物をほぐして調べるわけにはいかない。マイクロスコープを使って三十八点もの調絁の経糸と緯糸の本数を数え、糸の密度を割り出したのである。

この事前調査で、意外なことがわかった。産出国によって密度にかなりの差があること、糸の太さにもばらつきがあり、しかも一本の糸の中に太い部分と細い部分が見つかったのである。しかしその調査をもとに試し織りをしてみたところ、織り密度を宝物と同じにしているにもかかわらず、でき上がったものは風合いも違うし、重さも宝物のほうがふわっとして軽いのだ。

試行錯誤のすえ、糸そのものを細いものにすればいいという結論になった。現在、保存されている日本蚕種の中では、小石丸がそれに一番近いことがわかったのである。小石丸は現在の飼育種の二分の一から三分の二ぐらいの太さだが、一般には飼育されていない。そこで浮上したのが、前述した紅葉山御養蚕所で上皇后さまが育てられていた小石丸だったのだ。奈良時代のものを復元するのに、皇居で飼育されているものを使うのは、もっともふさわしいことでもあった。上皇后さまがお役に立つならと快く増産に踏み切ってくださったおかげで、素材の問題は解決した。

しかし、三年後から始まった染料についても、小石丸と同様に大変な苦労が待ち受けていたのである。当然、奈良時代に科学染料があるはずはなく、すべて天然の草木染めである。すでに昭和三十年代に行われた分析調査から、日本茜、刈安《かりやす》、黄蘗《きはだ》、藍、紫根《しこん》が使われていたことはわかっていたが、今では見つけることが困難なものも少なくない。そこで天然のものを集めるために、まず「植物図鑑」を見ることから始めなければならなった。こうしてその植物の姿かたちを頭に入れたうえで、奈良の万葉植物園まで実物を見に行ったり、休日には自転車で近隣の野山を探し回ることまでしたという。

この中でもっとも困難をきわめたのは、紫根と日本茜であった。紫根はすでに野生では自生していないことがわかったため、結局は漢方薬局から分けてもらうことになった。一方、茜は、西洋茜やインド茜なら比較的簡単に入手できるが、奈良時代の染料にこだわる以上、日本産種である日本茜でなければならない。困り果てていたところ、なんと皇居の東御苑にわずかに自生していることがわかり、天皇陛下の思し召しによって、その株を集めて皇居内で栽培してくださることになったのである。こうして染料の問題も解決し、試行錯誤はあったものの、どんな色にも染めることができるようになったのである。

こうして復元作業を進めていくうちに、意外な発見もあった。十年目の最終年度に取り上げた「紫地鳳唐草丸文錦」を事前調査したところ、鳳凰の右脚の部分で緯糸が十二本抜けていることがわかったのである。復元である以上抜けているところもその通りにしなければならない。普通は間違えないように神経を遣うのだが、わざと間違えるのは大変難しかったという。こうした苦労のすえ、全十九点の復元模造品が納められ、正倉院宝物染織品復元十ヵ年計画は平成十五年にすべて完了し、現在、東宝庫に収納されている。

そして現在は、龍村美術織物によって聖武天皇御愛用の袈裟の復元が、やはり小石丸を使って三年計画で進められている。この袈裟は「七条織成樹皮色袈裟」と呼ばれるもので、光明皇后から献上された帳内宝物の第一号として記載されているものである。しかしこの壮大な計画も上皇上皇后両陛下のご理解とご協力がなければ実現できなかったことは、おわかりいただけたであろう。

さて、およそ二ヵ月にわたった点検作業が終わると、一部修理しなければならないものを除いて、ふたたび閉封によって倉の中で眠ることになる。その際、ほとんどの宝物は桐の箱に入れて収納棚におさめられる。湿度を防ぐには桐が一番いいとされているからだ。正倉院の宝物がきわめて良好な状態で残されているのは、前述した勅封制度によってみだりに開封ができなかったことも大きい。長い歴史を振り返ってみると、これら宝物も何度となく危機に見舞われている。

治承四年（一一八〇）の平重衡の奈良焼や、永禄十年（一五六七）の兵火による大仏殿炎上の際にも、かろうじて難を逃れている。しかしもっとも危なかったのは建長六年（一二五四）の落雷で、その焼け跡は今でも校倉造りの正倉の北倉の隅に残っている。この時はさいわい発見が早く、僧侶たちの懸命の消火活動によって一部を焦がしただけで事なきを得たことが、文書で残っている。

正倉院の宝庫は千年あまりの間、朝廷の監督の下に東大寺によって管理されてきた。しかし明治八年、宝物の重要性から内務省の管轄となり、次いで若干の変遷を経て、現在は宮内庁の管轄になっている。

正倉院の宝物は制作年代や使用の目的などがはっきりしているものが少なからずあるため、学術的な価値が高いまさに世界の宝といえる。発掘による出土品でもなく、江戸時代や明治時代のコレクションでもない。

千二百年もの長い間、その時代その時代の人々の手によって守られてきたことこそが大きな特徴であり、文化的価値を持っているといえるのだ。

百人一首と近江神宮——歌留多競技と時の記念日

和歌といえば、皇室と深いかかわり合いのあるのが《小倉百人一首》である。歌留多《カルタ》遊びは、最近ではあまり一般家庭では楽しまなくなってしまったようだが、天皇ご一家はお子様方が小さい頃から、よく正月に楽しまれていた。小倉百人一首で歌留多遊びをした経験のある人なら、特別に暗記しようとしなくても、繰り返しているうちに自然に歌が口をついて出てくるようになるだろう。とくに日頃から和歌を詠まれる皇室にとっては、お子様方の恰好の教材なのかもしれない。

小倉百人一首は、藤原定家が息子為家の義理の父の宇都宮頼綱から、彼の住まいであった嵯峨の小倉山荘の襖に貼りたいからと頼まれ、『古今集』や『新古今集』などの勅撰和歌集の中から百首を選んで色紙にしたためたことに由来するとされている。その冒頭の歌は、

秋の田のかりほの庵の苫をあらみ
わが衣手は露にぬれつつ

という天智天皇の御製である。その天智天皇をご祭神として祀った滋賀県大津市の近江神宮では、毎年一月に高松宮賜杯の「歌かるた大会」が催されている。

天智天皇は西暦六二六年に舒明天皇を父、皇極天皇を母として生まれ、中大兄皇子と呼ばれた。そして六四五年に意気投合して藤原鎌足と謀り、蘇我入鹿を倒すと、その二日後、孝徳天皇の即位とともに皇太子に任じられた。そしてただちに（一）全国の土地と人民をすべて国家に帰属させ、公地公民とする（二）地方制度を整備し、国司、郡司などを置く（三）戸籍を整え、班田収授の制を採用する（四）租・庸・調の税制を整備するという、いわゆる大化の改新といわれる大改革を断行した。

そして孝徳天皇が崩御され、斉明天皇が重祚《ちょうそ》（ふたたび天皇位に即くこと）されても、引き続き皇太子の地位にとどまり、天皇を補佐された。しかし西暦六六〇年、新羅・唐の攻撃を受けた百済から援けを求められると、ただちに援軍を送る決断をした。そして天皇のお供をして北九州の朝倉宮に出向き、そこに大本営を設けたがその地で天皇が崩御されてしまう。しかし中大兄皇子はただちには即位せず、実際に天智天皇として即位の式を挙げられたのは日本の水軍が白村江の戦いで唐の水軍に敗れ、百済も滅亡してしまった六年あまりも後のことであった。

天皇は九州の守りを固めるとともに、人心を一新することと唐・新羅が勢いに乗ってせめてくることも想定して、都を飛鳥から水陸交通の便のよい近江大津京に移した。そしてわが国で最初に法律を成文化した近江令を制定して法整備をするとともに、文化や産業に力を注いだ。その一例が、《漏刻》（水時計）を作って、民に「時」の観念を教えられたことである。

このことは『日本書紀』にも、「漏刻（時の刻み）を新台に置きて始めて候時《とき》を打ち鐘鼓をならす。始めて漏刻を用う。この漏刻は天皇の皇太子にましまま時に始めてみずからつくりたまうところなり」と記されている。天智天皇が漏刻を置いた四月二十五日を、太陽暦に換算して大正九年に制定されたのが、今日の「時の記念日」、六月十日だ。

残念ながら、その時の漏刻は残っていないが、近江神宮の境内には漏刻の模型が設置されており、その仕組みを知ることができる。これはスイスのオメガ社が寄進したもので、「天智天皇漏刻ご創製の徳をたたえ、日本スイス修交百周年を記念して、日本国民のために之を贈る　昭和三十九年二月五日」という横書きの銘がはめこまれている。漏刻は三段の枡形の水槽と受水槽から成っており、あふれ出た水が上の水槽から下の段の水槽へと順次流れ落ち、最後の受水槽にたまった水量によって一日盛りが十分を示すように作られ、浮きで時間がわかるようになっているのである。漏刻そのものは中国で考え出されたものだが、その管理には二十人の技師が二十四時間態勢で鐘・太鼓を打ち鳴らして時を知らせていたという。

このほか、境内には太陽の位置によって時を計る日時計をはじめ、線香の火で糸を焼ききり、錘《おもり》の落下音で時を告げる四千年前の火時計の復元品などを見ることができる。錘の落下音は想像していたよりはるかに激しく大きいが、そのほかにも傍の時計博物館ではさまざまな珍しい時計を見ることができる。

しかし、これほど数々の事跡を残しながら、天智天皇を祀る神社は不思議なことに存在していなかった。このため明治時代の終わり頃から、大津宮址になんとかして天智天皇をご祭神とする神社をという地元の強い要請が何回も出された。しかし実現せず、やっと昭和十二年七月十六日に、国からの造営の許可が出たのであった。そしてついに昭和十五年十一月七日に鎮座祭が執り行われた。あれから七十年、境内は鬱蒼とした森に姿を変え、創建当時本殿前から見ることのできた琵琶湖も今は木々にさえぎられてしまっている。

その近江神宮は、数々の発掘された遺跡から大津宮址と認定された大津市錦織二丁目のすぐ脇に建てられている。初詣客はもちろん、年間を通して参拝する人々の絶えないこの神宮で、昭和二十六年一月七日に第一回の小倉百人一首による歌留多祭、翌昭和二十七年二月十日には初の名人戦が行われた。使用されたのはすべて協会の認めた手作りの公式札だが、それ以降、毎年一月にこの公式札を使った名人戦とクイーン戦、その翌日に高松宮賜杯を競う大会が行われている。高松宮杯は、昭和十五年に近江神宮の創建の際に総裁を務められた高松宮殿下から賜ったものである。

現在、近江神宮では一月の競技大会のほか、春には小中学生、七月に高校生、八月に大学生による競技が行われている。それ以外にも、各県に歌留多協会があり、それぞれ独自の大会を開いている。大会は誰でも自由に参加できる一般の大会と、協会の認定した公式大会がある。一般の大会では五歳児が参加したことがあるというが、公式大会で優勝すると歌留多協会に記録され、ランクが上がる仕組みになっている。ランクは四段以上がA級、二、三段がB級、初段がC級、無段がD級となっている。

もちろんA級にしか名人位への挑戦権はなく、誰でも挑戦できるわけではない。東日本、西日本別に行われる予選で優勝し、さらに近江神宮での挑戦決定戦に勝って初めて挑戦権を獲得できるのだ。名人戦もクイーン戦も会場は息づまるような雰囲気に包まれ、目にもとまらぬ速さで札を払う音だけが響く。

競技はすべて一対一のサシで行われる。歌留多を取る人を競技者、朗読する人を読手《どくしゅ》というが、読み手も資格が必要だ。百人一首はもちろん百枚の札があるが、使用されるのはそのうちの五十枚だけだ。それを競技者は二十五枚ずつを持ち札とし、相手の上段から三センチほど空けて、各自三段ずつ並べる。その際、自分の得意の札をどの位置に置いても構わないが、配置は変えないのが普通だ。変えると覚えるのが大変だし、取るにもそのつど探さなければならないからだ。

並べ終わると、十五分間の暗記時間が与えられる。その間に自分の札を完全に暗記し、さらに相手の札も覚える。そして暗記時間が終わると、いよいよ競技が始まる。この瞬間に競技者はすべての雑念を捨て、心を澄まして読み手の第一声を待つのだという。敵の札を取ったら、自分の持ち札を一枚敵に送る。早く自分の持ち札がなくなったほうが勝ちだが、読み手は当然百枚全部読むのでそのうちの五十枚は、その場にはない空札ということになる。読まれた札がないのに誤って敵陣の札か自陣の札に触った場合には、「お手付き」として敵から受け取らなければならないという罰則がある。

また両方にない札を、敵陣の札と自陣の札の両方にお手付きした場合はダブルといって、二枚受け取らなければならない。こうしたお手付きをしないためには全神経を研ぎ澄ましていなければならないだけに、競技が終わるとものすごい疲労感があるという。名人戦とクイーン戦は男女別だが、翌日の高松宮賜杯戦はその区別がないだけに、優勝者は文字どおり歌留多大会の最高峰に立つことになる。百人一首に限らず勅撰集には、どの歌を選ぶかに選者の思いが表れるともいう。

小倉百人一首の冒頭は天智天皇の「秋の田の……」の御製、二番目は持統天皇の「春過ぎて夏きにけらし白たえの衣ほすてふ天の香具山」であり、九十九番目は後鳥羽院の「人も惜し人も恨めしあじきなく世を思うゆえにもの思う身は」。最後順徳院の「百敷や古き軒端のしのぶにもなほあまりあるむかしなりけり」となっている。このように、定家は始めと終わりに天皇の御製を持ってきている。天智天皇から順徳院の間には、およそ五百五十年あまりの歳月が流れている。しかも明るい始めの二首に比べて、終わりの二首はいかにも暗い。そのため定家が百首を選ぶにあたって、最後に皇室に対する当時の幕府の冷たい扱いを暗に批判したのだと分析する学者さえいる。それはともかく、今に伝わる小倉百人一首も、皇室によって守られているといっても過言ではない。

近江神宮はまた、祭祀の際に天皇のお使いである勅使を迎える勅祭社の一つである。勅祭社は、伊勢神宮を含めても全国に十七社しかない。その決定を下されたのは昭和天皇であった。しかもその決定は、昭和二十年十二月十五日の午前で、じつはその「午前」に大きな意味があったのだ。その日の午後、政教分離を命ずるGHQの神道指令が出されている。だから昭和天皇は、ご自分の意思で決断できる最後の瞬間を利用されたことになる。

昭和天皇は終戦のご決断のあと宮中に重臣を集められ、これからは天智天皇を鑑《かがみ》として戦後の復興をはかりたいと述べられるとともに、その日のうちに稲田侍従長を近江神宮に遣わされた。このことからみても、ご自身の意思で近江神宮を勅祭社の一つに加えられた昭和天皇の天智天皇への深い敬慕の念がうかがえる。

参考文献

『皇室アルバム』（学習研究社）、『皇室』（扶桑社ムック）、『本の話』（文藝春秋）、『皇位継承と宮内庁』（宝島社）、『昭和天皇独白録』（文春文庫）、『殿下の料理番』（小学館）、『皇室手帖』（タイムリーダージャパン）、『天皇陛下の全仕事』（講談社現代新書）、『宮中賢所物語』（ビジネス社）、『わたしたちの皇室』（主婦と生活社）、『日本の皇室事典』（主婦の友社）、『岩波 天皇・皇室辞典』（岩波書店）、『宮中歳時記』（ＴＢＳブリタニカ）、『天皇の鷹匠』（草思社）

本書は二〇一〇年一月に刊行された『知られざる皇室――伝統行事から宮内庁の仕事まで』を増補改訂したものです。改訂にあたり主要な部分の皇族の敬称を改めた。

久能　靖（くのう・やすし）
1936年生まれ。東京大学卒業。日本テレビのアナウンサーとしてニュース部門を担当。東大闘争、成田闘争、浅間山荘事件、日中国交回復などを実況中継。1972年、報道部記者に転じ、警視庁、労働省、自民党、国会などを担当。現在、フリーのキャスターとして活躍している。日本テレビの番組「皇室日記」は長年キャスターを担当してきた。皇室関係の著書では、『皇宮警察』『高円宮殿下』（小社刊）『日本の皇室』（PHP刊）、その他『浅間山荘事件の真実』『「よど号」事件　122時間の真実』（以上、小社刊）。

知《し》られざる皇《こう》室《しつ》——伝統行事《でんとうぎょうじ》から宮内庁《くないちょう》の仕事《しごと》まで

2010年1月30日　初版発行
2019年9月20日　増補改訂版初版印刷
2019年9月30日　増補改訂版初版発行

著　者　久能靖
装幀者　岩瀬聡
発行者　小野寺優
発行所　株式会社 河出書房新社
〒151-0051　東京都渋谷区千駄ヶ谷2-32-2
電話（03）3404-1201［営業］（03）3404-8611［編集］
http://www.kawade.co.jp/
組　版　KAWADE DTP WORKS
印刷所　株式会社暁印刷
製本所　小髙製本工業株式会社
Printed in Japan
ISBN978-4-309-02828-6